税务教育培训系列教材·税务高等教育系列

国际税收

国家税务总局学习兴税指导委员会
全国税务专业学位研究生教育指导委员会 组织编写

中国税务出版社

图书在版编目（CIP）数据

国际税收／国家税务总局学习兴税指导委员会，全国税务专业学位研究生教育指导委员会组织编写. -- 北京：中国税务出版社，2024. 9
税务教育培训系列教材
ISBN 978 -7 -5678 -1446 -2

Ⅰ. ①国… Ⅱ. ①国…②全… Ⅲ. ①国际税收 - 高等学校 - 教材 Ⅳ. ①F810. 42

中国国家版本馆 CIP 数据核字（2024）第 050253 号

书　　名： 国际税收
GUOJI SHUISHOU
作　　者： 国家税务总局学习兴税指导委员会 / 全国税务专业学位研究生教育指导委员会 组织编写
责任编辑： 范竹青
责任校对： 姚浩晴
技术设计： 林立志
出版发行： 中国税务出版社
北京市丰台区广安路 9 号国投财富广场 1 号楼 11 层
邮政编码：100055
网址：https：//www. taxation. cn
投稿：https：//www. taxation. cn/qt/zztg
发行中心电话：（010） 83362083/85/86
传真：（010） 83362047/49
经　　销： 各地新华书店
印　　刷： 北京天宇星印刷厂
规　　格： 787 毫米 ×1092 毫米　1/16
印　　张： 17. 25
字　　数： 288000 字
版　　次： 2024 年 9 月第 1 版　2024 年 9 月第 1 次印刷
书　　号： ISBN 978 -7 -5678 -1446 -2
定　　价： 49. 00 元

《国际税收》编审人员

主　审　王道树

审　核　（以姓氏笔画为序）

于洋欢　马　光　王增光　尹志显　尹彩霞
叶琛雪　刘小萌　许云程　李巧郎　李京煜
汪殊逸　张　舒　张　滢　张　巍　张文春
张文博　陈　宇　陈凤月　赵　勋　赵同瑶
姜国平　高　峰　高健敏　曹琦欢　谢　鹏
谢健伟　褚晓春

策　划　史　峰　高永清

主　编　蒙玉英

副主编　周怀世　杜　莉　罗　秦　刘志阔　陆志安
李　娜

编　写　（以姓氏笔画为序）

刘英杰　杨　肖　张　瑾　郭佳音　曹兰水
韩　溪　雍婷婷　颜洪立

编写说明

为了落实习近平总书记关于加强教材建设的重要指示批示精神，服务中国特色社会主义高等教育发展，将税务高等教育教材建设作为完善财税治理体系和提升治理能力的战略考量，作为税务人才培养的前瞻性、基础性工程，满足高等院校学生学习权威、专业、前沿、符合税收征管实际的税收知识的需要，国家税务总局学习兴税指导委员会、全国税务专业学位研究生教育指导委员会共同组织编写了税务高等教育系列教材。

税务高等教育系列教材以税务专业硕士、博士研究生为主要读者对象，同时面向高等院校经济、财政、金融、贸易等专业学生，是一套理论与实践相结合的学习用书。本系列教材以马克思主义政治经济学为基础，以党的十八大以来习近平总书记关于税收工作的重要论述为指导，总结提炼中国式现代化税务实践的创新举措、经验做法和改革成果，按照“1 + N”体系编写。“1”指中国税务学会组织编写的《税收学》，突出基础性和综合性；“N”细化为《货物和劳务税》《所得税》《财产行为税》《国际税收》《社会保险费》《政府非税收入》《纳税服务》《税收征管》8 本教材，注重“理论 + 实务（案例）”内容，突出专业性和实践性。

《国际税收》是税务高等教育系列教材之一，通过介绍国内外关于国际税收的制度理论和税制改革发展方向，提供专业、前沿、符合税收征管实际的国际税收知识。

本书共设置 9 章内容。第一章是国际税收导论，介绍国际税收的基本概念、产生与发展过程；第二章至第七章是本书主体部分，分别是所得税的税收管辖权、国际双重征税及其处理、国际税收协定、国际避税、转让定价法规与措施、其他国际反避税规则与措施，介绍税收管辖权以及由此产生的国际税收双重征税或双重不征税问题的成因、表现、解决方式等；第八章、第九章分别是 BEPS 行动计划与国际反避税新趋势、国际税收合作，介绍以 BEPS 行动计划和数字经济“双支柱”方案为代表的国际税收改革最新进展，以及我国对外开展国际税收合作的相关情况。本书在编写过程中注意把握以下几点：一是突出理论与实践相结合，在指导学生系统掌握国际税收知识体系的基础上加入案例分析，以保证既有理论深度，又具有实践价值。二是兼顾经典性和时效性，不仅完整介绍国际税收理论框架，而且着重体现国际税收最新政策要求，紧密跟踪国际税改最新进展。三是注重结构严谨、体系完备、要素规范，设置学习目标、案例、延伸阅读、章后思考题等栏目，以启发学生思考，训练学生综合分析和解决问题的能力。

由于水平有限，书中疏漏之处在所难免，恳请读者批评指正。如有意见或建议，请发送至电子邮箱 jyzxjcc@ 163. com。

编　者

2024 年 9 月

目　　录

第一章　国际税收导论

【学习目标】本章作为全书的导论，主要介绍国际税收的基本概念、国际税收的产生与发展过程。通过本章学习，理解国际税收的概念和本质；了解国际税收从产生到发展的历史沿革及数字经济背景下国际税收发展的新趋势；掌握国际税收产生的经济条件、国际税收规则的演变及国际税收治理的发展。

第一节　国际税收的概念

一、国际税收的含义

2013 年经济合作与发展组织（Organization for Economic Co-operation and Development，OECD）① 受二十国集团（Group of 20，G20）委托，发起税基侵蚀和利润转移（Base Erosion and Profit Shifting，BEPS）行动计划②，在全球范围内引发社会各界对跨国企业避税现象及各国反避税的热切关注，"国际税收"成为近年税收领域的热门话题。那么，什么是国际税收呢？国内外各种专业书籍、学术文章、研究报告等都从不同的角度对国际税收有一些阐释或界定。本书认为，可以从内涵、外延两个方面对国际税收的含义进行理解。

从内涵来看，国际税收是指在开放经济条件下，一国（包括具有独立税收管辖权的地区，如中国香港，下同）对纳税人的跨境所得的征税；是一国纳税人的经济活动扩大到境外，因跨境所得而面临被不同国家征税所形成的一种国际领域的税收征纳关系；是一个基于国内税收又超出国内税收范畴的专业概念。

---

① 关于经济合作与发展组织（OECD）的介绍详见本书第九章第一节"国际税收合作平台"。

② 关于税基侵蚀和利润转移（BEPS）行动计划的介绍详见本书第八章"BEPS 行动计划与国际反避税新趋势"。

从外延来看，国际税收可分为广义的国际税收与狭义的国际税收。

1. 广义的国际税收。

广义的国际税收是指在开放经济条件下，纳税人的经济活动扩大到境外，因国与国之间税收法规存在差异或相互冲突，带来的一些税收问题和税收现象[①]，也可以称为宽口径的国际税收。这种宽口径的国际税收是从全球视角来看，各国对跨境纳税人的跨境所得征税而产生的相关税收问题及互相影响，范围比较宽泛。因为其不限于某一个具体国家的征税情况，而是强调由于各国都独立征税而必然产生的互相影响甚至冲突的税收关系，所以也可理解为一种广义的国际税收。阿诺德（Arnold，2019）认为，国际税收的范围极为广泛，它涵盖一国所得税法涉及境外因素的所有税收问题，包括：对商品与服务的跨境贸易、跨国企业的跨境生产和资源开发、个人或投资基金的跨境投资的跨境征税，在习惯性居住国以外工作的个人也会面临国际税收问题。上述活动通常会面临至少两个国家的税法规范，一个是纳税人所在的居民国，另一个是产生所得的来源国，从而产生国际税收问题。[②]

从上述角度来讲国际税收，需要重点把握以下两个要点：

（1）国际税收产生的前提是开放经济或经济全球化。在封闭经济条件下，各国的经济活动都限于本国境内，所有所得也限于本国境内，不涉及与其他国家发生税收联系的情况。而在开放经济条件下，随着跨国贸易、跨国投资的发展，纳税人的经济活动扩大到境外，带来各种生产要素的跨境流动，产生各种跨境所得，于是纳税人面临不止一个国家的征税问题，国际税收应运而生。

（2）国际税收产生的重要原因是各国的税收法规存在差异或相互冲突。税收是一国的主权，各国都有独立制定本国税法的自主权。因此，世界上各国的税收规则是存在差异的，其中很多差异还会形成直接冲突，给跨境征税带来难题。最常见的问题就是各国税收管辖权不同，且形成交叉重叠，导致跨国纳税人被双重征税，不利于跨国经济活动的开展。所以，国际税收要研究这些跨境征税的矛盾或冲突为什么会产生，该如何去协调解决它们。

2. 狭义的国际税收。

从某一国家的角度看，国际税收是一国对跨国纳税人的跨境所得和交易活

---

① 朱青．国际税收（第十一版）［M］．北京：中国人民大学出版社，2023：2.

② Brian J. Arnold. International Tax Primer（4th edition）［M］. Amsterdam：Kluwer Law International，2019.

动课税的法律、法规的总称[①]，也可以称为窄口径的国际税收。这种窄口径的国际税收其实是站在一个特定国家的角度来分析对其跨境纳税人的具体征税问题，也可理解为狭义的国际税收，即一国的国际税收或国际税法体系。除少数例外，税法是主权国家的产物而非“国际”的。无论是主权国家，还是联合国或 OECD 等国际组织，都无法创设凌驾于各国主权之上的国际税收法律。Arnold（2020）认为，“国际税收”这个术语更确切的表述应为特定国家所得税法的国际方面。

狭义的国际税收一般包括两方面：一是出境税收；二是入境税收。

（1）出境税收（Outbound Taxation），是指对居民（Resident）个人和企业从境外取得所得的征税。居民在境外取得所得，是因为发生了出境交易，一般涉及一国的资本或其他资源输出的交易，具体指发生在境外的生产经营活动、劳务活动与投资活动，取得的所得包括经营所得、劳务所得与投资所得。

（2）入境税收（Inbound Taxation），是指对非居民（Nonresident）从境内取得的所得的征税。非居民在境内取得所得，是因为发生了入境交易，一般是指他国的资本或其他资源输入的交易，具体指发生在境内的生产经营活动、劳务活动与投资活动，取得的所得包括经营所得、劳务所得与投资所得。

通常，将居民个人、居民企业所在的国家称为居民国，而将从境外取得所得的国家称为所得来源国或收入来源国。那么，出境税收对应了居民国对居民来源于境外的所得征税，而入境税收对应了来源国对非居民来源于境内的所得征税。

二、国际税收的本质

国际税收是开放经济条件下的各种税收现象，集中于对跨境纳税人跨境所得的征税问题，背后反映的是不同国家因为对同一所得征税而发生的税收关系。国内学术界通常认为，这种税收关系就是国际税收的本质所在。本书认为，国家之间的税收关系可分两个层面：首先是在对跨境所得征税中形成的税收分配关系，其次是国家之间在税收利益分配中形成的税收竞争与合作关系。

（一）国家之间的税收分配关系

当纳税人的跨境所得面临被不止一个国家征税时，就产生了国家之间税收

---

① 朱青．国际税收（第十一版）［M］．北京：中国人民大学出版社，2023：3.

利益的分配问题。是一个国家征税而另一个国家不征税？还是两个国家都征税，划分一个比例？这些就是国家之间的税收分配关系。比如，为避免对所得的国际重复征税，可以有不同的分配方案：一是所得来源国独占征税权，居民国放弃征税权；二是所得来源国优先征税，居民国根据两国的税率差适当补征一部分税。来源国优先征税，既可以是完全按本国税率征，也可以按较低的优惠税率征，从而让居民国可以补征更多的税。在具体征税中采用何种方案，需要由相关国家在双边（多边）税收协定中加以约定。所以，以税收协定为代表的国际税收规则首先要解决的就是国家之间的税收分配问题。

（二）国家之间的税收竞争与合作关系

税收是一国的主权。一个主权国家关于对什么人征税、征什么税、如何征税等都有完全自主权，理论上是不受其他国家及国际组织干预的。但在实践中，税收是国际经济活动中的一种制度性因素，会对国际贸易、国际投资及技术转让等国际经济活动产生影响。开放经济条件下的一国税收政策会产生“外部性”或溢出效应，即对其他国家的纳税人行为及政府的税收政策产生影响。国家之间的经济联系越紧密，这种“外部性”效应就越明显。那么一国的征税就不得不考虑是否影响国际贸易、跨国投资活动等，尤其是偏高的本国税率可能会导致的资本、人员等外流，并由此损害本国经济利益。经济全球化让各国的经济更紧密地联系在一起，也让各国税收的相互影响日益明显。因此，各国的税收制度、政策及征管都会形成一定的竞争与合作关系。

1. 税收竞争是指国家间通过竞相降低税率，以吸引经济全球化条件下自由流动的生产要素所形成的一种税收领域的竞争关系。如果一国降低税率，就可能吸引更多的外资，提高本国经济竞争力。如果其他国家要参与此竞争，也得降低自身税率。一旦有更多国家参与这种税收竞争，就会形成 OECD 所界定的“逐底竞争”（Race to the Bottom）。

2. 税收合作是针对国际税收领域各种矛盾或冲突（包括税收竞争）所开展的税收协作。税收合作包括税制、税收政策的协调与征管合作。最基础的合作是就各国征税权的划分通过谈判而达成一致，形成双边或多边税收协定。近年最重要的合作则是针对跨国企业避税的联合反避税行动，共同应对数字经济的税收挑战等，包括优化各国税制中的反避税规定、增加税收情报交换、解决税收争端等征管合作、制定数字经济征税的多边方案等。

三、国际税收与相关税收概念的联系与区别

“国际税收”在我国作为一个税收专业术语为公众认识始于改革开放时期。40 多年来，随着我国经济对外开放的不断扩大，逐渐融入经济全球化并成为其中的重要组成部分，更多的外国企业来我国投资，外国人来我国工作、生活，同时也有更多的我国企业对外投资，个人去国外工作、生活等，产生了越来越多纷繁复杂的国际税收现象、问题，因此无论是理论界还是实务界，对国际税收的关注、研究都在不断升温。需要明确的是，国际税收与“国内税收”、“外国税收”及“涉外税收”等专业概念既有联系，又有区别。正确理解这些概念之间的关联和差异，有助于更好地理解什么是国际税收。

（一）国际税收与国内税收

一方面，国际税收以国内税收为基础，又超出了国内税收的范畴。税收是一国主权，各国都是独立制定自己的国内税法，那么必然导致各国税法存在差异。这样的税法差异可能会引致因为各国实施不同的税收管辖权而对跨境所得的双重征税，也可能因为各国税收管辖权的差异产生管辖空白而导致对跨境所得的双重不征税。

另一方面，国际税收问题的解决需要制定相关的国际税收规则来协调跨境征税的各种矛盾或冲突。当这些规则取得全球共识后，各国都应该遵守，并据此修订各国税法的相应条款。因此，国际税收对国内税收有着重要的影响。

（二）国际税收与外国税收

国际税收不是具有“国际性”的某个税种（如前文所述，所谓“国际性”的税收是不存在的），也不是具体介绍某一个国家的具体税法规则，而是从全球化的视角，研究由于各国税法规定存在的差异而给跨境征税带来的各种问题（包括双重征税、双重不征税等），并为解决这些问题制定一系列国际税收规则。外国税收，顾名思义是指居民国以外的其他国家具体的税收法规，比如美国税制、英国税制、日本税制、澳大利亚税制等。

可以说，熟悉外国税收是研究国际税收的基础，因为只有熟悉、精通各国的具体税法规定，才能发现它们的差异、分析其中可能存在的漏洞等，然后为制定、完善相关国际税收规则提供重要的现实依据。

（三）国际税收与涉外税收

涉外税收是一个与国际税收既有联系又有区别的一个专业术语，二者容易

被混淆。涉外税收通常指专门为本国境内的外国人、外国企业或外商投资企业设置的税种，如我国在 1991 年开征的外商投资企业和外国企业所得税（该税种自 2008 年废止）等。

如果从狭义或窄口径的国际税收角度讲，我国涉外税收是专指税法中针对外国人、外国企业在境内取得所得的征税，过去曾经单独设立税种，实施专门的税收管理。国家税务总局在 1998 年成立国际税务司之前侧重的是涉外税收管理，各省、市税务机关相应设置涉外税务处室。1998 年之后涉外税收管理转变为国际税收管理，其业务范围拓宽，增加了对我国企业“走出去”投资的税收管理等。从涉外税收管理转向国际税收管理，体现了我国税法与国际税收惯例的接轨。2008 年，新《企业所得税法》实施，《外商投资企业和外国企业所得税法》与《企业所得税暂行条例》同时废止，“两法合并”在一定程度上标志着我国涉外税收时代的终结，并开启全新的国际税收时代。

第二节　国际税收的产生

国际税收是伴随着国际经济活动特别是经济全球化的发展而产生和发展的。在封闭经济条件下，没有国际贸易与国际投资活动，没有跨境纳税人，没有跨境所得，也不会产生国际税收问题。而在开放经济条件下，国际贸易与国际投资活动的发展带来了商品、劳务、资本、人员等要素的跨境流动，从而产生了对跨境所得的征税问题，国际税收应运而生。

一、经济全球化与国际税收

经济决定税收，经济全球化的发展是产生国际税收的直接经济因素。经济全球化，指世界经济活动超越国界，通过对外贸易、资本流动、技术转移、提供服务，相互依存、相互联系而形成的全球范围的有机经济整体，是当代世界经济的重要特征之一，也是世界经济发展的重要趋势。经济全球化主要表现在以下四个方面：①国际分工进一步深化，国际水平分工逐渐取代国际垂直分工成为占主导地位的分工形式；②贸易的全球化，商品和劳务在全球范围内自由流动；③金融的全球化，世界各国、各地区在金融业务、金融政策等方面相互协调、相互渗透、相互竞争，使全球金融市场更加开放、金融体系更加融合、金融交易更加自由；④企业生产经营的全球化，跨国公司在全球范围内建立子公司与分支机构，借助母子公司与总、分支机构之间的各种联系，实现跨国投资与生产。国际贸易、国际投资活动的蓬勃发展，带来了商品、劳务、资本、人员等要素在各个国家之间的频繁流动，产生各种跨境所得，面临不同国家的征税问题，由此带来越来越多的国际税收问题。国际税收问题自身以及针对该问题的协调，也对国际贸易和经济全球化产生了深远的影响。

1. 从税收与国际贸易的关系看，关税是影响国际贸易的主要税收障碍，因此关税协调很早就成为国际经济领域税收协调的代表。从关税及贸易总协定（GATT）到世界贸易组织（WTO），关税协调始终是一个核心因素。通过降低关税税率来促进国际贸易的发展已成为国际共识。除关税协调外，国内税是另外一个重要问题。为了让跨境商品以无税或轻税参与国际竞争，国际上早已形成消费地征税原则，即出口国对商品实施出口退税，而由进口国征收进口环节的增值税、消费税等国内流转税。无论关税还是国内税的协调都已形成国际贸易中的税收惯例。

2. 从税收与国际投资的关系看，影响国际投资的主要税收因素是所得税。所得课税对国际直接投资、国际间接投资都会产生影响，这里暂且分析前者。母国（居民国）的企业去东道国投资，取得相关所得，被判定为来自东道国的境内所得，那么东道国依据来源地管辖权要对该所得征税，而居民国也要依据居民管辖权对这笔境外所得征税，于是这笔所得被征税两次，国际重复征税问题由此产生。无疑，这种双重征税会形成对国际投资的税收阻碍，不利于国际经济交往，所以需要母国（居民国）与东道国（来源国）协商如何征税才能合理平衡两国的税收利益。

综上，从世界经济的宏观层面看，随着经济开放的不断深入，特别是近几十年经济全球化的迅猛发展，越来越多的跨国贸易与跨国投资带来了纷繁复杂的跨境征税问题，既包括双重征税，也包括双重不征税（国际逃避税）。如何协调各国的税收利益关系，各国是税收竞争还是税收合作、是双边合作还是多边合作等，均为国际税收需要解决的问题。

二、跨境交易与国际税收

经济全球化的特征之一是跨国公司的快速发展。跨国公司的经营投资活动遍布世界各国，产生各种跨境交易、跨境所得，在不同国家（税收管辖区）存在不同纳税问题，从而产生国际税收问题。

跨境交易一般分为两种类型：一是出境交易；二是入境交易。于企业而言，出境交易是指本国企业对外投资产生的交易活动，一般是去其他国家投资设厂、开展生产经营，拥有全部或部分经营管理权，这是国际直接投资；或是购买其他国家发行的有价证券（债券或股票）但不对其拥有经营管理权，这是国际间接投资。于自然人而言，出境交易是指本国居民到其他国家工作、提供劳务或开展投资活动等。无论是企业还是自然人，出境交易均可能会产生来源于境外的经营所得、劳务所得或投资所得，那么所得来源国一般是要征税的，居民国也不会轻易放弃征税，这涉及不同国家征税权的冲突及协调问题，即出境税收规则如何确定的问题。入境交易则是指外国企业或自然人到本国来从事生产经营活动、劳务活动及投资活动，产生来源于本国境内的所得，那么本国作为所得来源国一般是要征税的，而对方居民国也不会轻易放弃征税，因此仍涉及不同国家征税权的冲突及协调问题，即入境税收规则如何确定的问题。

综上所述，从世界经济的微观层面看，经济全球化下跨国企业、个人遍布世界的经营、投资等交易活动是产生国际税收问题的根源。因为有跨境交易，跨国企业或个人会产生跨境所得，并可能同时面临两个及以上国家的有差异的税收管辖权。由此，就需要制定相应的国际税收规则，用以解决上述跨境征税中的矛盾或冲突。

三、传统国际税收规则的产生

2013 年 OECD 发动的 BEPS 行动计划开启了对百年国际税收规则的大规模重塑。这里的“百年国际税收规则”就是通常所讲的传统国际税收规则，以 1923 年《防止双重征税报告》[①]（以下简称“1923 年报告”）为主要标志。

（一）传统国际税收规则的产生背景

19 世纪末 20 世纪初，主要资本主义国家从自由竞争阶段进入垄断资本阶段。资本输出不断扩大，一种是间接的资本输出，以提供资金、设备和技术的使用权来获得股息、利息及特许权使用费；另一种是直接的资本输出，在国外直接投资设厂、开展生产经营活动，以控制经营管理权为核心。资本的扩张对

---

① Report on Double Taxation: Submitted to the Financial Committee by Professors Bruins, Einaudi, Seligman and Sir Josiah Stamp（报告英文全称）。

税收产生了重要影响。1799 年英国成为第一个开征所得税的国家，随后美国、法国、德国、意大利分别于 1913 年、1917 年、1920 年及 1923 年建立所得税制度。各国的所得税制度是产生国际税收的制度基础。当时各国的税率偏低，对经济贸易活动尚未形成明显的阻碍，因此跨境交易所得的双重征税问题在当时没受到过多关注。第一次世界大战爆发后，为筹集军费，更多国家开征所得税，且战后税率激增，有的甚至高达 50%。双重征税直接影响到各国战后重建、经济复苏及跨国经贸活动，于是国际社会开始重视该问题并多次开展会议研讨。其直接成果是1923 年国际联盟委托来自荷兰、意大利、美国和英国的四位经济学家发布的“1923 年报告”，并以此为基础和核心形成了传统国际税收规则。

（二）传统国际税收规则的核心内容

“1923 年报告”在量能课税和受益原则的基础上，提出经济效忠义务（Doctrine of Economic Allegiance）、联结度和利润分配（Nexus and Profit Allocation），按所得的不同类型及与有关国家的经济联结度来划分征税权。基本内容包括：对于直接投资所得，即生产经营所得，资本输入国或收入来源国有优先征税权，但仅限于归属于该跨国企业在来源国设有的常设机构的利润；间接投资所得，如股息、利息、特许权使用费等，资本输出国或居民国享有优先征税权。以“1923 年报告”内容为核心的国际税收规则诞生以来，国与国之间的税收合作多以双边为主，签订双边税收协定是最主要的合作方式。这种传统而广泛存在的国际税收治理方式简单易行，是过去近百年里国际税收领域的常态。

第三节　国际税收的发展

国际税收源于开放经济，与国际经济问题密切相关。因此，国际税收的发展伴随着国际经济的发展而演变。

一、2013 年以前的国际税收发展

1923 年至 2013 年的 90 年间，国际税收规则应国际税收实践的需要不断地修补、发展，但都没有脱离“1923 年报告”的征税框架及核心思想。正是有了这些国际税收规则，才能在很大程度上消除国际经济活动中的税收障碍，从而促进跨境贸易与投资活动的开展。因此，这些国际税收规则是国际经济规则协

调的重要内容，围绕国际税收规则而展开的各类国际税收治理亦是全球经济治理的重要部分。

（一）国际税收治理的快速发展

第二次世界大战后，世界经济发生了翻天覆地的变化，联合国也取代了国际联盟。第二次世界大战后，跨国公司飞速发展，跨境贸易与跨境投资的规模不断扩张，关联交易也与日俱增。反映在税收领域的变化是国际双重征税的矛盾日益突出，转让定价问题也浮出水面，国际税收问题逐渐纷繁复杂起来，于是需要更多的国际税收规则来调整国际税收秩序，也需要双边乃至多边税收合作来共同解决跨国企业避税、有害税收竞争等难题。税收治理意味着税收合作，国际税收治理意味着国与国之间的税收合作，这种税收合作是广义的，既有各国税制的协调与趋同，也有各国税收征管方面的协作，包括税收情报交换、税收争端解决等。这个阶段是跨国公司飞速发展的繁荣期，也是国际税收治理快速发展的时期。这一阶段，OECD《关于对所得和财产征税的税收协定范本》（以下简称《OECD 范本》）和联合国《关于发达国家与发展中国家间避免双重征税协定范本》（以下简称《联合国范本》）相继产生，双边税收协定成为重要的国际税收治理工具，OECD、联合国等国际组织成为国际税收治理的重要平台，避免双重征税及打击逃避税成为国际税收治理的核心内容。1998 年后 OECD 主导的“打击有害税收竞争（Harmful Tax Competition）行动”成为新的国际税收议题，一直持续至今。

（二）国际税收治理以直接税治理、“硬法”治理为主

这个阶段的国际税收治理也是传统的国际税收治理，因为协调各国税收关系的主要规则仍是“1923 年报告”，其核心思想是消除双重征税以促进跨国经济活动，具体方式是居民国与来源国签订双边税收协定以分享跨境税收收入。来源国有优先征税权，居民国可采用免税法或抵免法来消除双重征税。为平衡居民国与来源国的税收收入，来源国的征税权被加以限制，比如对经营所得的征税权以纳税人是否在来源国设立常设机构（Permanent Establishment，PE）为依据，税收协定中对预提所得税给予优惠税率等。

二、2013 年以来的国际税收发展

随着经济全球化的深入，特别是数字经济的发展，自 1923 年开始运行的传统国际税收治理体系在全球化新形势下遭遇了前所未有的挑战，国际税收规则

及税收治理工具的缺陷、弊端日益凸显，由此导致的 BEPS 问题引发全球关注。2013 年 OECD 倡导并大力推动的 BEPS 行动计划标志着国际税收发生重大历史性转变，从以双边税收治理为主走向多边税收治理，从而成为更具世界性的国际税收治理方式。

（一）BEPS 行动计划的产生背景

BEPS 问题是指跨国公司利用国际税收规则存在的不足及各国税制的差异和漏洞而进行税收筹划，以最大限度地减少其全球总体税负，甚至达到双重不征税的效果，造成对各国税基的侵蚀。其目的是人为造成应税利润“消失”或将利润转移到没有或几乎没有实质经营活动的低税负国家（地区），从而达到少缴甚至不缴企业所得税的目的。利润转移是表现形式或手段，而税基侵蚀是结果。因此，BEPS 行动计划的核心就是反避税。

BEPS 的产生背景主要有两方面。一方面，经济全球化的深入发展使得生产要素的跨境流动更加便捷，以低税吸引要素流入的国际税收竞争也更加激烈，从而为跨国公司寻求避税空间提供了机会。另一方面，2008 年国际金融危机后，许多国家特别是经济发达国家出现财政困难，国内增税的空间非常有限，于是许多国家将增收的希望寄托于海外税源，严厉打击跨国公司的避税行为成为诸多政府的政策共识。在上述背景下，加强国际反避税合作成为了 G20 领导人关注的重要议题之一。BEPS 行动计划的发展历程大致如表 1－1 所示。

表 1－1　　BEPS 行动计划的发展历程

时间	主要事项
2009 年 4 月	G20 伦敦峰会提出要对不愿进行税收信息交换的避税区采取措施
2011 年 11 月	G20 戛纳峰会推动签署《多边税收征管互助公约》
2012 年 6 月	G20 财长和央行行长会议同意通过国际合作应对 BEPS 问题，并委托 OECD 开展研究
2013 年 9 月	G20 圣彼得堡峰会承诺将实施自动情报交换以提高税收透明度，并委托 OECD 启动研究消除 BEPS 的 15 项行动计划
2014 年 7 月	OECD 对外发布了金融账户涉税信息自动交换标准
2014 年 11 月	G20 布里斯班峰会，通过了金融账户涉税信息自动交换标准
2015 年 10 月 5 日	OECD 正式发布 BEPS 15 项行动计划的研究成果
2015 年 10 月 8 日	BEPS 15 项成果报告在 G20 财长与央行行长会议上审议通过
2015 年 11 月	BEPS 15 项成果报告在 G20 安塔利亚峰会上得到各国领导人批准

（二）BEPS行动计划的主要内容

BEPS行动计划遵循2014年2月G20财长与央行行长悉尼会议达成的原则，实质是“税收要与实质经济活动发生地和价值利润创造地相匹配”，包括15项行动计划（如表1－2所示），以期通过全面、协调的方式解决BEPS问题。这15项行动计划建立在3个核心原则基础之上，即一致性原则（保持跨境交易相关国内法规的协调一致）、实质性原则（突出强调实质经营活动）和透明性原则（提高税收透明度与确定性）。同时，BEPS行动计划倡导积极应对数字经济的新挑战。为了能够及时应对变化，BEPS行动计划寻求创新性的协调方法，倡导创建多边工具，目的是便于各国实施BEPS应对措施。在积极应对双重不征税问题的同时，OECD也将通过提高相互协商程序的效率及引入仲裁条款的方式，继续致力于消除双重征税问题。

表1－2　　BEPS 15项行动计划的内容

类别	行动计划
应对数字经济带来的挑战	数字经济（1）
协调各国企业所得税税制	混合错配（2）、受控外国企业规则（3）、利息扣除（4）、有害税收实践（5）
重塑现行税收协定和转让定价国际规则	税收协定滥用（6）、常设机构（7）、无形资产（8）、风险和资本（9）、其他高风险交易（10）
提高税收透明度和确定性	衡量和监控BEPS（11）、强制披露规则（12）、转让定价同期资料（13）、争端解决（14）
开发多边工具促进行动计划实施	多边工具（15）

表1－3列示了BEPS 15项行动计划的计划完成时间。

表1－3　　BEPS 15项行动计划的计划完成时间

2014年9月	2015年9月	2015年12月
数字经济	受控外国企业规则	利息扣除
混合错配	常设机构	有害税收实践
税收协定滥用	无形资产、风险和资本以及其他高风险交易	多边工具
转让定价同期资料	衡量和监控BEPS	
	强制披露规则	
	争端解决	

（三）BEPS 行动计划对国际税收的影响

BEPS 行动计划由 34 个 OECD 成员国①、8 个非 OECD 的 G20 成员国和 19 个其他发展中国家共计 61 个国家共同参与。我国由财政部和税务总局以 OECD 合作伙伴身份参与 BEPS 行动计划，与 OECD 成员国享有同等权利和承担同等义务。BEPS 行动计划的最终成果在 G20 峰会上由各国领导人背书，虽然在法律层面并不形成硬性约束，但政治层面的承诺以及其他国家在行动计划框架下开展的税制改革，都将不可避免地对相关国家税收制度和税收管理产生影响。改革的结果将产生三个层次的规则协调：一是对各国国内税收立法的建议；二是修订所得税领域的国际规则，主要是《OECD 范本》及其注释和《OECD 跨国企业与税务机关转让定价指南》（以下简称《OECD 转让定价指南》）；三是形成多边法律工具，进行多边税收协调。第一个层次涉及立法主权；第二个层次涉及双边谈判权；第三个层次则要求参与国让渡各自的立法主权和双边谈判权。三个层次均主要涉及国际交易的所得税政策协调，与资本、技术和人员等生产要素的跨境配置直接相关。②

BEPS 15 项行动计划成果的完成，意味着世界主要经济体在共同政治意愿推动下，通过密集的多边谈判与协调，在转让定价、防止协定滥用、弥合国内法漏洞、应对数字经济挑战等一系列基本税收规则和管理制度等方面达成了重要共识。这些成果和一揽子措施的出台，标志着百年来国际税收体系的第一次根本性变革取得了重大成功。BEPS 行动计划是多边税收合作的产物，直接推动对百年国际税收规则的大规模重塑，有利于避免因各国采取单边行动造成对跨国公司的双重征税或双重不征税以及对国际经济复苏的不利影响。

BEPS 行动计划使国际税收治理发生重大的历史性转变：从防范“双重征税”到防范“双重不征税”，税收协作从双边合作走向多边合作，《多边税收征管互助公约》《实施税收协定相关措施以防止税基侵蚀和利润转移的多边公约》《金融账户涉税信息自动交换标准》［Standard for Automatic Exchange of Financial Account Information in Tax Matters，又称统一报告标准（Common Reporting Standard，CRS）］等成为税收治理新工具。此外，2014 年 OECD《国际增值税/货物

---

① 截至 2023 年 12 月，OECD 成员国已增至 38 个。

② 国家税务总局办公厅．国家税务总局公布 G20 税基侵蚀和利润转移项目 2014 年成果［EB/OL］．(2014－09－17)［2024－01－17］．http：//www.chinatax.gov.cn/chinatax/n810219/n810724/c1112384/content.html.

劳务税指南》（The International VAT/GST Guidelines）发布，还标志着间接税的国际协调增强，国际税收治理走向直接税与间接税相结合的综合治理阶段。

三、数字经济下的国际税收发展新趋势

1999 年全球互联网用户为 1.5 亿人，2006 年增至 7 亿人。据文件分享网站（SlideShare）发布的《2021 年数字全球报告》，全球互联网用户已达 48.8 亿，其中社交媒体用户截至 2021 年 10 月达到 45.5 亿。随着国际互联网用户的迅速增加，电子商务也在全球快速发展。电子商务的交易额 1997 年仅为 194 亿美元，2002 年为 1500 亿美元，2019 年高达 3.5 万亿美元。根据 MoneyTransfers 的数据：受疫情推动，2020 年和 2021 年两年全球电商销售额突飞猛进，已经超过了 4.9 万亿美元，预计 2025 年这一数字将增长 61.23% 达到 7.4 万亿美元，年均增长率为 20.4%。数字经济的飞速发展正在改变世界各国的传统经济业态，对世界经济、社会发展带来重大影响，同时也给国际税收带来重大影响及变革。因此，2015 年 BEPS 行动计划 15 项成果报告中的第 1 项就是《应对数字经济的税收挑战》，虽然该报告本身并没有对如何解决数字经济税收挑战提出具体解决方案，但以此为开端掀起了全球范围内对数字经济税收的普遍关注与研究，并不断升温。

（一）应对数字经济的单边征税方案

为应对经济数字化税收挑战，各国或通过采取单边措施维护本国税收利益，或积极推进国际税收规则改革，抑或二者兼施。在统一的国际规则缺位的情况下，部分国家已单方面采取应对措施。这种单边方案的优点是直接简便，可迅速增加本国税收收入；缺点是不受税收协定制约，缺乏国家之间的协调，易产生双重征税问题。比如，法国于 2019 年 7 月 24 日颁布法律，决定从 2019 年 1 月 1 日起开征数字服务税（Digital Service Tax，DST），成为数字服务税最早立法的国家。此后，在美国引用“301 条款”威胁对法国进口产品加征关税的情况下，法国推迟了数字服务税的开征。继法国之后，奥地利、意大利、土耳其等国也纷纷进行了数字服务税的立法。部分国家已开征数字服务税，比如，英国于 2020 年 4 月 1 日开征，西班牙于 2021 年 1 月 16 日开征。一些国家表示数字服务税仅为国际税收规则改革落地前的临时性措施，但仍可能因存在歧视性而引发别国的贸易报复。日益泛滥的单边措施很可能导致一触即发的贸易战，不利于世界经济平稳复苏。随着 2022 年以来“双支柱”方案的推进，

各国单边的数字经济征税政策有所减缓。

（二）OECD“双支柱”方案①

与数字经济的单边措施相比，多边方案无疑是更优的选择，但同样困难重重。在 OECD 的不断努力下，2019 年以来应对数字经济挑战的多边征税方案已初现端倪。2020 年 10 月 OECD 公布《应对数字经济的税收挑战——支柱一蓝图报告》《应对数字经济的税收挑战——支柱二蓝图报告》，“双支柱”方案各要素的技术研究都取得了显著进展。支柱一增加市场国的征税权，将超大型高利润跨国企业的一部分剩余利润重新分配给市场国征税；支柱二建立全球最低税制度，确保大型跨国企业在每个辖区的有效税率都至少达到全球最低税率标准。经过各国曲折艰辛的谈判，OECD 于 2021 年 7 月 1 日发布声明（以下简称“7 月共识”），130 个国家（地区）支持“双支柱”解决方案。2021 年 10 月 8 日，OECD 再次发布声明，在“7 月共识”的基础上，BEPS 包容性框架下 140 个成员中的 136 个国家（地区）就“双支柱”方案达成框架性共识，形成《关于应对经济数字化税收挑战“双支柱”方案的声明》（简称“10 月声明”）。该声明获 G20 领导人罗马峰会核准通过。

2022 年 2 月，OECD 将支柱一中金额 A 的 9 个模块进一步细化为 13 个模块，并在后续分阶段发布各个模块立法模板（草案）寻求公众意见。待支柱一的立法模板定稿后，各国可以以此为基础，在其国内立法中实施对金额 A 的新征税权。② 相对于支柱一，支柱二的进展更快些。2021 年 12 月，OECD 发布《支柱二：全球反税基侵蚀规则立法模板》，为各国在国内通过立法方式执行支柱二规则提供指南。2022 年 3 月，OECD 发布立法模板的解释性文件，通过规则注释和案例应用进行详细补充。截至 2023 年 6 月，支柱二规则设计接近完成，日本、韩国、中国香港、新加坡、瑞士、荷兰等税收辖区已开启前期准备工作。平衡发达和发展中国家的税收利益，减轻跨国企业集团的税收遵从负担是影响全球最低税规则前景的两个关键因素。③

“双支柱”方案是个非常复杂的国际税收规则，从内容上看，对现行的传统国际税收规则几乎进行了颠覆性的改革，无论是征税权的重新划分，还是全球最低税率的提出，都是在经济数字化条件下对国际税收规则的重塑。

---

① 详见本书第八章第三节“应对经济数字化国际税收新规则”。

② 中国国际税收研究会．世界税收发展研究报告（2022）［M］．北京：中国税务出版社，2023：8.

③ 杜莉．全球最低税规则推行的进展和难点［N］．中国税务报，2023－03－22（B1）.

本章思考题

1. 什么是国际税收？广义的国际税收与狭义的国际税收分别指什么？
2. 国际税收的本质是什么？
3. 传统的国际税收规则包括哪些内容？
4. 数字经济下的国际税收发展新趋势是什么？

第二章　所得税的税收管辖权

【学习目标】 税收管辖权是理解所有国际税收问题的基础，各种国际税收问题都是从税收管辖权延展出来的。通过本章学习，熟悉什么是税收管辖权，税收管辖权的类型及各国的实践模式；掌握经营所得、劳务所得、投资所得与财产所得等不同所得的来源地判定标准，自然人与法人居民身份的判定标准；理解居民与非居民纳税人不同的纳税义务。

第一节　税收管辖权概述

一、税收管辖权的含义与类型

（一）税收管辖权的含义

税收管辖权（Jurisdiction to Tax）是一国主权在税收领域的体现，即一个国家[①]政府独立自主征税的权力，具体表现为可以对谁征税、对什么征税、征什么税以及征多少税等方面。税收管辖权是国家主权的重要组成部分。根据国际法，国家主权的行使范围一般要遵循两个基本原则：一是属人原则（Principle of Person），二是属地原则（Principle of Territoriality）。属人原则是指可以对本国的公民或居民行使管辖权，无论该公民或居民身在国内还是国外均属于管辖范围。属地原则是指一国可以在本国领土范围内行使其管辖权，只要是身在本国领土范围内的人，无论是否是本国公民或居民都要纳入管辖范围。

当一国税收产生，就相应产生了税收管辖权。而当各国税收管辖权产生交叉或重叠时，就产生更为复杂的征税问题，即不止一个国家对同一纳税人、同

① 在各国税收实践中存在一些非独立的地区，如中国香港、中国澳门等，也有自己独立的征税权。本书涉及的具有税收管辖权的国家（地区）也包含这些税收管辖区。

一笔所得有征税权。那么，该如何协调征税，协调不同税收管辖权所代表的各国税收权益，就是本书要探讨的复杂而有趣的国际税收问题之一。因此，税收管辖权也是理解各种国际税收问题的基础。

（二）税收管辖权的类型

一国的税收管辖权在确定征税对象、征税范围时，同样也遵从属人原则与属地原则。本书主要讨论所得税的税收管辖权问题。根据国际惯例，所得税的属人原则是指一国对本国居民或公民的全部所得都有征税权，无论这些所得来自国内还是国外。在属人原则下，一国征税是因为一国与取得某项所得的人之间存在联结（Nexus）。所得税的属地原则是指一国有权对来源于本国境内的全部所得征税，无论取得这些所得的人是本国人还是外国人。在属地原则下，一国征税是因为一国与某项所得或产生该项所得的活动之间存在联结。基于上述两个基本原则，各国的税收管辖权在实践中又产生了三类具体的管辖权类型。

1. 来源地管辖权（Source Jurisdiction）。来源地管辖权又称地域管辖权（Territorial Jurisdiction），指一国有权对来源于本国境内的所得行使征税权，无论取得这些所得的纳税人是本国还是外国的居民或公民。

2. 居民管辖权（Resident Jurisdiction）。居民管辖权指一国有权对本国税法所规定的居民（包括自然人和法人）取得的所得行使征税权，无论这些所得来自境内还是境外。

3. 公民管辖权（Citizen Jurisdiction）。公民管辖权指一国有权对拥有本国国籍的公民所取得的所得行使征税权，无论这些所得来自境内还是境外。

来源地管辖权是基于属地原则产生，居民管辖权与公民管辖权则是基于属人原则产生。这里需要注意居民与公民的区别。国际税收中的居民是税法意义上的，即符合一国税法规定的自然人或法人，是税收居民（Tax Resident），并不等同于居住管理法规中的居民。前者强调的是自然人或法人因为在本国长期居住，享受相关公共产品和服务，所以理应成为该国的纳税人，即税收居民。该国被称为税收居民的居民国（Residence Country）或母国（Home Country）。如果自然人或法人不符合一国税法规定的居民判定标准，那么从税收意义上讲就是非居民，该国被称为非居民的东道国（Host Country）或来源国（Source Country）。居住管理法规中的居民是指在本国长期从事生产和消费的自然人或法人，需要接受相关法规管理，比如外国公民要在本国长期合法居住必须持有本国政府颁发的居住许可证。而公民是指具有本国国籍并根据本国法律享有权利并承担义务的人。在实践中，税收居民与公民的身份可能合二为一，也可能分离。比如，美国公民一般是美国的税收居民。持有美国绿卡、在美国长期居住的自然人，如果符合美国税法的相关规定，也是美国的税收居民，虽然他没有美国国籍，不是美国公民。

综上，居民管辖权与公民管辖权都是按属人原则征税，意味着本国居民或公民要就来自境内、境外的全部所得即全球所得向本国纳税，形成一种全球范围的税收管理机制（Worldwide Tax System）。而来源地管辖权意味着仅就来源于本国境内的所得纳税，无论纳税人是本国人还是外国人，形成一种地域范围的税收管理机制（Territorial Tax System）。

二、各国采用的税收管辖权模式

税收管辖权属于各国主权范畴，因此各国都可自主决定，根据自己的国情选择适合自己的税收管辖权类型。从世界各国的现行税制来看，税收管辖权并不统一，主要有以下三种模式。

（一）“居民管辖权+来源地管辖权”模式

同时行使居民管辖权与来源地管辖权，意味着居民国可以对以下三类所得征税：一是本国居民的境内所得；二是本国居民的境外所得；三是外国居民的境内所得。前两类所得征税依据的是居民管辖权，第三类所得征税依据的是来源地管辖权。该模式兼顾了属人原则与属地原则，可以更好地保障居民国的税收权益，减少税收收入流失，为世界上大多数国家所采用，代表性国家有：澳大利亚、巴西、加拿大、中国、英国、德国、印度、日本、俄罗斯等。

需要说明的是，在各国税收实践中，行使居民管辖权并不是对居民的全部境外所得都要征税。比如，部分国家规定，对于境外所得只有在所得汇回本国时才征税，即如果该笔所得在境外已经产生但没有汇回本国，本国居民没有实际收到，那么这笔所得不必向居民国缴纳所得税。这是对境外所得征税采用的“收付实现制”。还有一些国家规定，对居民企业因拥有境外符合条件子公司的一定比例股份而取得的股息、红利所得可以免于征税。

（二）单一的来源地管辖权模式

行使单一的来源地管辖权意味着一国仅对来源于本国境内的所得征税，包括本国居民的境内所得与外国居民的境内所得。在这种模式下，对本国居民的境外所得不征税，该国政府会因此减少一部分税收收入。目前采用这种模式的国家（地区）不是太多，代表性国家（地区）有：巴拿马、哥斯达黎加、肯尼亚、马来西亚、乌拉圭、赞比亚、中国香港、中国澳门等。

采用单一的来源地管辖权的大多是发展中国家（地区），它们需要通过该模式来吸引外资促进本国（地区）的经济发展。但该模式在帮助这些国家（地区）吸引到外资的同时，也在客观上为跨国企业避税提供了便利条件。因为跨国企业容易通过转让定价等安排将来自这些国家（地区）境内的所得转化为境外所得，从而逃避纳税，损害税收公平，减少政府收入。

（三）"居民管辖权＋来源地管辖权＋公民管辖权"模式

同时行使三种税收管辖权的国家非常少，代表性国家是美国。在这类模式下，如果美国公民长期居住在境外，也要就其全球所得向美国政府申报纳税，其征税理由是美国公民在境外也能享受到美国政府提供的各种利益，所以有义务继续纳税，无论其在哪里居住，也无论其所得的产生地。美国历史上一个税案可以说明：库克是一位美国公民，他搬离美国后在墨西哥长期居住，但保留美国公民身份。美国国内收入局（IRS）依据美国国内收入法规，要求库克就其在墨西哥境内转让财产取得的所得向 IRS 纳税。库克缴纳了 119338 美元的税款后提起诉讼，认为转让的财产不在美国境内，且他长期不在美国居住，所以不必就这笔所得向美国纳税。最后法院的判决结果是 IRS 有权向这笔所得征税，这取决于作为公民的纳税人与美国政府的关系。只要美国政府给美国公民及其财产带来利益，公民取得的所得就在税收管辖权范围之内，而无论该纳税人居住在哪里，这即是美国的公民管辖权。

除上述三类税收管辖权模式外，世界上还有一些典型的避税地国家（地区），不征收任何所得税，相当于把居民管辖权与来源地管辖权都放弃了。代表性国家（地区）主要有：巴哈马、百慕大群岛、开曼群岛、瑙鲁等。[①]

另外需要说明的是，有些国家对自然人与法人行使不同的税收管辖权，所以现实中的各国税收管辖情况是比较复杂的。比如，法国仅对企业所得税行使单一来源地管辖权，赞比亚仅对个人所得税行使单一来源地管辖权，阿联酋、巴林与科威特对个人所得不征收所得税，马来西亚的单一来源地管辖权不包括金融、保险、空运、海运收入等。

---

① 关于避税地的详细介绍，参见本书第五章"国际避税"。

第二节　来源地管辖权

按照国际税收惯例，一国对来源于本国境内的所得享有主要征税权，换言之，来源国行使优先征税权，居民国行使第二道征税权。因此，判定所得来源地具有非常重要的意义。其一，目前征收所得税的国家没有不行使来源地管辖权的，那么判定一笔所得是否来源于本国境内就是行使来源地管辖权的前提。特别是对非居民征税而言，判定其是否有来源于本国境内的所得是至关重要的。其二，为避免国际双重征税，许多国家对本国居民来源于境外的所得给予一些税收减免或抵免措施，其前提也是要判定这些所得是否来源于境外某个国家。与居民的判定标准一样，各国税法也要明确所得来源地的判定标准，这也在一国税收主权范围内。各国在实践中的判定标准都不尽相同。更具体地说，各国税法对于所得来源地的判定标准因所得性质不同而有差异。

一、经营所得的判定标准

经营所得（Business Income）是个人或跨国企业从事各类经营活动所取得的收益。一笔所得是否界定为纳税人的经营所得，主要看取得该笔所得的经营活动是否是纳税人的主营业务活动。比如，股息、利息所得，对于证券公司而言是经营所得，但对于制造企业而言算作是投资所得。从各国的税收实践来看，经营所得主要有以下两类判定标准。

（一）常设机构标准

常设机构（PE）是指一个企业进行全部或部分经营活动的固定经营场所，如分支机构、管理机构、办事处、工厂、矿场或建筑工地等。固定性是常设机构的一个重要特征。根据常设机构标准，如果一个非居民企业在本国设立有常设机构，且通过该常设机构取得了经营所得，那么就可以判定该笔经营所得来源于本国境内，可以对其行使来源地管辖权。反之，如果没有在本国设立常设机构，那么就不能判定相关所得是来源于本国境内，不能对其行使来源地管辖权。可见，对于采用常设机构标准的国家而言，可否对非居民企业的经营所得征税，关键取决于该企业是否在本国设立了常设机构。

在实践中会存在这样的情况：一家非居民企业在本国设有常设机构，但其经营所得不是通过该常设机构取得的，那么本国可否对其行使来源地管辖权？各国的做法不一，归纳起来主要有两个原则：一是归属原则（Attribution Principle），即一国只对非居民通过本国设立的常设机构实际取得的经营所得征税，通过常设机构以外方式取得的经营所得不征税；二是引力原则（Force of Attraction Rule），即虽然该非居民企业从事的经营活动没有通过该常设机构，但只要这些经营活动与该常设机构所从事的经营活动相同或类似，那么非通过常设机构取得的经营所得也归并在常设机构的所得中一并纳税。显然，引力原则倾向于来源国多征税，维护其税收权益。《OECD 范本》和《联合国范本》第 7 条是一致的，即根据归属原则来征税。在归属原则下，常设机构规则不仅是来源国是否征税的门槛要求，还是用来确定应税所得（可归属于常设机构的所得）的手段。大陆法系的国家大多采用常设机构标准，目前只有肯尼亚、印度等少数国家实行引力原则。

（二）交易地点标准

交易地点标准是指根据交易或经营活动地点来判定经营所得的来源地，代表性国家（地区）有英国、加拿大等英美法系国家，也包括中国香港。比如，英国税法规定，只有在英国国内进行交易取得的所得才算来源于英国的所得。这里的交易泛指各类贸易、制造等经营活动。贸易活动的判定依据是合同订立地是否在英国，制造活动判定依据是制造活动的发生地是否在英国。加拿大的税法规定与英国类似，只是以合同签订的习惯性地点作为交易地点。

二、劳务所得的判定标准

劳务所得（Service Income）通常指个人提供独立或非独立个人劳务而取得的所得。各国在实践中一般有以下三类具体判定标准。

（一）劳务提供地标准

劳务提供地标准是指跨国纳税人在哪个国家提供劳务，其获得的劳务报酬即为来源于该国家的所得。这里的劳务分为独立劳务与非独立劳务，区别在于前者不存在雇佣关系，而后者存在雇佣关系。对于独立劳务而言，主要是看其从事劳务活动的固定基地（诊疗所、事务所、设计所等）在哪个国家；而对于非独立劳务而言，则主要看受雇地点在哪个国家；在哪个国家受雇，其取得的劳务所得（工资、薪金所得）就来源于该国。

许多国家采用劳务提供地标准。比如，中国《个人所得税法实施条例》第三条规定，因任职、受雇、履约等在中国境内提供劳务取得的所得，无论支付地点是否在中国境内，均为来源于中国境内的所得。

（二）劳务所得支付地标准

劳务所得支付地标准是指劳务所得是在哪国境内支付，就判定该所得来源于该国。采用该标准的有英国、巴西等国家。

（三）劳务合同签订地标准

劳务合同签订地标准是指劳务合同签订地在哪国境内，就判定其所得来源于该国。采用该标准的有爱尔兰等国家。

三、投资所得的判定标准

投资所得（Investment Income）是指因拥有一定产权而取得的收益，主要包括股息（Dividend）、利息（Interest）、特许权使用费（Royalty）、租金（Rent）等所得。经营所得一般被称为积极所得（Active Income），而股息、利息、特许权使用费和租金这四类所得通常被称为消极所得（Passive Income）。股息是基于股权而取得，利息是基于债权而取得，特许权使用费是基于向他人提供无形资产的使用权而取得，租金是财产所有人向财产承租人收取的财产使用费。其中，特许权使用费的具体类型包括两类：一是制造型无形资产，如专利权、专有技术、版权、秘方等；二是营销型无形资产，如商誉、特许经营权、经销权等。大多数国家对于非居民在本国境内取得的上述投资所得会采用源泉扣缴方式征收预提所得税（Withholding Tax，WHT）。

（一）股息

目前各国判定股息来源地一般是依据分配股息公司所在的居住地，即分配股息公司的居住地所在国作为股息的来源国。

比如，根据中国《个人所得税法实施条例》第三条规定，从中国境内企业、事业单位、其他组织以及居民个人取得的利息、股息、红利所得，不论支付地点是否在中国境内，均为来源于中国境内的所得。根据中国《企业所得税法实施条例》第七条规定，股息、红利等权益性投资所得，按照分配所得的企业所在地确定所得来源地。上述规定说明，凡拥有中国境内企业股权而从中国境内企业取得的股息、红利，都属于来源于中国境内的所得。

（二）利息

各国判定利息所得来源地的标准不尽一致，概括起来主要有以下三种：

1. 以借款人的居住地、信贷资金的使用地或用于支付债务利息的所得来源地为标准。大多数国家都采用此类标准，如阿根廷、巴西、法国、墨西哥、秘鲁、印度、美国、中国等。根据中国《个人所得税法实施条例》第三条规定，从中国境内企业、事业单位、其他组织及居民个人取得的利息，无论支付地是否在中国境内，均为来源于中国境内的所得。根据中国《企业所得税法实施条例》第七条规定，利息所得，按照负担、支付所得的企业或者机构、场所所在地，或者按照负担、支付所得的个人的住所地确定所得来源地。

2. 以借款合同的签订地为标准。澳大利亚、新西兰等国采用该标准。

3. 以贷款的担保物（动产或不动产）所在地为标准。奥地利、希腊等国采用该标准。

（三）特许权使用费

各国判定特许权使用费来源地的标准也不尽一致，概括起来主要有以下四种：

1. 以特许权的使用地为标准。比如，中国《个人所得税法实施条例》第三条规定，许可各种特许权在中国境内使用而取得的所得，无论支付地是否在中国境内，均为来源于中国境内的所得。

2. 以特许权所有者的居住地（对无形资产提供法律保护的国家）为标准。南非等国采用该标准。

3. 以特许权使用费支付者的居住地为标准。法国、比利时等国采用该标准，中国企业所得税法也采用该标准。中国《企业所得税法实施条例》第七条规定，特许权使用费的来源地按照负担、支付所得的企业或者机构、场所所在地，或者按照负担、支付所得的个人的住所地确定。

4. 以无形资产的开发地为标准。阿根廷等少数国家采用该标准。需要注意的是，电影放映和计算机软件方面的特许权使用费在有些国家作为经营所得。

（四）租金

租金所得的来源地判定标准与特许权使用费大致相同，各国主要依据产生租金的财产使用地或所在地、财产租赁合同签订地或租金支付者的居住地来判定。以中国为例，《个人所得税法实施条例》第三条规定，将财产出租给承租人在中国境内使用而取得的所得，为来源于中国境内的所得；《企业所得税法实施条例》第七条规定，按照负担、支付租金所得的企业或者机构、场所所在地，或者按照负担、支付租金所得的个人的住所地确定所得来源地。

四、财产所得的判定标准

财产所得（Property Income）是指纳税人因拥有、使用、转让财产而取得的收益。对于不动产所得，各国一般以不动产的所在地为来源地。对于动产所得，各国的判定标准不尽一致，有的以动产的销售或转让地为来源地，有的以动产转让者的居住地为来源地。以中国为例，《个人所得税法实施条例》第三条规定，转让中国境内的不动产等财产或者在中国境内转让其他财产取得的所得为来源于中国境内的所得；《企业所得税法实施条例》第七条规定，不动产转让所得按照不动产所在地确定所得来源地，动产转让所得按照转让动产的企业或者机构、场所所在地确定所得来源地，权益性投资资产转让所得按照被投资企业所在地确定所得来源地。

第三节 居民管辖权和公民管辖权

一国要行使居民管辖权，首先要明确什么是居民。这里的居民是指税收居民，由各国税法确定的具体判定标准判定。这里的税法，具体是指个人所得税法与企业（公司）所得税法。符合该标准的是居民，反之则是非居民。判定一个纳税人是否为本国居民，在国际税收实践中具有重要意义。其一，对于行使居民管辖权的国家而言，确定某纳税人是否为本国居民是正确行使居民管辖权的前提。其二，一国与他国签订的国际税收协定一般只适用于缔约国一方或双方的税收居民。换言之，只有成为一国的税收居民，才能享受本国对外税收协定中的相关税收权益。

一、自然人居民身份的判定标准

对自然人而言，税收意义上的居民不同于访客或游客。判定某人为居民，意味着他已经在该国居住了较长时间或计划长期居住在该国，而不是访客的短期访问，或游客的短期逗留。居民是由各国税法规定的，因此各国标准并不完全相同。归纳起来，主要有两类判定标准：一是事实与境况标准（Facts and Circumstances Test）；二是主观意愿标准（Willingness test）。各国在多年的税收实践中，又形成了判定自然人居民身份的三种具体标准：住所标准、居所标准及停留时间标准。

（一）住所标准

住所（Domicile）一般是指某自然人拥有的固定或永久的居住场所，是一个法律概念，强调的是固定性与永久性，而不是物理意义上的住房。固定性是指该自然人在居民国有定居或习惯性居住的客观事实，永久性是指该自然人有长期居住下去的主观意愿。客观事实容易判定，而主观意愿难以判定，所以在税收实践中容易引起争议。征税机关在确定居民身份的时候，对于是否有永久性居住的主观意愿，往往是很难判定的。所以，许多国家税法更多采用的是相对客观的标准，一般是将自然人家庭（含其配偶及子女）所在地、户口所在地作为判定住所的重要标准。有些大陆法系国家（如奥地利、比利时、法国等）还采用经济利益中心标准或经济活动中心标准来判定是否具有住所。经济利益中心标准通常指能够给当事人带来主要投资收益的不动产、专利或特许权等无形资产的所在地，当事人获取大部分收入的所在地等。经济活动中心则是指当事人从事的主要职业活动所在地或主要办公地。

中国判定自然人税收居民身份的一项重要标准就是住所标准。中国《个人所得税法》第一条规定，在中国境内有住所，或者无住所而一个纳税年度内在中国境内居住累计满 183 天的个人，为居民个人。中国《个人所得税法实施条例》第二条规定，《个人所得税法》称在中国境内有住所，是指因户籍、家庭、经济利益关系而在中国境内习惯性居住。所以中国税法判定个人住所依据的是“习惯性居住地”。具体而言，如果个人因户籍、家庭和经济利益关系而在中国境内习惯性居住，则其住所就在中国境内。这里的“在中国境内习惯性居住”是指个人在中国以外学习、工作、探亲、旅游等活动结束后必然要返回中国境内居住，而不是指个人在中国境内实际居住。换言之，只要某个人的习惯性居住地在中国境内，即使某个纳税年度内并没有在中国境内实际居住，仍算在中国境内有住所，仍是居民纳税人。

（二）居所标准

不同于住所，居所（Residence）一般是指自然人已居住较长时间但又不准备永久性居住的场所。非永久性是居所区别于住所的主要特征，即居所通常只是自然人用作经商、求学、谋生等原因而暂时居住的场所，而非永久居住之地。另外，住所通常强调一种主观意图，即自然人打算将某地作为自己的永久性居住地，而居所只是强调居住的客观事实，具有非长期性。所以在实践判定中，居所既可以是纳税人的自有住房，也可以是租赁的公寓、旅馆等。澳大利亚、加拿大、英国、日本等国采用居所标准。

（三）停留时间标准

在实践中，有些自然人在居住国可能既没有住所，也没有居所，但停留了较长时间，取得一些所得，那么居住国是否要将他纳入税收居民管理呢？为了保障居住国的税收权益，许多国家在住所或居所标准的基础上，又增加了一个“停留时间标准”（Physical Presence Test），意味着，如果自然人在居住国的实际停留时间达到了税法规定的标准时间，那么他也算作居民纳税人。显然，相对于住所或居所标准，停留时间标准相对具有一定的武断性，但也是各国都普遍采用的标准，作为对住所标准、居所标准的有益补充。

停留时间标准一般是按纳税年度来制定，即某自然人如果在一个纳税年度中连续或累计在一国的停留时间达到了税法规定的标准，他就要按居民身份来纳税。各国税法对于停留时间标准的规定并不完全一致，大多数国家都是采用半年期标准（183 天）；只有少数国家采用一年期标准（365 天），比如阿根廷、日本。中国之前的个人所得税法采用的是 365 天标准，自 2019 年 1 月 1 日起采用 183 天标准。

停留时间标准在实际运用中会有不少复杂的规定，比如停留天数按什么时间单位来计算，是否要到小时或分钟，临时离境是否要扣减，是只考虑本年度的停留时间还是要加以考虑以前年度的停留时间等，各国税法规定都不尽一致。

综上，各国（地区）在实践中通常是同时采用住所（居所）标准和停留时间标准，纳税人只要符合其中之一，即可被判定为本国税收居民。这样做是为了更多保障居住国的税收权益。当然，也有少数国家基于自身实际，只采用住所（居所）标准，如比利时；或只采用停留时间标准，如孟加拉国、哥伦比亚、丹麦、印度、马来西亚、新加坡、泰国、越南等。中国目前是同时采用住所标准和停留时间标准。

二、法人居民身份的判定标准

法人是与自然人相区别的一种民事法律关系主体。根据中国《民法典》，法人是指具有民事权利能力和民事行为能力，依法独立享有民事权利和承担民事义务的组织。一个行使居民管辖权的国家要对法人征税，也要首先确定其是否为本国的居民。从各国实践来看，判定法人居民身份标准主要有以下几类。

（一）注册地标准

注册地标准（the Place-of-incorporation Test）又称法律标准，是指法人如果是按本国法律在本国注册成立，那么就成为本国的税收居民，无论其管理机构所在地或主要业务活动发生地是否在本国境内。注册地标准有两个特点：

1. 注册地标准对征税人、纳税人而言，既简便又确定，因为任何国家的法人注册地点具有唯一性，容易识别。许多避税地除无税或低税特征外，一般都会在它们法律框架下提供简便、低成本的注册安排，以吸引大量外来资金。

2. 注册地标准在一定程度上会限制法人以避税为目的转换税收居民身份。如果一个企业在高税国注册成立，就成为该国的税收居民，税负会比较重。如果企业想以转换税收居民身份的方式来避免缴纳高税国税收，须先注销其高税国的法人身份。根据各国税法规定，注销必须先进行资产清算，并就其资产增值部分即资本利得（Capital Gain）缴纳所得税，相当于增加了税收成本。实践中，很多企业会考虑去避税地再注册一家关联企业，通过转让定价等方式将利润转移至避税地。

正因为注册地标准具有上述两个特点，对政府而言是优点，所以多数国家在判定法人的居民身份时都会采用注册地标准，再结合其他标准，比如澳大利亚、加拿大、英国等。

（二）管理机构所在地标准

管理机构所在地标准（the Place-of-management Test）是指根据法人的管理机构所在地来判定其居民身份，而无论其在哪个国家注册。那么，什么是法人的管理机构？在各国实践中并没有一个统一的标准，所以该标准在确定性方面劣于注册地标准。有的国家是把公司总部所在地，或董事会（或对公司事务负有最终责任和控制权的类似机构）举行会议的地点作为管理机构所在地，如澳大利亚、爱尔兰、加拿大、英国、新西兰等。有的国家是把股东大会召开的地点或公司账簿的保管地点作为管理机构所在地。

管理机构所在地标准容易被跨国企业利用来进行避税，因为公司的管理机构容易迁移，且不会引致资产增值的纳税问题。因此跨国企业完全有可能将自身的管理机构从高税国迁移至低税国，从而实现高税国居民向低税国居民的身份转变。苹果、谷歌等公司曾使用的“双爱尔兰－荷兰三明治”避税模式就是充分利用爱尔兰曾经采用的管理机构地标准，将一个子公司注册在爱尔兰，实际管理机构却设在避税地，同时规避成为爱尔兰、避税地两个税收管辖区的税收居民。

（三）总机构所在地标准

总机构所在地标准是指法人如将总机构设在本国，就成为本国的税收居民。这里的总机构是指法人的主要营业场所或主要办事机构，在实践中一般是总公司或总部、总店。与管理机构所在地标准不同的是，总机构所在地标准强调的是法人权力或决策中心的重要性。采用该标准的国家有日本、新西兰等。

（四）其他标准

有些国家是根据法人的选举权和控制权被哪个国家居民股东所掌握，就判定该法人是该国家的税收居民。比如，澳大利亚税法规定，一家跨国企业即使是在外国注册的，但只要在澳大利亚从事经营活动且被澳大利亚居民股东控制，那么该企业也认定为澳大利亚的居民企业。

综上，世界各国都会根据自身实际选择合适的法人居民身份判定标准，最常用的是注册地标准和管理机构所在地标准。但为了防止企业利用单一标准的片面性来进行避税操作，许多国家都会同时采用两个或以上的标准来认定居民企业。同时采用注册地标准和管理机构所在地标准的国家最多，如加拿大、丹麦、德国、肯尼亚、卢森堡、荷兰、瑞士、印度、英国、希腊等。中国《企业所得税法》第二条规定："本法所称居民企业，是指依法在中国境内成立，或者依照外国（地区）法律成立但实际管理机构在中国境内的企业。"即注册地标准与实际管理机构标准只要符合其一，就认定为居民企业。

三、公民身份的判定标准

相对于税收居民判定标准的复杂多样，公民身份判定就很简单明确，是依据一国的国籍管理规定。一个自然人的公民身份可以直接依据本国的国籍而确定。但现实中也有一些特殊情况，比如一些自然人会因为一些客观因素而同时满足两个国家的国籍管理规定，从而成为"双重国籍"人。

第四节　居民与非居民的纳税义务

在国际税收中划分税收居民与非居民具有非常重要的意义，因为二者承担不同的纳税义务。各国的国际税收制度一般也会单独列出非居民税收管理制度，体现与居民税收管理的差异。

一、居民的纳税义务

从征税方看，一个行使居民管辖权的国家要对本国居民的国内外全部所得征税。从纳税方看，作为税收居民，不仅要就国内所得向本国政府纳税，还要就国外所得向本国政府纳税，即国内外的全部所得，也称为全球所得都要纳税，这是一种无限的纳税义务。在一个行使居民管辖权的国家，无论是自然人还是法人居民都要承担无限纳税义务。

但在税收实践中，有些国家会对居民的无限纳税义务做一些特殊处理。比如，一些国家将自然人居民分为长期居民与非长期居民，前者承担无条件的无限纳税义务，而后者承担有条件的无限纳税义务。中国、日本、英国税法中都有相关规定。以中国为例，《个人所得税法实施条例》第四条规定，在中国境内无住所的个人，在中国境内居住累计满 183 天的年度连续不满 6 年的，经向主管税务机关备案，其来源于中国境外且由境外单位或个人支付的所得，免于缴纳个人所得税。这意味着，居住时间不满 6 年的居民是作为非长期居民来对待，不必就其来源于中国境外且由中国境外单位或个人支付的所得向中国政府纳税。而在中国境内无住所的个人居住满 183 天的年度连续满 6 年，则要从第 7 年开始就其境内外的全部所得向中国政府申报纳税，这就是长期居民的无条件的无限纳税义务。另外一些国家对法人居民的境外所得征税有一些限制规定，不符合条件的，可以不用纳税。比如，加拿大、美国（2018 年之前[①]）等发达国家规定，本国居民公司来源于境外子公司的股息、红利所得，在未汇回本国之前，可以先不用缴纳本国所得税；等这些境外所得汇回本国后，再申报纳税。这种规定通常被称为“延迟纳税”（Deferral of Tax）。延迟纳税规定会产生多重效应：可以在一定程度上减轻居民企业的纳税负担，增强其海外投资的竞争力，但也会给跨国企业避税带来便利。许多跨国企业会滥用延迟纳税规定，在海外的避税地设立一家控股子公司（受控外国企业，CFC），专门用于累积海外利润而不汇回国内，享受延迟纳税带来的资金货币时间价值。所以，随着近年国际反避税力度的加强，部分国家已取消延迟纳税规定，具体可参考

① 美国在 2018 年之前有延迟纳税的规定，特朗普政府减税改革取消了这一规定，即从 2018 年开始，美国对本国企业从海外子公司（持股 10% 以上）取得的所得直接免税，不再适用延迟纳税。

本书第七章的有关内容。

二、非居民的纳税义务

与税收居民不同的是，非居民一般只需要就来源于居住国境内的所得向居住国纳税，承担有限的纳税义务。以自然人非居民为例，非居民在居住国没有住所或停留时间较短，一般只是因工作、访问等形成的短期停留，与居民的长期居住相比，非居民享受的居住国公共产品与服务要少得多，因此只需承担有限的纳税义务。非居民的这种有限纳税义务对应的是居住国对非居民行使来源地管辖权。

理论上，只要一个自然人在非居住国取得了相关所得，该国就可以对其所得行使来源地管辖权。但实际上，一些国家规定，如果非居民在本国的停留时间没有达到一定的时间标准，其部分纳税义务是可以免除的。以中国为例，《个人所得税法实施条例》第五条规定，在中国境内无住所的个人，在一个纳税年度内在中国境内居住累计不超过 90 天的，其来源于中国境内的所得，由境外雇主支付并且不由该雇主在中国境内的机构、场所负担的部分，免予缴纳个人所得税。

三、划分税收居民与非居民的意义

综上所述，在国际税收中将纳税人分为居民与非居民，既有理论意义，也有实践价值，已成为一种为多数国家采用的重要国际税收惯例。

1. 划分税收居民与非居民，行使不同的税收管辖权，能更好地体现税收公平。居民享受居住国较多的公共产品与服务，所以承担更多的纳税义务。非居民享受居住国较少的公共产品与服务，所以承担更少的纳税义务。而在国际税收协定执行中，只有缔约国双方的居民才能享受协定中的优惠税收待遇，这在一定程度上也体现了国际税收中的权利与义务对等原则。

2. 划分税收居民与非居民，行使不同的税收管辖权，能更好地体现税收效率。从理论上讲，居民管辖权是要对居民来自本国境内外的全部所得征税，来源地管辖权是要对来自本国境内的所得征税，无论纳税人是本国人还是外国人。而从实践来看，各国基于税收征管成本、征管效率的考虑，都会对居民的境外所得，非居民来自本国境内的所得在征税时给予一些特殊的免税或减税处理。居民国为体现一定的国际税收目标，比如出于鼓励资本输出、增强企业海外竞争力的税收政策考虑，也会对部分境外积极所得采取一些免税或延迟课税措施，形成事实上的不征税。

本章思考题

1. 什么是税收管辖权，有几种类型？
2. 各国税收管辖权的管理模式有哪几类？
3. 所得来源地的判定标准具体有哪些？
4. 税收居民的判定标准有哪些？
5. 税收居民与非居民纳税义务的区别主要是什么？

第三章　国际双重征税及其处理

【学习目标】本章主要介绍国际双重征税的理论及实务，包括国际双重征税的概念与特征、分类及产生原因，处理国际双重征税的原则、路径及方法等。通过本章的学习，熟悉国际双重征税的基本概念，了解国际双重征税产生的原因及危害，理解处理国际双重征税的主要目的、基本原则、主要路径和主要方法。

第一节　国际双重征税概述

一、概念与特征

（一）双重征税的含义

一般情况下，一个纳税人就其一个具体的征税对象被征收一次税收。然而由于种种原因，纳税人一个征税对象会被征收两次或两次以上的税收，这种情况通常被叫作双重征税，又叫作重复征税。从形式上看，双重征税是纳税人的收入或财产被征收两次或两次以上的税收；从结果上看，是纳税人相比原本应缴的税收，承担了更多的税负。

双重征税有广义和狭义之分。广义上的双重征税是指一个纳税人或一个征税对象被多次课征税收或被强制收取具有税收性质的费用。广义的双重征税注重的是纳税人被多次强制性征收并给付的事实，至于被征缴的是税还是费，是相同或类似税种还是不同税种，是同一个征税主体还是不同征税主体进行的征收，都不重要。

狭义上的双重征税是指同一个纳税人或一个征税对象被一个或多个原始税收管辖权[①]的征税人多次征税。狭义上的双重征税又可分为单个征税权的双重

① 原始税收管辖权（Original Tax Jurisdiction），是指政府对其管辖范围内的个人、企业或其他实体具有课征和征收税收的原发性权利，在国际税法中，原始税收管辖权就是国家的税收管辖权。

征税和多个征税权的双重征税。单个征税权的双重征税，指由原始税收管辖权下的同一个征税部门造成的双重征税，比如，同一国家的同一个征税部门在对代表股份公司真实财产和价值的资本及利润征税后，又对构成公司资本的股票价值和来自公司利润的股息征税（这种对同一经济来源的不同纳税人的重复征税，叫“经济性双重征税”）；再如，在对一项不动产征收财产税后，又对不动产所有人征收收入税（这种由复税制造成的重复征税，叫“税制性双重征税”）。多个征税权的双重征税，指多个税收管辖权的征税人同时对同一纳税人或同一征税对象征税产生的双重征税，也叫“法律性双重征税”。

原始税收管辖权通常就是国家税收管辖权。在原始税收管辖权下，每个税务部门依法拥有各自的税收管辖权。根据税收管辖权之间关系的不同，多个征税权的双重征税又可分为：①垂直双重征税，即两个垂直关系的税收管辖权，如一国中央征税当局和地方征税机构，对同一纳税人的同一征税对象进行的双重征税；②平行双重征税，即两个平行关系的税收管辖权，如一国内两个地位平等的地方征税机构，对同一纳税人的同一征税对象的双重征税；③斜向双重征税，即斜向关系的税收管辖权，如一国内的某个地方征税机构和另一地方平级机构所属的下级地方征税机构对同一纳税人的同一征税对象进行的双重征税。这三种双重征税实质上反映了不同征税主体之间的税收分配关系。

广义上的双重征税尽管反映出纳税人或其征税对象被多次征税的事实，体现了纳税人总体实际税收的额外负担，但不能说明双重征税产生的原因及实质，并且忽视了不同税种下纳税人税收义务的独立性，混淆了税与费的区别。狭义上的双重征税既说明了双重征税产生的原因，又表明了双重征税反映不同的税收管辖权之间税收利益分配关系的实质，因而本书更多地从狭义的角度来研究双重征税。单个税收管辖权的双重征税可以由该税收管辖权自行协调解决，因此，更确切地说，不同税收管辖权下的双重征税才是我们研究的对象。双重征税总是产生于几个税收管辖权，其特点就是几个税收管辖权的冲突。因此，双重征税是指不同的税收管辖权同时向同一或不同的纳税人的同一征税对象行使征税权而产生的多次征税。

（二）国际双重征税的概念

根据不同的税收管辖权是否源自同一个原始税收管辖权，双重征税可分为国内双重征税和国际双重征税。国内双重征税是指发生在同一个原始税收管辖权即一个税收主权范围内的双重征税。其特点是不同的税收管辖权隶属于同一个税收主权，源自同一个原始税收管辖权。而国际双重征税是指发生在两个或两个以上的不同原始税收管辖权即国家税收管辖权之间的双重征税，其特点是不同的税收管辖权分属于不同的税收主权，各自都是独立的原始税收管辖权。

1963 年，OECD 在《关于对所得和资本双重征税协定草案的报告》中，把国际双重征税概念定义为：国际双重征税是“两个（或更多）的国家在同一期间内，对同一纳税人的同一征税客体征收类似的税”。该定义比较全面、准确地揭示了国际双重征税的内涵，反映了其特征。

（三）国际双重征税的特征

根据上述定义，国际双重征税具有五个特征。

1. 国际双重征税是两个或两个以上具有税收管辖权的国家对纳税人同时征税的结果。这通常有三种情况：一是来源国在依据来源地税收管辖权实施征税后，居民国又依据居民税收管辖权对纳税人的同一笔收入征税。二是在纳税人同时成为两个或两个以上国家的居民纳税人的情形下，相关居民国对纳税人同时实施征税。三是在纳税人的应税所得同时被认定为来源于两个或两个以上不同国家的情形下，相关来源国同时实施征税。原始税收管辖权的拥有者是主权国家，依据国际法的国家责任归因原则，一个国家的地方政府，如一个国家内不同的省、州等自主地方税收管辖权实施的征税行为均归因于国家，在国际税法上也属国家原始税收管辖权征税行为。但中国的香港特别行政区、澳门特别行政区例外。

2. 国际双重征税必须是对同一纳税主体的征税。也就是说，国际双重征税是两个或两个以上不同的国家税收管辖权对同一个纳税人征税时产生。不同国家根据本国税法分别对不同的纳税主体征税，一般不构成国际双重征税。但是，如果两个不同的纳税主体的征税对象具有经济上的同一性，那么，也有人认为这是国际双重征税。

3. 国际双重征税是对同一纳税人的同一征税对象的征税。这也是构成国际双重征税的必备要素。征税对象是税收的基本要素，不同征税对象往往对应的是不同的税收。不同的国家对同一纳税人的不同征税对象征税不构成国际双重征税。如一国对某纳税人在其国内的经营所得征税，另一国对该纳税人在该国的财产进行征税。

4. 国际双重征税必须是在同一纳税期限内对同一纳税人进行的征税。纳税期限是纳税人的纳税义务履行的期限。不同纳税期限下纳税人所承担的纳税义务是相互独立的。对纳税人的同一个纳税期限内征税意味着纳税人在同一个纳税义务期被两个或两个以上不同的国家税收管辖权征税。不同的国家税收管辖权对同一纳税人在不同纳税期限分别进行征收，不构成双重征税。

5. 国际双重征税对同一纳税人征收的必须是同一或类似的税种。税收根据其不同的客体分为不同的税种。在每一个单独的税种下，纳税人负有属于该税种的纳税义务。通常情况下，国家根据不同的税种向纳税人征税。因此，不同的国家税收管辖权基于本国税法对同一纳税人征收了不同税种的税收，不构成双重征税。只有两个或两个以上不同的税收管辖权对同一纳税人同时征收的同一或类似税种的税收，才构成双重征税。这样，相关国家征收的税种是同一的或类似的就成为国际双重征税的重要特征之一。税收协定都规定了其适用的税种范围，并且附有协定适用的税种目录。《OECD 范本》和《联合国范本》第二条都规定了协定适用的税种范围。

此外，OECD 还有一个《关于遗产、继承和赠与的税收协定范本》，该范本对避免遗产、继承和赠与税的双重征税作出示范性规定。在实践中，有些国家避免双重征税的协定适用于遗产税和赠与税。因此，国际双重征税所涉的同一或类似税种主要包括所得税、财产税、遗产税和赠与税，以及其他相似税种。

二、国际双重征税的分类

从不同的角度可以把国际双重征税划分为不同的类型，对各种类型加以分析比较，从多种角度对国际双重征税进行分析，对进一步认识国际双重征税大有裨益。

（一）法律性的和经济性的国际双重征税

从被双重征税的是否为同一个纳税人来分，国际双重征税可分为法律性的国际双重征税和经济性的国际双重征税。

法律性的国际双重征税是指两个国家对同一个纳税人的同一所得或财产行使税收管辖权，其特征是两个国家分别征税的纳税主体具有法律上的同一性，即纳税人是同一个人或纳税人在法律上属于同一人。例如，B 国的居民纳税人甲某在 A 国从事经营活动的一项经营所得在 A 国被征税，而居民国 B 国又对甲某的这笔经营所得征税，这种双重征税就是法律性的国际双重征税。

经济性的国际双重征税是两个国家对各自的征税客体具有经济上的同一性

的两个纳税人的同时征税。经济性的国际双重征税发生在两个国家对两个具有独立法律人格、但经济上却是同一的或至少是经济上有联系的纳税人（经济上主体同一）之间，比如丈夫和妻子、债权人和债务人、合伙企业和合伙人、公司和股东、母公司和子公司、受托人和受托财产所有人之间的课税。因此，经济性的国际双重征税只要纳税人的应税所得在经济上属于同一来源，至于纳税人是否同一则无关紧要。最明显的例子就是对公司利润和股东股息的征税。

《OECD 范本》和《联合国范本》中的国际双重征税就是法律性的国际双重征税，强调了纳税主体的法律上同一性的特征，在国际税法界得到比较一致的认识，而且也符合大部分国家的法律实践。绝大多数国际双重征税协定中的国际双重征税，主要也是指法律性的国际双重征税。许多国家在处理国际双重征税时，也是从纳税主体的法律同一性出发的。例如，瑞士联邦法院在处理双重征税时，就一致推定，只有纳税主体同一和征税对象同一这两个条件同时存在时，双重征税才发生。可见，国际税法中的国际双重征税主要就是法律性的国际双重征税。

对于经济性的国际双重征税是否属于国际双重征税概念范畴，存在争议。一种观点认为，尽管经济性的国际双重征税缺乏纳税主体上的同一性。但实际上，它们在经济上具有相关性，拥有同一经济来源的征税对象，在被两次征税后，纳税人承受了过重的税收负担。因而，经济性的国际双重征税属于国际双重征税概念的范畴。反对此观点的学者认为，尽管两个纳税人具有经济上的联系，但在税法上，他们是不同纳税主体，就同一来源的跨境所得，不同国家的纳税人依据本国税法缴纳所得税无可非议。而且，避免双重征税协定中的国际双重征税大多是指法律性的国际双重征税，因此经济性的国际双重征税一般不属于国际双重征税概念的范畴。我国有的国际税法学者认为，经济性的国际双重征税是国际税法的重要内容，但不属国际双重征税的概念范畴。名称上，他们把法律性的国际双重征税称为“国际重复征税”，把经济性的国际双重征税称为“国际重叠征税”或“国际双层征税”，以示二者之区别。

需要指出的是，尽管理论上可以如此区分，但实践中，经济性的国际双重征税与法律性的国际双重征税一样，都给跨国居民纳税人带来过重的税收负担。比如，甲国的居民公司在乙国设有分公司，从事经营活动，获得经营所得。乙国依据来源地税收管辖权对甲国居民公司在乙国的经营所得征税。甲国则依据居民税收管辖权对该居民公司在乙国的经营所得征税。甲国的该居民公司在乙国的经营所得遭受了甲、乙两国的法律性双重征税，承担了更多的税收负担。如果甲国的该居民公司在乙国设立的不是分公司，而是子公司。此时，该子公司是乙国的居民纳税人，甲国的居民纳税人是该子公司的股东。子公司在乙国经营成功，在向乙国缴纳企业所得税后，向在甲国的母公司派发红利。乙国因红利来源于乙国而对该甲国居民纳税人的母公司征收预提税。母公司是甲国的居民纳税人，就这笔红利向甲国纳税。子公司和母公司是两个相互独立的法人，各自在乙国都是独立的纳税主体，但子公司的税后利润和母公司获得的子公司的分红在经济上都是来自子公司的经营所得。此时甲、乙两国同时征税就构成了经济性的国际双重征税。由于子公司原本就是母公司所拥有，子公司的企业所得实际上也是母公司的所得。子公司向乙国缴纳的企业所得税在经济上也是母公司承担的，母公司就从子公司税后利润获得的分红向其居民国甲国纳税。从法律角度看，甲国的居民公司（母公司）只向其居民国缴纳一次税收，但从经济上看，它承受了两次税收负担。因此，经济性国际双重征税与法律性国际双重征税一样，都给跨国居民纳税人带来了过重的税收负担。至于乙国对母公司的红利是否征税，这取决于乙国处理股东红利的税收规定。需要说明的是，首先，乙国基于来源地税收管辖权，有权对母公司分得的红利进行征税。其次，有的国家在企业层面征收了企业所得税后，对股东的红利就不再征税；也有的国家对本国的股东不征税，但对外国的股东征税；还有的国家不管是对国内股东还是国外股东，都要征税。如果本例中乙国对母公司分得的红利征税，那么，乙国同时分别对子公司和母公司征税就是一个税收管辖权的经济性双重征税。乙国和甲国同时对母公司的红利进行征税就是法律性的国际双重征税。因此，实践中，有时经济性的国际双重征税和法律性的国际双重征税还会互相交错在一起，需要仔细区分。

（二）实际的和潜在的国际双重征税

国际双重征税是多个国家征税权的重叠，即拥有税收管辖权的征税机构依其国家主权行使其征税权的结果。根据这个结果是否实际发生，也就是说，从国家间的税收管辖权是否实际行使这个角度，国际双重征税可分为实际的国际双重征税和潜在的国际双重征税。

实际的国际双重征税是指两个国家的税收管辖权冲突实际发生，双重征税真实发生了。潜在的国际双重征税，是指对同一笔跨国所得享有并可以行使税收管辖权的两个国家，其中一个国家实际上行使了征税权，另一个国家没有行使，但也没有放弃征税权；或者两个国家都没有实际地行使税收管辖权，但它们都随时可以行使其征税的权利。此时，对跨国纳税人的双重征税处于引而不发的状态。之所以称为“潜在”，是因为两个国家随时可以行使其征税权，使对同一个跨国纳税人的双重征税变为现实。造成潜在的国际双重征税的原因主要有两个国家相关税法的规定模糊、相关国家的税收征收管理不力、相关国家的国际税收法律或政策发生变化等。

潜在的国际双重征税是否属于国际双重征税，或者说，潜在的国际双重征税是否是国际双重征税的一种形态，是有争议的。有的学者认为，国际双重征税仅仅以实际的国际双重征税形式存在，因为两个国家实际地同时实施征税，跨国纳税人总的税负比其在一个国家中的税负要大。[①] 另一些学者认为，国际双重征税不仅产生于两个国家的征税权利的实际同时行使，而且产生于两个国家征税权存在同时行使的可能。也就是说，只要各国税收管辖权对同一跨国纳税人的同一笔收入都可以征税，国际双重征税就产生了。

其实，从征税主体而言，只要存在税收管辖权的冲突，不管这种冲突是实际发生的，还是潜在的，国际双重征税已然存在了。就纳税人的实际税收负担而言，只有实际的国际双重征税导致跨国纳税人承担额外的税收负担。但这并不意味着潜在的国际双重征税对纳税人无关紧要。由于潜在的国际双重征税随时可以因国家行使征税权而成为现实，它对纳税人纳税义务的潜在影响不可忽视。在避免国际双重征税的国际实践中，除了采取消除实际的国际双重征税的方法外，也采取了可以消除潜在的国际双重征税的方法，如免税法等。在法律实践中，也把潜在的国际双重征税作为国际双重征税的一个方面来看待。而且，从消除国际双重征税的角度而言，只有消除了潜在的国际双重征税，才能彻底地根除国际双重征税。因此，应该把潜在的国际双重征税看成是真正的国际双重征税。

（三）间接税的国际双重征税和直接税的国际双重征税

根据税收是否由纳税人直接负担，税收可以分为直接税和间接税。直接税是纳税人直接负担的税赋，最典型的就是所得税。所得可分为个人所得和法人所得，包括收入、收益、股息、利息、特许权使用费等。两个国家同时对同一纳税人的同一所得征收所得税，就是直接税意义上的国际双重征税。一般意义

---

① Arnold A. Knetchle. Basic Problems in International Fiscal Law [M]. Amsterdam: Kluwer, 1979.

上所指的国际双重征税，是直接税的国际双重征税，而且只有直接税才能引起国际双重征税，因为所得税制下的纳税人和征税对象在同一期限内可以分处两个不同的国家，纳税人的居民国可以依居民税收管辖对其海外取得的所得进行征税，而征税对象的来源国可以依据来源地税收管辖权对非居民纳税人来源于本国的所得进行征税。

间接税是指纳税人缴纳的税赋并非由自己承担，而是转嫁给他人负担的一种税，最典型的是流转税。两个或两个以上的国家对流转额或营业额等征税对象同时征收间接税，就是间接税的国际双重征税。间接税一般不会产生国际双重征税，这已基本得到公认，但理论上不能完全排除间接税的双重征税问题。例如，一个国家适用“起点征税原则”，可能会对商品额和流转额课税；另一个国家则遵循“终点征税原则”，对最终消费在其境内的商品征税，这时就可能产生间接税的国际双重征税。然而，这种情况在实践中极为罕见。首先，间接税在其性质上受到地域的限制，其征税对象是某具体商品或某具体行为，它们的流转空间或存在空间，在某一时间点上，不是属于这个国家，就是属于那个国家，不可能既属于这个国家，又属于那个国家，因而一般不会发生国际双重征税问题。其次，关于间接税征收的终点原则已在世界范围得到公认。最后，世界上几乎没有一个国际双重征税协定涉及间接税，像中国与其他国家签订的双边税收协定的名称一般是关于对所得或财产避免双重征税和防止偷漏税协定。

三、国际双重征税产生的原因

税收是以政治权力为后盾对社会物质财富进行的一种特殊分配。国家税收的形式与内容的发展与变化，总是与一定的社会生产力的发展水平和客观经济条件相联系。国际双重征税是社会经济发展到一定程度出现的一种现象，它的出现有其经济、法律的原因。纳税人收入的国际化以及所得税制度的建立和普及，为国际双重征税的产生提供了经济上和法律上的条件。而两个或两个以上国家对纳税人的同一跨国收入同时拥有并行使征税权，即税收管辖权之间的重叠则是国际双重征税产生的直接原因。

由于各国确定税收管辖权的原则不同，以及对相同税收管辖权中的联结因素的解释不同，不同国家行使税收管辖权时就会不可避免地发生冲突。造成国际双重征税的原因有以下三种。

（一）居民税收管辖权与来源地税收管辖权之间的重叠

两个国家分别采用不同的税收管辖权，如一国采用居民税收管辖权，另一国采用来源地税收管辖权，这是造成国际双重征税最常见的原因。其具体表现为：居民国对居民纳税人世界范围内取得的所得行使完全的征税权；而来源国则对非居民纳税人来源于本国境内的所得进行征税。如果行使居民税收管辖权的甲国居民在行使来源地税收管辖权的乙国从事经济活动，并取得一笔收入，那么甲乙两国根据其行使的税收管辖权，都有权对该纳税人征税，这样就产生了两个税收管辖权之间的重叠。而该纳税人就这项所得同时被两个国家课征了两次税收，产生了国际双重征税。目前国际上最为普遍和经常发生的国际双重征税都是由于这两种税收管辖的重叠而产生的。

值得注意的是，现在世界上很少有国家单纯规定一种税收管辖权，绝大部分国家都同时实行两种税收管辖权。一方面对来源于本国境内的任何一国的公民或居民的收入、所得征税；另一方面对本国居民纳税人的全球范围内的收入进行征税。这不仅增加了税收管辖权冲突的复杂性，也提高了国际双重征税出现的频次。

（二）居民税收管辖权之间的重叠

由于各国对居民纳税人身份的确定采用不同的标准，导致同一个纳税人在两个国家同时具有居民纳税人的身份。两国同时行使居民税收管辖权，致使居民税收管辖权发生重叠，引起国际双重征税。比如，有一家跨国公司在甲国注册成立，实际管理机构设在乙国。甲国税法规定，依照甲国法律注册登记的公司就是该国的居民纳税人，而乙国的法律规定实际管理机构设在本国领土上的公司是本国的居民纳税人。这时，该公司就同时成为甲乙两国居民纳税人，甲乙两国就有权对该公司全球收入同时征税，对该公司全球所得的国际双重征税就产生了。

（三）来源地税收管辖权之间的重叠

实行来源地税收管辖权的国家，根据所得来源地这一联结因素，有权对非居民纳税人在本国境内取得的所得进行征税。由于经济活动的复杂性，纳税人的跨国所得有各种形式，包含着不同的地域关系。出于本国经济发展和增加税收收入的考虑，各国在确定非居民纳税人的所得来源于本国所采用的联结点是不完全相同的，对同一种性质的所得来源地的确定标准也不尽相同，这势必会引起两个税收管辖权对同一纳税人的同一所得的双重征税。例如，关于确定商品销售利润来源地，有的国家以合同签订地这个联结因素作为判断标准，有的国家以合同履行地作为标准。这样，一个在以合同签订地为联结因素的国家签订的合同，在以合同履行地为联结因素的国家内履行，依此合同产生的商品销售利润则在这两个国家都被认为是来源于本国，这两个国家都有权对该销售利润征税，由此产生了来源地税收管辖权的重叠，导致国际双重征税。

为了应对经济数字化对现行国际税收规则的挑战，OECD 提出了“双支柱”方案（Two-pillar Solution），其中提出适用于数字经济国际税收的“市场管辖权”（the Market Jurisdiction）。市场管辖权与居民税收管辖权、来源地税收管辖权同时存在，成为国家在经济数字化下对跨国企业的数字商业经营所得征税的法律基础。市场管辖权与居民税收管辖权、来源地税收管辖权，以及市场管辖权相互之间的冲突不可避免，这成为产生国际双重征税的新因素。

此外，不同国家的所得或财产税制存在差异，关于所得内容的具体规定也存有差异。这种差异往往会导致出现不应被征税而被征税的情况，从而使一项所得被多次征税。两个国家即使在签订了避免双重征税协定的情况下，也可能会因为两国适用协定时对协定的不同解释而导致双重征税的出现。

四、国际双重征税的影响

两个或两个以上的国家依据各自的税收管辖权分别对同一纳税人的同一所得进行征税，仅从法律条文看并无不当。但是，国际双重征税导致到海外从事国际经济活动而有跨境收入的纳税人，比仅仅在国内从事经济活动而只有国内收入的纳税人多缴纳一次或多次税收，从而承担了更多的税收负担。这不仅对遭受国际双重征税的跨境纳税人不公，还违背了税负公平和税收中性原则，也对国际经济的发展产生了不利的影响。

（一）法律性影响

1. 国际双重征税违背了税负公平原则。根据纳税人的经济承受能力，对所有的纳税人给予平等公正的税收待遇，这是为各国所承认的税负公平原则。国际双重征税使一个跨境纳税人的跨境所得同时承受两次及以上税收负担，显然违反了“税收公平、平等负担”的税负公平原则。

2. 国际双重征税违背了税收中性原则。税收中性原则要求国家税收不对纳税人的决策产生影响。但国际双重征税使跨国纳税人承担过重的税收负担，会对跨国纳税人从事跨国经济活动的决策产生影响。在国际双重征税的情况下，一个国家的两个纳税人，一人既在国内又在国外从事经营获取所得，另一人仅在国内从事经营获取所得，两个纳税人具有同等的纳税能力，但前者由于国际双重征税，比仅在国内从事经营获取所得的纳税人多缴了额外的税收。这自然会对该纳税人到海外从事经济活动的决策产生影响，这也意味着国际双重征税违背了税收中性原则。

（二）经济性影响

国际双重征税不仅造成纳税人之间不公平的待遇，违背了税收公平和税收中性原则，而且也给国际经济活动带来明显破坏性后果。国际经济活动越是广泛发展，国际双重征税的消极影响也就越大。在微观经济领域，国际双重征税增加了纳税人的额外税收负担，提高了跨境投资经营的成本和费用，削弱了其最初的竞争地位，打击了投资者的积极性。对于从事外国证券投资的投资者来说，国际双重征税直接减少了他们的所得，使其税后利润往往不能补偿这种投资的内在风险。因此，国际双重征税致使跨境投资者收益受损，影响跨境投资者国际投资的积极性，阻碍国际经济的发展。

在宏观经济领域，国际双重征税严重挫伤了跨境投资者的积极性，导致其减少对外经济联系，从而使国际商品、劳务、人才、技术和资金的自由流动受到严重的阻碍；而且，国际双重征税还不利于国际性专业化劳动分工，不利于各国经济的发展，削弱了各种潜在的国际经济活动能力。对于缺少资金和技术的发展中国家来说，国际双重征税阻碍了其对外资的吸引和对技术的引进，使本国制定的鼓励外商投资的税收优惠措施无法发挥效用；对于发达国家而言，国际双重征税不利于其将国内剩余资金向国外流动。由此可见，国际双重征税既严重地妨碍了国际经济的发展，也会对各国单边经济产生不利影响。

第二节　处理国际双重征税的原则和路径

一、处理国际双重征税的含义

国际双重征税不仅给跨国纳税人带来不公平的税收待遇，增加其税收负担，而且直接阻碍了国际经济和技术合作的发展，成为国际经济交往中的一大障碍。因此，避免和消除国际双重征税具有十分重要的意义。

国际双重征税的处理，就是国家单独或与他国合作，通过国内和国际法律机制，采取适当的方法来避免和消除国际双重征税给跨国纳税人带来的过重的税收负担，进而减轻对国内、国际宏观经济的影响。虽然国家税收管辖权的重叠是导致国际双重征税的直接原因，但避免和消除国际双重征税的目的不是要彻底消除国家税收管辖权的冲突，而是通过协调消除或避免给跨国纳税人带来过重或额外的税收负担。

二、处理国际双重征税的原则

为解决国际双重征税，1923 年的四位著名经济学家[①]提出了两个原则，即“优先原则”（The First Bite at Apple Rule）和“受益原则”（Benefit Principle）。前者主要解决来源地税收管辖权与居民税收管辖权的优先关系，后者主要解决对不同性质、种类所得的征税权在来源国和居民国分配的问题。接着，在 1927 年，国际联盟技术专家委员会在其起草的第一个税收协定范本的评述中，又提出了“单次税收原则”（The Single Tax Principle），要求在避免和消除双重征税的同时，也要防止双重不征税。1927 年，这三个原则已经被广泛接受，并在国际联盟技术专家委员会起草的协定范本及其注释中得到完整的吸收，成为防止与避免双重征税协定的基础，[②] 也成为避免国际双重征税的基础原则。特别是，受益原则和单次税收原则被认为是“构成了所谓固有的‘国际税收制度’的核心”。[③]

（一）优先原则

优先原则是指来源地税收管辖权优先于居民税收管辖权，先对非居民纳税人来源于本国的收入征税。来源国对来源于本国境内的收入能够有效地行使税收管辖权，实际地进行征税。现实中，居民国也无法阻止来源国对来源于本国的收入进行征税。并且，即使来源国不优先征税，也不能保证居民国可以对其本国居民纳税人在来源国产生的收入实施征税。因此，优先原则是基于国际税收征收管理现实的考量，也是国家间进行国际税收合作的开始。这样，根据优

---

① 这四位经济学家分别是：鹿特丹商业大学吉斯伯特·布鲁因斯（Gijsbert Bruins）教授；都灵大学参议员路易吉·埃诺迪（Luigi Einaudi）教授；哥伦比亚大学埃德温·赛里格曼（Edwin Seligman）教授；伦敦大学约赛亚·斯坦普爵士（Sir Josiah Stamp）。

② Reuven S. Avi – Yonah. Advanced Introduction to International Tax Law [M]. Cheltenham: Edward Elgar Publishing, 2015.

③ Joanna Wheeler. Single Taxation [M]. Amsterdam: IBFD, 2018.

先原则，来源国对于跨国纳税人的跨国收入优先行使征税权，避免和消除国际双重征税的义务就落在居民国的肩上。居民国可以通过对居民纳税人来源于国外的收入免于征税，或者允许居民纳税人在自己向居民国缴纳的全部税收中扣除其在来源国缴纳的税收，以避免和消除国际双重征税。

（二）受益原则

受益原则，是指凡享受政府公共支出、公共产品或公共服务的个人和企业都应承担纳税的义务，是国家确立具体税收管辖权的依据之一。上文所述的四位经济学家将其应用到居民国和来源国对跨国纳税人不同种类的收入或者所得税收管辖权的划分。海外投资可以分为直接投资和间接投资，相应的所得分为积极所得和消极所得。积极所得是指通过积极的经营管理活动而产生的所得，具体包括经营所得和提供劳务所得。消极所得是不需要花力气或者不参与经营活动而获得的所得，具体包括股息、红利、利息、租金、特许权使用费所得，转让财产所得或其他所得。根据受益原则，在对跨国收入征税权分配上，积极所得基本上应该由来源国征税，而消极所得应该由居民国征税。此原则至今仍是构成所有税收协定的基础。

（三）单次税收原则

单次税收原则是指产生于跨境交易的所得应当要缴纳一次税收，也就是说，不能超过一次，也不能少于一次。因此，单次税收原则既反对国家间的双重征税，也反对国家间的双重不征税。单次税收原则最早出现在美国。1918年，在其他国家还在采用免税法的时候，美国首先采取税收抵免法来解决美国居民纳税人在国际投资和国际贸易中出现的国际双重征税问题。当时，抵免法的设计者托马斯·塞维尔·亚当斯（Thomas Sewell Adams）教授阐述单次税收原则的正当性时说："那个尊重纳税人权利并努力减轻双重征税的国家，完全可以采取措施以确保个人或者财产至少缴纳一次税收。"[①] 1927年，国际联盟技术专家委员会在对第一个税收协定范本的评述中有这样一段话：各国应达成一项协议，以确保一个纳税人不被若干不同的国家对相同的收入征税，这是非常可取的，而且似乎同样可取的是，这种国际合作应防止某些收入完全逃避税收。因此，财税公正的最基本和最无可争议的原则要求专家们制定一项计划，

---

① David R. Davies. Principles of International Double Taxation Relief [M]. London: Sweet Maxwell, 1985.

使所有的收入都只征一次税，且仅仅一次税。[①] 2017 年的《OECD 范本》增加了一个新的序言，其中指出缔约方打算缔结一项“消除对所得和资本的双重征税，同时不为不征税或通过逃税或避税减少税收创造机会”的公约。[②] 可见，单次税收原则是避免与消除国际双重征税条约的灵魂，也是避免与消除国际双重征税的基本原则。

根据单次税收原则，对跨国收入只能征收单次税收。但是对于“单次”有两种理解，一种是征税次数上的理解，即几个可以同时征税的税收管辖权中只有一个管辖权征税；另一种是税收数量上的理解，即单次是指对跨国收入征收的税收的数量在总量上不超过享有税收管辖权的几个国家中的一个国家应该征收的税收的数量。

将单次征税理解为一次征税，这对跨国收入来说是一个理想的税收待遇，也是避免和消除双重征税的理想状态。这就需要在同时享有税收管辖权的几个国家之间进行征税权分配，确定一个国家一次行使征税权。如果是这样的话，前述的受益原则已经根据所得的不同特性在来源国和居民国之间对税收管辖权进行了划分。从税收数量的角度，为了避免双重征税，只要不对跨国收入征收过重税收，给跨国纳税人造成过重的税收负担，相关有税收管辖权的国家也可以同时征税。

根据单次税收原则，对于居民税收管辖权而言，对于居民纳税人的跨国应税所得，不管是积极所得，还是消极所得，只要来源国没有依据“优先原则”对该跨国应税所得征税，就应根据居民税收管辖权征税。对于来源地税收管辖权而言，来源地税收管辖权对非居民纳税人的消极所得征收的预提税，在非居民纳税人没有在居民国缴清相应的税收之前，不应予以减少和返还。

优先原则、受益原则和单次税收原则一起构成了避免双重征税和双重不征税的法律机制：①承认来源地税收管辖权与居民税收管辖权相比享有优先税收管辖权。②把对积极所得的征税权分配给来源地税收管辖权，把对消极所得的征税权分配给居民税收管辖权。③如果原本分得征税权的税收管辖权没有行使征税权，那么允许其他税收管辖权进行补征。这样带来的结果是所有的跨国所得都被征收税收，而且只征了一次税收。

---

①② Reuven S. Avi - Yonah. Advanced Introduction to International Tax Law [M]. Cheltenham: Edward Elgar Publishing, 2015.

三、处理国际双重征税的路径

通过国内法和国际法来避免和消除国际双重征税，这是目前世界上通行的做法。具体来说，避免国际双重征税的路径大致有三条：单边路径、双边路径和多边路径。

（一）单边路径

单边路径指一个国家单方面采取措施，以避免和消除国际双重征税。单边方式是一种国内法路径。它是国家从自身的利益出发，通过立法在一定程度上限定本国的税收管辖权，对居民纳税人来自海外的跨国收入免于征税，或者通过其他措施减少其跨国收入的税收负担。从法律上来说，这是国家对其税收主权行为的自我约束。从实际效果而言，则是避免对本国居民纳税人的跨国所得进行国际双重征税。

国际双重征税的存在会影响企业和个人从事国际商业活动的积极性，对资本输出国和资本输入国都会产生不利影响。因此，资本输出国和资本输入国从发展本国经济的角度出发，必须排除国际双重征税带来的不利因素，就不得不牺牲本国税收的局部利益，在征税方面做出单方面让步，以实现本国经济社会发展的更大利益。事实上，一些资本输出国家比如美国、英国及其他欧洲国家等最先实行单边措施。欧洲国家最先采取了免税法，免于对本国居民纳税人从事国际经贸活动在海外获得的跨国所得征税。美国则最先采取了抵免法。后来的发展中国家面临着发展需要资金和技术、需要吸收外资和引进技术的局面，为了克服国际双重征税带来的消极影响，也不得不单方面采取相应的措施，对自己的税收管辖权进行一定限制，以消除国际双重征税。

各国具体情况不同，采取的消除双重征税的单边措施也不尽相同，总体有四类：一是对来自境外的跨国所得免于征税；二是对于已经在境外缴纳税收的境外所得，允许对其境外缴纳的税收在应当向本国缴纳的税收中予以抵免；三是将来源于境外的跨国所得在境外缴纳的税收作为可扣除项目在向本国的应税所得中加以扣除；四是其他可以减轻或减缓跨国纳税人因跨国所得的双重征税而承受过重税收负担的措施，比如允许来自境外所得延期纳税等。

为实施单边措施，各国的做法也不一样，有的国家制定了细致的法律规则，有的国家留给税务机关很多灵活的空间，有的国家以境外征税国家的互惠为条件实施单边措施，还有些国家要仅在税收协定无法适用时才适用本国单边措施。①

国家单方面采取措施来避免和消除国际双重征税的效果也不是绝对的。出于国家税收收入的考虑，国家在税收管辖权上所作的单方面的自我限制是有一定限度的，而且因国家税收政策的变化，单方面的避免双重征税的措施还会给税收公平、国际经贸活动的正常公平环境带来不利影响。因此，避免和消除国际双重征税，还需要进行国际合作。

（二）双边路径

双边路径是指两个国家在平等互利的基础上进行协商，同意共同采取必要措施，限制自己的税收管辖权，以解决国际双重征税问题。这是通过国际合作处理国际双重征税的基本路径，其法律形式就是通过双边协定来消除和避免国际双重征税。

由于税收涉及纳税人的经济利益和国家的财政收入，任何一个国家都不愿完全地放弃本国的一切税收利益，因此，即使一个国家以单边方式来避免国际双重征税，但从本国居民利益和本国财政利益的角度出发，仍希望其他国家也能相应作出让步，使国际税收收入在相关国家之间能够进行合理的分配。在这种情况下，就需要两国在平等互利的基础上，通过谈判协商达成双边税收协定，消除对跨国收入的国际双重征税，协调两国间的税收分配关系。

双边方式有两个主要的优点。第一，它能更好地照顾到两国的税收利益。税收管辖权冲突的两个国家通过双边协商，采取的措施则具有较强的针对性，通过合作也可以在消除双重征税的同时，更好兼顾双方的税收利益。第二，双边方式能更好地保护跨国纳税人的利益。单边方式对避免和消除国际双重征税和保护跨国纳税人利益固然起着积极的作用，然而，单边措施的采用、实施和废除完全是一国国内的事务，他国不得干涉。另外，各国税收制度不同，对税法上的相关概念及用语的解释也不一致，导致跨国纳税人往往对单边措施的稳定性和确定性缺乏安全感。双边方式则不然，国际税收协定一经签订，缔约国就承担并且应当善意履行税收协定规定的法律义务，否则将要承担法律责任。同时，由于双方协商一致，税制不一和概念解释各异的问题也能够通过协定约定的合作机制得到合理的解决，从而更好地解决国际双重征税问题。

---

① Michael Lang. Introduction to the Law of Double Taxation Convention (2nd Edition) [M]. Amsterdam: IBFD, 2013.

早在20世纪20年代，国际社会就努力促进以双边路径解决国际双重征税。1927年，当时的国际联盟技术专家委员会就推出了避免国际双重征税协定的示范文本，为双边解决国际双重征税提供指引和参照。第二次世界大战结束后，OECD延续了国际联盟的工作，于1963年发布了首个《OECD范本》及其注释，并由OECD理事会推荐给其成员国，希望成员国以此范本作为谈判的基础，努力达成双边税收协定。[①] 此后，OECD根据实践的发展和要求，不断地修订和完善范本的内容及其注释，更新发布《OECD范本》。除了所得和财产的税收协定范本，OECD还在1966年和1988年发布了《关于继承税的税收协定范本》。《OECD范本》主要是被推荐给OECD成员国作为谈判签订双边税收协定的基础，而OECD成员国基本都是发达国家，因此，《OECD范本》也被认为是发达国家签订税收协定的范本。

1980年，联合国发布《联合国范本》，为发展中国家签订税收协定提供谈判的基础。该范本也经过不断的修订、完善、更新，最新的版本是2021年发布的。在内容上，《联合国范本》基本上参照了《OECD范本》，但为了更好地维护发展中国家的利益，也有一些差异性的规定。根据发展中国家主要是跨国所得来源地的现实，在税收管辖权划分中为来源国保留某些征税权。[②] 两个范本不仅推动了各国通过双边路径消除国家间的双重征税，而且协调了国家间消除双重征税的方法。

根据两个范本的规定以及部分国家的实践，税收协定中采用的避免与消除双重征税的方法主要有：一是明确划分居民国和来源国对特定的跨国所得的征税权；二是对于不适用于前者的跨国所得，缔约国可以通过约定采取免税法或税收抵免法。此外，税收协定通过明确定义居民纳税人、常设机构等联结因素来避免出现税收管辖权冲突。

税收协定范本仅仅是作为国家谈判税收协定的基础。国家可以对范本中具体条款提出保留，也可以根据本国的实际情况、经济利益、法律和社会制度的特殊性修改范本中的规则或拟定新的规则。有些国家还会发布自己的税收协定范本，用于自己国家的双边税收谈判。[③]

---

①③ Michael Lang. Introduction to the Law of Double Taxation Convention (2nd Edition) [M]. Amsterdam: IBFD, 2013.

② 两个协定范本的差异主要体现在第5条（常设机构）、第7条（营业利润）、第9条（关联企业）、第10条（股息）、第11条（利息）、第12条（特许权使用费）、第13条（财产收益）和第20条（其他所得）。

双边税收协定是目前世界各国普遍采取消除双重征税的双边路径。据统计，目前世界上生效的综合性双边税收协定有3000个左右。

需要指出的是，避免国际双重征税的双边路径和单边路径是相互合作和相互补充的关系。通常情况下，优先适用双边路径下消除双重征税的措施，在双边路径措施不能适用的情况下，适用单边路径下的措施。

（三）多边路径

多边路径是指两个以上的国家在平等互利的基础上通过谈判协商签订多边税收协定，避免和消除国际双重征税。

应该说，多边路径是协调国家间税收管辖权和相应税收制度、避免和消除国际双重征税的良好方式。多边税收协定一般来说比较复杂，适用和理解也要困难些，它要求成员国之间的税收制度、对协定的解释和适用具有一定程度的共通性。然而，国际政治经济关系比较复杂，各国的经济结构、发展水平不完全一样，税收制度也存在很大的差别。因此，这种路径没有被广泛地采纳。

国际社会也进行了多次努力。1958年，OECD财税委员会试图起草一份多边税收条约范本，但由于相关概念的定义和条约适用方面的困难，最终没有能够达成。联合国专家组在起草联合国协定范本时也得出相似的结论。① 1968年欧洲经济共同体准备了一份多边税收协定的初稿，但没有进一步走下去。欧洲自由贸易区域工作组在1969年得出这样的结论：就复杂性和灵活性而言，与双边税收协定相比，多边税收协定的缺点比优点更多。②

尽管如此，也有一些区域性国家集团签订了多边税收协定来避免和消除成员国间的国际重复征税。③ 最具有代表性的有两部：①北欧公约（Nordic Convention）。这是一部在丹麦、法罗群岛、芬兰、冰岛、挪威和瑞典等国家之间签订的多边税收协定。该协定以《OECD范本》为基础，但具有当地特色。②加勒比共同体和共同体多边税收协定。这是一部在加勒比共同体15个成员国中的11个成员国之间签订的多边税收协定。该协定以来源地税收管辖权具有独占的征税权为基础，禁止缔约国按照全球所得原则对本国居民纳税人来自

①② Roy Rohatgi. Basic International Taxation, Vol. Ⅰ Principles (2nd Edition) [M]. New Delhi: Taxmann, 2007.

③ 凯文·霍姆斯. 国际税收政策与避免双重征税协定：对相关原则与应用的介绍（第二版）[M]. 姜跃生，陈新，译. 北京：中国税务出版社，2017.

缔约国另一方的所得征税。这样，缔约国之间，所得只在来源国征税，居民国不再征税，从而避免双重征税。

（四）中国实践

中国避免和消除国际双重征税的路径有两种：一是单边路径。《企业所得税法》第二十三条、《个人所得税法》第七条明确规定了中国处理国际双重征税的方法，中国居民企业和居民个人获得的境外所得在境外缴纳的所得税税额可以在当期的应纳税额中加以抵免。二是双边路径。我国自改革开放以来，已先后同日本、美国等100多个国家和地区签订了双边税收协定（协议或安排）。截至2023年12月底，我国已与111个国家（地区）正式签署了避免双重征税协定，与香港、澳门两个特别行政区签署了税收安排，与台湾签署了税收协议。

第三节　处理国际双重征税的方法

避免和消除国际双重征税，一国可以选择单边路径、双边路径或多边路径。在具体的处理方法上，基于单边路径，国家可以更为自主地选择符合本国国情的办法，通常有免税法和抵免法，以及其他可以减缓跨国纳税人过重税收负担的方法，比较常见的是扣除法。基于双边和多边路径，一国在保有单边路径下避免和消除双重征税方法的同时，可以与缔约国另一方就本国居民纳税人取得的跨国所得如何征税进行协商，划分两国对同一笔所得的征税权和征收管理权限，从而达到有效避免和消除双重征税的目的。综合来说，处理国际双重征税的方法主要有冲突规范法、免税法、抵免法以及其他减缓跨国纳税人因国际双重征税而承担过重税收负担的方法等。

一、冲突规范法

冲突规范法，是指居民国和来源国通过双边税收协定，指明居民国和来源国对具体跨国所得的征税权限，将对跨国纳税人特定的跨国所得征税权划归其中一国单独行使或两个国家共同行使，从而避免和消除双重征税的方法。在两国共同行使征税权的情形下，税收协定对两个国家的征税权施加一定的限制，两国各自按照协定规定，以低于本国国内税率的税率征税。这种形式与国际私法中的冲突规范非常相似，故称之为冲突规范法。但与国际私法中的冲突规范[①]不同的是，国际税法中的冲突规范不能指引一国适用他国税法，只是在税收管辖权重叠或冲突的情况下，明确居民国和来源国对具体的跨国所得拥有基于本国税法的征税权。因此，国际税法中的冲突规范不能产生适用外国税法的效果。

在冲突规范法下，居民国和来源国通过协商，以税收协定的方式对各自的税收管辖权进行自我约束和限制，重新调整各自对具体跨国所得的征税权限，确保跨国纳税人不再承担双重征税下的过重税收负担。因此，冲突规范法实际上就是划分居民国和来源国对具体跨国所得的征税权。《OECD 范本》和《联合国范本》的第 6 条至第 8 条、第 10 条至第 21 条以及第 22 条就是以冲突规范的方法明确划分了居民国和来源国对具体跨国所得的征税权。以范本为蓝本签订的避免双重征税协定几乎全部包含这些征税权分配规则。

运用冲突规范解决国际双重征税，即由冲突规范来决定相互冲突的税收管辖权在具体情况下谁有优先权，大致有两种情况。

第一，通过冲突规范把对某一跨国所得的征税权划归一方行使，从而完全排除另一方对该征税对象的征税权利。这样的冲突规范通常规定某项所得应仅在缔约国一方征税，这样就排除了缔约国另一方对该项所得的征税。这种冲突规范一般叫作具有排他效力的冲突规范。例如，《中华人民共和国政府和日本国政府关于对所得避免双重征税和防止偷漏税的协定》第 8 条规定："缔约国一方企业以船舶或飞机经营国际运输取得的利润，应仅在该缔约国征税。"根据这一冲突规范，把以国际航运和空运利润的征税权明确给一方，避免两国对该利润的双重征税。

第二，通过冲突规范针对来源国关于某项跨国所得的征税权进行一定的限制，一般规定来源国对该项所得的征税不得超过一定比例。这个比例由缔约国双方协商确定，允许双方有权对该项所得按照约定税率（往往低于本国法定税率）课征相应税收，居民国也可视之为自己应征税收的抵免。在这种情况下，冲突规范实际上将该项跨国所得征税权分配给缔约国双方，使双方都有一定限度的征税权。这种方法适用的跨国所得一般是股息、利息、特许权使用费等。

① 国际私法中的冲突规范，是由国内法或国际条约规定的、指明不同性质的涉外民事法律关系应适用何国法律的规范。

例如，《中华人民共和国政府和日本国政府关于对所得避免双重征税和防止偷漏税的协定》第 10 条规定："缔约国一方居民公司支付给缔约国另一方居民的股息，可以在该缔约国另一方征税。然而，这些股息也可以按照支付股息的公司是其居民的缔约国的法律，在该缔约国征税。但是，如果收款人是该股息的受益人，则所征税款不应超过该股息总额的百分之十。"根据这条规定，中日双方对于本国居民纳税人来源于另一国的股息均有征税权，分享税收收入。此外，通过冲突规范也可以解决跨国纳税人的双重居民纳税人身份问题。《联合国范本》第 4 条和《OECD 范本》第 4 条都对如何解决双重居民纳税人身份作了规定，即按永久性住所、经济利益中心、习惯性居处、国籍、最后缔约国双方主管当局协商解决等顺序来循序解决。当然，也可以由缔约国双方通过协商确定该纳税人属于哪一方的居民，如我国同日本、美国、法国、比利时等国所签订的税收协定都用这种方式。对于法人居民，也有两种可供选择的方法：一是由双方协商确定法人的居民身份，如中英税收协定就采取这种方法；二是在协定中确定一种标准，据以确定法人为哪一国居民，这个标准是不统一的。两个范本都以实际管理机构所在地为标准，而在我国与日本等国签订的税收协定中，都以总机构所在国为标准明确法人居民身份。

上述可见，如果冲突规范根据某种联结因素，把对某项征税对象的税收管辖权直接地、排他地划归冲突一方，完全排除了另一方的征税权，无论是实际的还是潜在的国际双重征税都可以避免。可见具有排他效力的冲突规范法足以实现避免国际双重征税的目的，拥有无限征税权的居民国也无须采取进一步措施。

但在冲突规范没有绝对地把征税权划归冲突的一方，而是只对来源国的征税权进行限制的情况下，居民国和来源国双方都享有征税权。这时仅有冲突规范法限制的征税权不能确保完全避免和消除国际双重征税。对居民国征税权的限制就需要适用其他避免和消除国际双重征税的方法。目前，在居民国和来源国均可征税时，来源国征税权优先的事实已得到国际上的广泛承认。这样，在来源国优先征税的情况下，居民国有义务采取措施来避免国际双重征税。《OECD 范本》和《联合国范本》规定了免税法和抵免法两种消除国际双重征税的方法，供缔约国选择。现实中，免税法和抵免法也是各国税法中规定的消除国际双重征税的主要方法。

中国与他国签订的税收协定也通过冲突规范法对具体跨国所得的征税权进

行了划分。虽然协定的总框架相似，但针对不同的国家在征税权的限制上还是各有针对性。

二、免税法

（一）概念

免税法是指居民国对本国居民纳税人来源于境外的所得免予征税，从而消除国际双重征税。免税法是以居民国承认来源国的征税权的独占地位为前提的。适用免税法的结果，是来源国对跨境所得拥有独占的征税权，居民国放弃了对本国居民纳税人的境外所得的征税权。这样，免税法可以有效地消除所有的（包括实际的和潜在的）国际双重征税。从历史上看，免税法是最早用来消除国际双重征税的方法，也曾是欧洲大陆法系国家解决国际双重征税主要采用的方法。

《OECD 范本》和《联合国范本》把免税法列为消除国际双重征税的方法之一。[①] 但为了贯彻单次税收原则和防止跨国纳税人可能的避税，两个范本规定的免税法已经不再以来源国的独占征税权为前提，而是以来源国的有限征税权为基础，允许居民国在来源国没有征税的情形下行使自己的征税权，[②] 并且，允许居民国在计算该居民其余财产或所得的税额时，仍可对免税的所得和财产予以考虑。[③]

（二）分类

《OECD 范本》和《联合国范本》不是法律，不具有约束力，但它们关于免税法的规定可以成为国家间签订避免双重征税协定的内容，也可以成为一国采取免税法的政策指引，从而影响国家的免税法实践。免税法在法律和实践中有两种分类方式。

第一种，以居民国实施免税法是否设定条件来分，免税法可以分为无条件的免税法和有条件的免税法。无条件的免税法是指居民国不管来源国是否征税都无条件地对本国居民纳税人的境外所得给予免税，实际上就是承认来源国的独占征税权。有些国家或地区采取严格的属地主义，只实行来源地税收管辖权，对本国居民纳税人的境外所得完全免于征税，这种单一来源地税收管辖权

---

① 参见《OECD 范本》第 23A 条；《联合国范本》第 23A 条。

② 参见《OECD 范本》第 23A 条第 1 款、第 2 款；《联合国范本》第 23A 条第 1 款、第 2 款。

③ 参见《OECD 范本》第 23A 条第 3 款；《联合国范本》第 23A 条第 3 款。

模式与免税法还是有所区别。因为免税法只是国家自我放弃或限制对本国居民纳税人境外所得的征税权，不等于只实行来源地税收管辖权。

有条件的免税法是指居民国仅在来源国已经实际征税的情况下免除对本国居民纳税人境外所得的征税。有条件的免税法意味着居民国仅承认来源国享有优先征税权，没有完全放弃居民税收管辖权。也就是说，居民国并没有完全放弃对本国纳税人来自境外的所得的征税权。如果来源国没有征税，则居民国仍有权对其按本国税法进行征税。

在有条件的免税法中，除了来源国已经征税，有些国家还附加其他的限制性条件。比如，居民纳税人必须把境外所得汇回国内，才可以免税。也有的明确规定特定的所得不适用免税法。如法国政府规定：凡属法国居民，必须将其缴纳非居民国的税款后的利润全部汇回法国，并在股东间进行股息分配，才能享受免税待遇；至于来自非居民国的跨国股息、利息和特许权使用费收益，跨国财产利得，跨国董事费所得，以及跨国表演家、运动员所得等，则规定不得适用免税法。

第二种，对于实行累进所得税税率的国家而言，以居民国在确定居民纳税人其他所得适用税率时是否把免税的居民纳税人境外所得纳入计算来分，免税法又可分为全额免税法和累进免税法。全额免税法是指居民国在确定跨国纳税人的非境外应税所得应适用的税率时，应税所得中完全不计入居民纳税人的境外所得，即把纳税人的境内所得与境外所得截然分开，只按境内所得额决定所应适用的税率，完全免除境外所得税收义务。这种方法可以使跨国纳税人得到两方面的优惠：一是税率方面，由于应税所得额减少，累进税率下相应的税率也随之降低；二是税额方面，由于税率降低，相应的税额也随之减少。但是，由于它对居民纳税人的境外所得无条件地免税，一方面使居民国的财税收入受损，另一方面还带来“避税港”等弊端，故而全额免税法目前在各国的实践中很少采用。①

累进免税法，是指居民国虽然对本国居民纳税人在来源国已纳税的所得给予免税的待遇，但在对其境内所得确定应适用税率时，仍将这部分免税的境外所得计算在内。也就是说，把境内所得与境外所得合并在一起确定税率，然后再按此税率对境内所得征税。在这种情况下，纳税人只能得到免除双重征税的

---

① Arnold A. Knetchle. Basic Problems in International Fiscal Law [M]. Amsterdam: Kluwer, 1979.

优惠，而不能在税率上得到优惠，这对居民国来说，可以减少一些税收收入损失。因此，更多的国家采取这种累进免税法。[①]《OECD 范本》和《联合国范本》也鼓励居民国采取累进免税法。[②] 当然，这种免税法只对实行所得税累进税率的国家才有意义。

（三）评价

居民国采用免税法，对居民纳税人来自境外并已纳税的那部分所得免予征税，从而消除了国际双重征税，功效显而易见。除此以外，采用免税法还会带来以下好处。第一，依据免税法，居民纳税人的境外所得通常不计入征税范围，居民国税务机关就无须对居民纳税人的境外所得和税收情况进行调查和核实，从而减轻了居民国税务机关税收征收管理上的压力，也简化了纳税人的纳税申报手续。第二，居民国对居民纳税人的境外所得免予征税，使得居民纳税人敢于到境外利用有利的税收制度进行投资经营活动，从而鼓励和促进国际投资经营活动。第三，适用免税法避免了居民纳税人境外所得的双重征税，从而在境外经营的居民纳税人可以与境内经营的居民纳税人在税收上保持平等的竞争地位 。

但是免税法也存在许多不足。第一，免税法是建立在居民国事实上承认来源国税收管辖权独占这一法律基础之上的，其适用的结果，必然使居民国的利益受到一定的影响，尤其在采用全额免税法的情况下，居民国不仅放弃了对居民纳税人境外所得的征税权，而且减少了对境内所得的税收额，因此，免税法不能很好地照顾到居民国的国际税收权益。第二，免税法没有很好地坚持根据经济能力公平课税的“税负公平”原则，因为居民国在确定居民纳税人的税收时没有把其境外所得计算在内。[③] 如果居民纳税人的境外所得来源于低税国，那么在相似情况下，免税法给予那些在低税国有来源所得的居民纳税人最大的税收优惠，不能在不同的居民纳税人之间维持公平。[④]第三，免税法为跨国纳税人创造了一个利用国家间的税收差别进行避税的机会。跨国纳税人为逃避国内的税收，都愿意把其资本和所得转移到低税国或“避税港”，影响国际经济活动的正常进行。

综上所述，免税法对避免国际双重征税、维护跨国纳税人的利益都具有积

---

①④ David R. Davies. Principles of International Double Taxation Relief ［M］. London：Sweet Maxwell，1985.

② 参见《OECD 范本》第 23A 条第 3 款；《联合国范本》第 23A 条第 3 款。

③ Arnold A. Knetchle. Basic Problems in International Fiscal Law ［M］. Amsterdam：Kluwer，1979.

极的意义，但对居民国的国际税收权益来说，对税收公平原则带来一定的消极影响，而且适用免税法还为税基侵蚀和利润转移带来机会。鉴于此，采用免税法弊重利轻，现在世界上采用免税法的国家并不很多。我国税法在处理居民纳税人境外所得的国际双重征税时也没有采用免税法，但在我国对外签订的避免双重征税协定中，存在缔约对方采用免税法来避免本国居民的国际双重征税的情况。[①]

三、抵免法

（一）概念

抵免法是居民国对其居民取得的境内外全部所得汇总按本国税法征税后，允许居民纳税人将因境外所得而向来源国缴纳的税收从向本国缴纳的税收中予以扣除。抵免法的指导原则是居民国承认收入来源国征税权的优先地位，同时也保有并行使本国对居民纳税人全球收入的征税权。据此原则，收入来源国虽然对非居民纳税人来自本国境内所得行使优先征税权，但这种征税权并非独占，居民国仍保留其征税权力。这与免税法中居民国放弃对居民纳税人境外所得的征税权有根本不同。

抵免法的雏形可见于英国和荷兰对其殖民地的一系列税收法规中。单边立法最早见于美国，当时欧洲大陆正风行具有绝对效力的冲突规范法和免税法，美国 1918 年在税法中就规定了外国税收抵免。[②] 现在，绝大多数国家都采用抵免法，欧洲大陆国家也不再愿意完全免除其居民纳税人国外所得的税负。现在的趋势是，国家尽可能地扩大其征税管辖权，乃至“榨出最后一滴征税权力”。[③] 这样做主要出于两个目的：第一是为获取不断增长的税收收入；第二是试图制止把所得财产转移到低税国的逃税避税行为。抵免法既能避免国际双重征税，又能实现以上目的。[④] 因此，世界各国大多采用抵免法避免和消除国际双重征税。《OECD 范本》和《联合国范本》都在消除双重征税方法一章中列入了抵免法。[⑤] 抵免法与免税法一起成为两个范本向国家推荐的消除双重征税的办法，供国家在缔结避免与消除国际双重征税协定时选择。中国也采用抵免

---

① 国家税务总局国际税务司．中国避免双重征税协定执行指南［M］．北京：中国税务出版社，2013.

② 高尔森．国际税法［M］．北京：法律出版社，1988.

③④ Arnold A. Knetchle. Basic Problems in International Fiscal Law［M］. Amsterdam：Kluwer，1979.

⑤ 参见《OECD 范本》第 23B 条和《联合国范本》第 23B 条。

法消除国际双重征税。[①]

（二）分类

1. 直接抵免与间接抵免。

从来源国纳税人与在居民国获得税收抵免的人在法律上是否是同一个纳税人来分，税收抵免可分直接抵免和间接抵免。

直接抵免是指居民国允许居民纳税人直接把自己向来源国缴纳的税收从自己当年应当向居民国缴纳的税收中予以抵免。这意味着，第一，居民国允许居民纳税人直接抵扣的境外税收必须是该居民纳税人直接向来源国缴纳的税收。第二，被来源国征税的跨国纳税人与在居民国获得税收抵免的纳税人在法律上是同一个人。由于法律性双重征税是对同一纳税人的同一笔所得在同一征税期限里的重复征税，直接抵免是用以消除法律性国际双重征税的方法。

直接抵免主要适用于以下情况。第一，适用于同一法人的分支机构。就跨国法人而言，总机构与其分支机构之间，由于它们是同一经济实体，在法律上具有同一性，跨国法人设在外国的分支机构向当地政府所缴纳的税收应视为该法人所缴，可以直接在法人向其居民国政府缴纳的税收中予以抵免。第二，适用于同一跨国自然人。跨国自然人向来源国缴纳的税收，可以直接抵免在居民国缴纳的税收的一部分。第三，适用于预提税。比如，一家外国公司支付给本国居民 100 美元股息，在支付同时扣缴预提税 15 美元。这笔预提税表面上看是外国公司缴纳的，但实际上却是本国居民纳税人负担的，因而，居民国允许其在向本国应纳税收中予以抵免。需要说明的是，预提税只是可以采用预先扣除方法征税的一类税收的总称，不是一个独立的税种。

间接抵免是居民国允许其居民纳税人把在境外间接缴纳的境外税收在向居民国缴纳的税收中予以抵免。所谓间接缴纳的税收，是指不是由居民纳税人直接缴纳的但又要居民纳税人承担税收经济后果的税收。也就是说，在来源国直接缴税的纳税人与居民国的居民纳税人不是同一个人，它们在法律上是两个相互独立的纳税人。但是，在来源国被征税的所得与居民国的居民纳税人在经济上具有同一性，在来源国的纳税人缴纳的税收在经济上由居民国的居民纳税人实际承担，因此可以视同居民国的居民纳税人自己缴纳的，允许居民纳税人在居民国应缴纳的税收中予以抵免。间接抵免用以消除经济性双重征税，主要适

---

① 参见《企业所得税法》第二十三条、第二十四条，以及《个人所得税法》第七条。

用于公司与个人股东和跨国母子公司之间的税收抵免。

间接抵免是在直接抵免方法的基础上发展起来的，随着国际投资的不断发展，母子公司以及多层母子公司（跨国公司的重要组织形式）大量出现。境外子公司又具有独立的法人资格，承担独立的纳税义务。在这种情况下，子公司在所在国缴纳的税收，母公司不能直接在母公司在向其居民国的应纳税款中抵扣。由于母公司拥有子公司股权，对境外子公司的财产和营业利润拥有财产权益，母公司实际上成为子公司向所在国所缴纳税收的经济上的实际承担人。母公司取得境外子公司的股息，需就这笔股息收入向居民国纳税。这两次纳税的税基在经济上具有同一性。很显然，如果税收抵免法仅限于直接抵免，发生在母子公司的同一经济所得的经济性双重征税就得不到解决。为此，在直接抵免法基础上引申出间接抵免法。具体适用情形是，母公司居民国在征税时，允许母公司将其从外国子公司取得的股息还原出的毛股息有关的已向外国政府缴纳的外国公司所得税，从应向居民国政府缴纳的公司所得税中予以扣除。实质上就是由母公司承担的其外国子公司向外国政府缴纳的所得税，可以从母公司应向本国政府缴纳的公司所得税中扣除。但是，母公司在向其居民国政府申请抵免时，只能计算母公司从外国子公司取得股息所还原出来的那部分税收，而且也只能就子公司向所在国缴纳的税收中的这部分税收享受抵免。

间接抵免不仅适用于母子公司之间，也可以适用于母公司从国外孙公司取得的股息，这往往由母公司的居民国根据本国的具体情况确定。由于母子公司可以无限制地延伸，为了适当地维护母公司居民国政府的税收利益，防止间接抵免的扩大，各国往往要通过国内立法或税收协定对间接抵免的适用规定加以必要的限制条件。限制条件一般有以下两方面。第一，母公司必须是其外国子、孙公司的积极投资者，即必须是拥有表决权的股票；而且，被投资的子、孙公司也必须是从事积极经营活动①的企业。投资于从事消极经营活动（如单纯从事证券股票交易）的企业，或者不参与被投资的子、孙公司业务经营的消极投资者，则不能享受间接抵免的待遇。第二，母公司至少直接或间接地控制着被投资的子、孙公司一定比例的有表决权的股票。如，联邦德国公司所得税法规定，只有直接或间接掌握从事积极经营活动的外国子公司的至少25%股份的本国母公司，从该子公司处取得股息，才能享受间接抵免待遇。

---

① 所谓积极经营活动，指从事制造业、商业、餐饮业、建筑业等经营活动。

根据中国的《企业所得税法》，中国纳税人已缴纳的境外税额抵免也分为直接抵免和间接抵免。直接抵免主要适用于居民企业就来源于境外的营业利润所得在境外所缴纳的企业所得税，以及就来源于或发生于境外的股息、红利等权益性投资所得、利息、租金、特许权使用费、财产转让等所得在境外被源泉扣缴的预提所得税。①

间接抵免的适用范围为居民企业从其直接或间接持有20%以上股份境外企业取得的股息、红利等权益性投资收益所得。② 我国居民企业（母公司）的境外子公司在所在国（地区）缴纳企业所得税后，将税后利润的一部分作为股息、红利分配给该母公司，子公司在境外就其应税所得实际缴纳的企业所得税税额中按母公司所得股息占全部税后利润之比的部分即属于该母公司间接负担的境外企业所得税税额。

2. 全额抵免与限额抵免。

抵免法下的抵免额大小取决于境外所得与来源国的税率。由于境外所得在居民国和来源国都是同一征税客体，来源国所适用的税率对居民国如何适用抵免法则至关重要。如果居民国与来源国所适用的税率相同，那么来源国和居民国对境外所得所征收的税收相同，可完全抵销。如果来源国的税率低于居民国的税率，居民国在允许本国居民纳税人就境外所得在来源地的税收在向本国的应纳税收中抵扣后还有余额。如果来源国的税率高于居民国的税率，就同一笔国外所得，来源国的所征税收要比居民国征收的税收要多。这样，居民国给予抵免的税收要高于本国可以征收的税收。这意味着居民国为了消除居民纳税人的国际双重征税需要倒贴本国的税收收入给来源国。因此，根据居民国是否限定抵免的额度，抵免法可以分为全额抵免法与限额抵免法。

全额抵免法是指居民国不管居民纳税人向来源国缴纳的所得税税额是否超过了按居民国税率应缴纳的税额，均允许纳税人的国外税收完全在本国税收中抵免。采用此法，无须考虑来源国税率高低和境外所得所缴纳税收的多少，居民国全部予以抵扣。但是，在来源国所适用的税率高于居民国税率的情况下，来源国所征收的税收高于居民国对同一笔所得的所征税收，若允许全额抵免，

① 参见：《国家税务总局关于发布〈企业境外所得税收抵免操作指南〉的公告》（国家税务总局公告2010年第1号）第一条。

② 参见：《企业所得税法实施条例》第八十条；《国家税务总局关于发布〈企业境外所得税收抵免操作指南〉的公告》（国家税务总局公告2010年第1号）第一条、第五条、第六条。

居民国还要从纳税人本国所得税收中倒贴一部分来抵免国外税收。显然，居民国的税收利益受到损害。为此，许多国家对外国税收的抵免规定了一个抵免限额。这就是第二种做法，即限额抵免法。

限额抵免法是指居民国对居民纳税人在来源国已缴纳税收的允许抵免数额进行了限定，每次以纳税人按来源国所得应当向居民国缴纳的税额为限，超过部分不得从居民国应纳税额中扣除。限额抵免最早见于 1921 年美国《税收法》第 136 节。当时，美国财政部发现如果抵免无限额，会导致纳税人用外国税收抵免来减少或消除美国纳税人对美国所得的纳税义务。限额抵免现在已经得到普遍采纳，《OECD 范本》和《联合国范本》中关于抵免法也明确采纳限额抵免法。[①] 根据中国税法，中国无论是直接抵免还是间接抵免都实行限额抵免。[②]

抵免限额一般是境外所得金额按居民国税法应当缴纳的税额，也就是居民纳税人的境外应税所得乘以居民国所适用税率得出的数额，具体的抵免限额要根据居民国税法和税收征管法的相关规定来确定。有的国家对抵免限额的规定比较特殊，如意大利规定，外国税收抵免不应超过按本国税法规定应纳税额的 2/3。[③]

居民纳税人同期境外所得可以是来自不同国家的经营所得、股息、利息、特许权使用费等。居民国如何对本国居民在不同国家的境外税收适用的限额抵免方式，取决于各国的国际税收政策和相关法律。限额抵免通常又分为综合限额法和分国限额法。综合限额法是指居民国按居民纳税人从外国取得的全部所得，汇总计算抵免限额；分国限额法是指居民国对居民纳税人来自不同国家的所得，分别计算抵免限额。

对居民国来说，综合限额法可以简化手续，但居民纳税人可以利用境外不同国家的税率不同，将来自比居民国税率低的来源国的税收抵免后的余额，用于冲抵来自比居民国税率高的来源国的税收抵免额的不足。因此，可能会减少居民国的税收收入，还可能引起跨国纳税人之间的不公平待遇。[④] 分国限额法相对来说手续繁琐，但可以防止居民国税收收入的减少，可以避免居民纳税人利用税收抵免进行逃避税，避免跨国纳税人之间的不公平待遇，还可以有效地

---

① 参见《OECD 范本》第 23B 条第 1 款和《联合国范本》第 23B 条第 1 款。

② 参见《企业所得税法》第二十三条；《个人所得税法》第七条。

③ 张勇. 国际税法导论［M］. 北京：中国政法大学出版社，1989.

④ David R. Davies. Principles of International Double Taxation Relief［M］. London：Sweet Maxwell，1985.

配合居民国的对外开放和国际经贸政策。因此，多数国家采用分国限额法。也有一些国家选择了综合限额法，如美国。[①]

除了综合限额法和分国限额法以外，有些国家对于一些适用低税率的特别应税项目，如股息、利息、特许权使用费等收入的税收抵免适用专项限额法，以防止居民纳税人利用境外不同国家之间的税率不同，减少对居民国的纳税。这种专项限额法，又叫分项限额法，是指居民国根据居民纳税人来自境外的不同项目的所得，分别计算每种所得的抵免限额。每种抵免限额只适用于同一项目所得的境外税收的抵免。

中国税法规定，抵免限额是指中国的跨国纳税人包括企业和个人来源于中国境外的所得，依据所得税法及其实施条例的规定计算的应纳税额。抵免限额原则上应当分国（地区）不分项计算，法律另有规定除外。[②]《财政部 税务总局关于完善企业境外所得税收抵免政策问题的通知》（财税〔2017〕84 号）第一条规定，企业可以选择按国（地区）别分别计算［即“分国（地区）不分项”］，或者不按国（地区）别汇总计算［即“不分国（地区）不分项”］其来源于境外的应纳税所得额，按照《财政部 国家税务总局关于企业境外所得税收抵免有关问题的通知》（财税〔2009〕125 号）第八条规定的税率，分别计算其可抵免境外所得税税额和抵免限额。上述方式一经选择，5 年内不得改变。

如果来源国税率低于居民国税率，那么，跨国纳税人在抵免了境外税额后还需要向居民国补缴差额部分的税款。如果境外税额高于相应的抵免限额，抵免后留下未能抵免的余额。对于超出抵免限额的境外税额的处理，各国不尽相同。为鼓励本国资本到国外投资，大部分国家允许超出抵免限额的境外税额可以从抵免发生当年向前或向后结转计算。所谓向前结转，是指当年的超出抵免限额的境外税额可以用来冲抵过去没有抵免的抵免限额；向后结转，是指当年超出抵免限额的境外税额部分可结转至以后余下的抵免限额中冲抵。如美国税法规定，当年超过抵免限额的税额可以向前结转 2 年，向后结转 5 年。日本也规定可以向后结转 5 年。[③] 根据我国《企业所得税法》的规定，中国企业取得的来源于中国境外的所得，已经在中国境外缴纳的企业所得税性质的税额超过

---

① David R. Tilinghast. Tax Aspects of International Transaction［M］. Matthew Bender Company，1981.

② 参见：《企业所得税法实施条例》第七十八条；《个人所得税法实施条例》第二十一条；《财政部 税务总局关于境外所得有关个人所得税政策的公告》（财政部 税务总局公告 2020 年第 3 号）第三条。

③ 葛惟熹．国际税收教程［M］. 北京：中国财政经济出版社，1987：155.

抵免限额的，从当年的次年起连续5个纳税年度内可予以抵免。[①] 在我国《个人所得税法实施条例》中也有向后结转不超过5年的规定。[②]

（三）适用抵免法的条件

适用抵免法一般须具备三个条件。

第一，合格的税额。只有符合法律规定的税额才能获得抵免。可抵免的税额必须是跨国纳税人在境外国家已经缴纳的税款。这有两个基本要求：①跨国纳税人在境外国家的支付必须是税额，是向外国政府无偿的强制性的支付，而不是自愿的支付，也不是作为某种权益或服务对价的支付；②给外国政府的税款已经实际交付。抵免法的目的是避免和消除国际双重征税，而非免除纳税人的税收。如果跨国纳税人在来源国实际上并未被征税，则居民国无须给予税收抵免，可以按本国税法对其境外所得进行征税。

第二，合格的税种。跨国纳税人在境外缴纳的税额原则上是所得税或具有所得税性质的其他税收。如美国《国内收入法典》第901（b）节规定，给予外国的“所得税、战时利得税和超额利得税”以抵免待遇；第903节规定“用以替代所得税、战时利得税和超额利得税而缴纳的税款”，也可以享受抵免待遇。有时通过双边税收协定，抵免法的适用可扩大到财产税。《OECD范本》和《联合国范本》在协定范围一章中明确规定：“本协定适用于缔约国一方、其所属行政区或地方当局对所得和财产征收的各种税收，不论其征收方式如何。”[③] 中国所得税法明确规定，可抵免的境外税额必须是应缴纳的属于所得税收性质的税额。[④] 中国与联邦德国签订的税收协定则允许对财产税适用抵免法。

第三，合格的跨国纳税人。合格的跨国纳税人是指有资格主张境外税收抵免的纳税人。通常，一个国家的居民纳税人就境外所得向境外国家政府纳税后有资格享受税收抵免。有的国家也允许本国的非居民纳税人在一定条件下就其境外税收主张税收抵免。根据美国《国内收入法典》的规定，美国的公民、居民和国内公司等居民纳税人享有境外税收抵免的权利。一个美国合伙企业的合伙人也可以对合伙企业缴付的境外税收中承担的份额主张税收抵免。美国的非

---

① 参见《企业所得税法》第二十三条和《企业所得税法实施条例》第七十九条。

② 参见《个人所得税法实施条例》第二十一条。

③ 《OECD范本》第2条第1款；《联合国范本》第2条第1款。

④ 《国家税务总局关于发布〈企业境外所得税收抵免操作指南〉的公告》（国家税务总局公告2010年第1号）第三条。《财政部 税务总局关于境外所得有关个人所得税政策的公告》（财政部 税务总局公告2020年第3号）第四条。

居民纳税人，如果在美国的应纳税所得与其在美国的贸易和商业经营行为有实质性联系，就这笔所得在境外缴付的税收也可以在美国获得税收抵免。[①] 我国《企业所得税法》也规定，中国居民企业，以及在中国境内设有机构、场所，取得发生在中国境外但与该机构、场所有实际联系的应税所得的非居民企业，可以享受税收抵免。[②] 我国《个人所得税法》规定的合格的跨国纳税人就是中国居民个人。[③]

此外，有的国家对境外收入的征税国家也有资格要求。比如，美国《国内收入法典》规定，如果境外税收是交给美国没有承认的国家、与美国没有外交关系的国家，或者支持恐怖主义的国家，那么就不能享受美国的税收抵免。[④]

（四）税收饶让抵免

税收饶让抵免是指居民国同意将本国居民纳税人在来源国因享受免税或减税的税收优惠而没有缴纳的税收视同已经缴税，同样在向本国的应纳税额中给予税收抵免。税收饶让一般通过双边的避免双重征税协定规定。

在具体的实践中，税收饶让抵免可以适用于直接抵免，也可以适用于间接抵免。在限额抵免的基础上，税收饶让抵免可以是普通的饶让抵免，也可以是规定比例、列举一国税收优惠额等设定具体条件的特定的饶让抵免。[⑤]

（五）抵免法的评价

与免税法相比，抵免法有以下优点：

第一，从法律上说，抵免法是以承认来源国优先征税权为前提，但并不意味着来源国征税权具有专属和排他的性质，从而维护居民国的税收主权。

第二，从经济角度而言，抵免法在一般情况下可以产生来源国与居民国分享收入的结果，从而照顾到居民国的经济利益。

第三，抵免法保证对跨国所得至少要征一次税，这样不仅可以避免双重征税，也可以防止双重不征税，从而可以防止免税法下跨国纳税人可能的逃税避税。

第四，抵免法能使居民国境内投资者和境外投资者在税收上地位平等，符

---

①④ Mindy Herzefeld & Ichard L. Doernberg. International Taxation in a nutshell（11th Edition）［M］. West Academic Publishing，2018.

② 参见《企业所得税法》第二十三条。

③ 参见《个人所得税法》第七条。

⑤ 国家税务总局国际税务司. 中国避免双重征税协定执行指南［M］. 北京：中国税务出版社，2013.

合“公平税负”原则。在国际竞争中，抵免法可保证税收中性①，防止资本向低税国家和地区流动，有利于国际经济活动正常的开展。

然而，抵免法也有其不足。一是抵免法只能避免和消除实际的国际双重征税，对于潜在的国际双重征税则无能为力。二是抵免方法不能彻底消除国际双重征税。这是因为：①一般境外所得的界定和抵免限额由居民国确定，各国所得税法制度的规定不同，居民国和来源国在应税所得范围、计算所得期限、成本和费用扣除等方面可能存在差异。这样，境外税收可能不能全部纳入抵免范围。②由于国家间所得税制的差异，同一笔境外所得在居民国和来源国可能定性为不同的税收种类。但是，根据抵免法的规则，只有所得税性质的税收才能获得抵免，如果来源国定性为所得税性质的税收，应当享受抵免待遇；而居民国定性为非所得税性质的税收，此笔境外所得的税收不享有抵免待遇，那么这部分所得就可能发生双重征税。但是严格地说，这不是抵免法本身的缺陷，而是各国税制不同造成的。

综上所述，抵免法既能消除国家间的国际双重征税，保护跨国纳税人的利益，又能维护国家权益，防止国际逃避税。因此，抵免法为世界上绝大部分国家所接受和采用。

四、缓解国际双重征税的其他方法

避免和防止国际双重征税主要的目的是避免纳税人遭受过重的税收负担。为了减轻纳税人在国际双重征税下的税收负担，各国结合本国实际，采取相应缓解方法。

（一）扣除法

扣除法是指居民国允许跨国纳税人在境外缴纳的税款从向居民国的应税所得中扣除，再以扣除后净所得作为税基向居民国缴税。此方法虽然不如免税法或抵免法那样有效地消除国际双重征税，但毕竟扣除了境外税收后的税基比扣除前的税基要小，纳税人向居民国缴纳的税收也会减少，从而减轻了纳税人因国际双重征税承受的过重税收负担。美国《国内收入法典》规定的扣除法是消除国际双重征税的方法之一。

（二）缓征法

缓征法是指跨国纳税人的居民国允许纳税人在境外取得的所得当年暂不缴

① Arnold A. Knetchle. Basic Problems in International Fiscal Law［M］. Amsterdam：Kluwer，1979.

纳税收，而是在法律允许的若干年后再缴纳税收，也即允许跨国纳税人延迟纳税。

（三）低税法

低税法是指跨国纳税人的居民国对纳税人的境外所得在征税时适用一个比国内正常税率低的税率，从而减轻其税收负担。

本章思考题

1. 简述国际双重征税的概念及特征。
2. 简述产生国际双重征税的原因。
3. 简述处理国际双重征税的原则。
4. 简述处理国际双重征税的路径及各路径之间的关系。
5. 比较处理国际双重征税的具体方法的异同与效果。

第四章　国际税收协定

【学习目标】本章主要介绍国际税收协定的概念与适用、OECD 与联合国税收协定范本、税收协定的主要内容、我国税收协定谈签与执行情况。通过本章的学习，掌握国际税收协定的目的和作用，正确理解国际税收协定与缔约国国内税法的关系，掌握国际税收协定的解释规则；掌握《OECD 范本》和《联合国范本》的发展历程和主要特点，分析比较两个范本的异同；掌握国际税收协定的适用范围、税权分配规则、避免双重征税方法，以及其他主要条款内容；了解近 40 年来，我国缔结和执行税收协定的发展历程和概况。

第一节　国际税收协定概述

一、国际税收协定的概念与意义

国际税收协定（International Tax Treaty），也称国际税收条约，一般是指两个或两个以上的税收辖区，为了协调处理跨境纳税人征纳事务，依照对等原则，通过政府间谈判所缔结的确定各自国际税收权利义务关系的一种书面协议。国际税收协定已成为国家之间避免国际双重征税、防止跨国逃避税、调节税收利益分配、促进国际经济合作的主要手段之一。它是国际税收重要的基本内容，是解决国与国之间税收权益分配矛盾和冲突的有效工具。

国际税收协定可以按照不同的标准加以分类。按照适用的税种可以分为所得税协定、关税协定等。按照协定的内容可以分为专项协定或综合协定。按照缔约方数量可以分为双边税收协定或多边税收协定。[①] 双边税收协定通常指由两个国家缔结的协调相互间税收关系的条约，是目前国际所得税协调与合作的

---

① 张泽平，李泳，李娜．国际税法（第二版）［M］．北京：北京大学出版社，2016.

主要形式。按其协调的范围大小，可以分为一般税收协定和特定税收协定。

国际税收协定的意义主要表现在以下方面：

（1）国际税收协定可以弥补国内税法单边解决国际重复征税问题存在的缺陷；

（2）国际税收协定可以解决纳税人的居民国和所得来源国之间征税权的矛盾；

（3）国际税收协定可以加强国与国之间在反逃避税问题上的相互配合。

二、国际税收协定与缔约国国内税法的关系

国际税收协定和各国国内税法都是国际税法渊源的组成部分，但二者在国际税法规范体系中的功能不同。依据国家税收主权独立原则，各国在制定国内税法时创设税种、明确课税对象和设定课税程度。而国际税收协定的主要功能在于规范和协调缔约国之间税收管辖权的冲突，一方面限定来源国行使税收管辖权的范围和程度；另一方面规定居民国应对其居民从来源国取得的所得实施免税法或抵免法等，以避免双重征税。因此，国际税收协定并未为缔约国创设征税权或扩大征税权，缔约双方仍根据国内法行使征税权，但同时也应受到国际税收协定条款的约束和限制。

当国际税收协定条款与缔约国国内税法发生冲突时，奉行国际法优先于国内法原则的国家，原则上会优先适用国际税收协定条款。例如，我国《企业所得税法》第五十八条明确规定：“中华人民共和国政府同外国政府订立的有关税收的协定与本法有不同规定的，依照协定的规定办理。”我国《税收征收管理法》第九十一条也明确规定：“中华人民共和国同外国缔结的有关税收的条约、协定同本法有不同规定的，依照条约、协定的规定办理。”如果国内税法的规定比税收协定更为优惠，则一般应遵照执行国内税法。但是在一些主张国际法与国内法具有同等地位的国家，处理上述冲突问题则比较复杂。美国《宪法》规定，联邦法律和根据联邦授权签订的条约具有同等的法律地位，因此当美国缔结的国际税收协定与美国联邦税法发生冲突时，美国采取的是“孰后优先”原则，即通过比较联邦法律的制定时间和税收协定的缔结时间，后制定/缔结者优先适用。

在讨论国际税收协定与缔约国国内税法的关系问题时，学术界长期争论的一个焦点问题是“优于协定适用”（Treaty Override）问题，即一些国家通过赋

予其国内法优于国际法的地位，并且以协定义务与其国内法的内容相冲突为由，拒绝履行国际税收协定所规定的义务。① 优于协定适用的理论分歧在于“一元论”与“二元论”理论。“一元论”主张国内法和国际法属于同一个法律体系，国际条约对于国家来说自动具有法律约束力，无须进一步转化为国内法就具备执行力，而且国际条约的适用应当优先于国内法。因此在采取“一元论”的国家中，一般不允许优于协定适用，原因主要有以下几点。首先，优于协定适用违反了《维也纳条约法公约》第26条、第27条“条约必须遵守”原则。“条约必须遵守”在当今国际社会已经成为国际法的基本原则，构成国家应当履行的国际义务。其次，优于协定适用将会影响缔约国之间关系的稳定性，影响彼此的信任。再次，优于协定适用会影响协定作为法律规定的确定性，不利于纳税人对税收协定的遵守。最后，优于协定适用是对缔约国缔约本意的违背，缔约国为了缔结双边税收协定所做的努力都将被推翻。“二元论”则是认为国际法和国内法分属于两个不同的法律体系，国际条约不能对一国直接产生法律拘束力，必须将其转化为国内法才能对一国生效。因此，在采取“二元论”的国家中，由于具体的税收协定已经被转化为缔约国的国内法，对纳税人和税务机关产生法律拘束力，在实质上税收协定和国内税法的效力位阶是属于同一层次的②，在这种情况下就存在着优于协定适用发生的可能性。这些国家允许优于协定适用的理由可以概括为如下几点。首先，优于协定适用有利于打击对税收协定的滥用行为，能够更好地维护税收公平。③ 其次，优于协定适用的成本相较于终止全部的税收协定条款来说较低，对有关纳税人的影响也会更小。最后，优于协定适用符合“新法优于旧法”的原则。由于“二元论”国家认为国内税法与税收协定是处于同一效力位阶的，因此在对于具体事项的规定出现矛盾时应当适用“新法优于旧法的规则”允许对在先的规定进行超越。

三、国际税收协定的解释规则

国际税收协定的解释与一般的条约解释不同，除适用《维也纳条约法公

---

① OECD. Tax Treaty Override ［R］. Pairs：OECD，1989.

② SACHDEVA S. Tax Treaty Overrides：A Comparative Study of the Monist and the Dualist Approaches ［J］. Intertax，2013 （4）：180－207.

③ PERDELWITZ A. Treaty Override－Revival of the Debate over the Constitutionality of Domestic Treaty Override Provisions in Germany ［J］. European Taxation，2013 （53）：445－450.

约》的一般解释规则外，国际税收协定自身还包含了一套专门的解释规则。因此在解释协定用语时，需要将这两套规则根据其内在联系结合起来适用，作出符合国际法的解释。①

根据《维也纳条约法公约》第 31 条至第 33 条，条约解释的一般规则是"条约应就其用语按照上下文并参照其目的和宗旨所具有的通常意义，善意地予以解释"。该规则阐明了解释条约时的四项原则，即善意原则、约文解释、体系解释和目的解释。条约的约文必须被推定为当事国意思的权威性表示，解释的出发点是阐明约文的意义。有些词语具有多种含义，在解释词语的通常意义时应结合上下文选择恰当的含义。

在适用《维也纳条约法公约》一般解释规则的同时，国际税收协定自身往往还包含了一套专门的解释规则。例如，双边税收协定一般会在第 3 条第 2 款中采用《OECD 范本》和《联合国范本》第 3 条第 2 款规定，即"缔约国一方在适用本协定时，对于未经本协定明确定义的用语，除上下文另有要求以外，应当具有该缔约国当时适用于本协定的税种的法律所规定的含义，此用语在该缔约国有效适用的税法上的含义优先于在该国其他法律上的含义"。此解释规则包含三层含义：第一，关于协定中的用语的意义，应先看协定是否作出定义，这些定义会出现在第 3 条第 1 款的"一般定义"或其他条款中；第二，当协定本身未对用语作出定义时，需查看协定的上下文是否要求适用其他解释规则；第三，当上下文没有此要求时，才可适用第 3 条第 2 款的解释规则，即根据适用协定的缔约国一方当时国内的相关法律来解释相关用语，且税法上的含义优先适用。

第二节 《OECD 范本》和《联合国范本》

一、《OECD 范本》的发展历程和主要特点

国际联盟自 20 世纪 20 年代开始致力于解决国际双重征税，并于 1928 年发布了第一个双边税收协定范本，并且形成了 1943 年墨西哥协定范本以及 1946

① 谈晨逸．国际税收协定解释规则研究［J］．国际税收，2019（3）：5.

年伦敦协定范本。第二次世界大战后，OECD 成员国间经济的相互依赖与合作增强，使得采取措施防止国际双重征税显得日益重要。1958 年 7 月，OECD 的前身——欧洲经济合作组织（Organization for European Economic Cooperation，OEEC）下设的财政委员会开始起草关于避免所得税和财产税双重征税的协定草案。1963 年，OECD 正式发布《关于对所得与财产避免双重征税的协定范本》草案，OECD 理事会呼吁成员国政府之间在缔结或修订双边协定时与该协定草案保持一致。1977 年，OECD 财政事务委员会对 1963 年协定草案及其注释进行了修订，并且正式颁布《OECD 范本》。与此同时，OECD 财政事务委员会也制定了范本注释，对范本中的每一条款予以说明，作为解释和适用范本条款的指南。一些国家对范本条文或注释持有不同意见时，可要求 OECD 在范本注释中记载其对条款的保留意见（Reservations on the Article）或对注释的意见（Observations on the Commentary）。

此后《OECD 范本》和注释经过多次修订，以适应国际税收规则和原则的发展，考虑到协定范本在 OECD 成员国范围之外的影响日益扩大，一些非成员国关于《OECD 范本》的立场也被列入注释中。《OECD 范本》和注释不仅指导了 OECD 成员国之间的税收协定谈判，同时也为 OECD 成员国与非成员国之间的税收协定谈判提供了参考，对税收协定的谈判、适用和解释产生了深远的影响。

二、《联合国范本》的发展历程和主要特点

联合国经济与社会理事会于 1979 年通过了《联合国范本》，并于 1980 年颁布，此后又经过多次修订。《联合国范本》与《OECD 范本》在总体结构上相似，用于规范和协调缔约国之间税收管辖权冲突的方法也基本相同，即根据所得和财产在来源国的课税情况，将所得和财产划分为三类：

（1）可以由来源国不受限制地行使征税权的所得和财产，例如从位于该国的不动产取得的所得、转让不动产取得的资本利得、位于该国境内常设机构的利润等；

（2）可以由来源国行使有限征税权的所得，例如股息、利息、特许权使用费、技术服务费等；

（3）来源国不得行使征税权的所得和财产，例如学生为教育或培训目的取得款项、不归属于位于来源国常设机构的营业利润等。

《联合国范本》旨在维护发展中国家的税收利益，更注重保护来源国的税收管辖权。例如，对于构成常设机构的情况，《联合国范本》第5条不仅缩短了非居民企业在来源国开展建筑工程、安装项目等构成常设机构的时间要求，而且规定了非居民企业提供咨询等服务活动达到一定天数后也能在来源国构成常设机构，以此扩大发展中国家作为来源国时的征税权。再如，对于非居民企业获得的特许权使用费所得，与《OECD范本》规定仅由居民国征税不同，《联合国范本》第12条规定来源国可在不超过一定税率的情况下对非居民的特许权使用费所得行使征税权，旨在确保发展中国家作为技术、无形资产等被许可方所在的来源国时能够行使征税权。[①] 因此《联合国范本》及注释在发展中国家的税收协定实践中得到广泛运用。

第三节　国际税收协定的主要内容

一、国际税收协定的适用范围

国际税收协定适用的范围包括协定涉及人的范围、税种范围、地域范围和时间范围。

（一）人的范围

两大范本都把协定包括的纳税人（包括自然人、公司、社团以及基金会等）限制在缔约国一方或同时成为缔约国双方的居民。税收协定的第1条规定协定适用的主体范围，一般规定为“本协定适用于缔约国一方或者同时为双方居民的人”。在判定纳税人是否为“缔约国一方居民”时，应按照该缔约国法律，根据住所、居所、注册地、实际管理机构所在地、管理机构所在地、主要营业地或者其他类似的标准进行。但是，这一用语不包括仅因存在来源于该缔约国的所得而在该缔约国负有纳税义务的人。

由于各国税法对纳税人居民身份的判定采用不同的标准，因此不可避免地会发生居民税收管辖权的冲突，导致在国际税收上产生双重居民身份的问题。税收上的双重居民身份加重了纳税人的税收负担，妨碍了国际经济的正常交

① 那力．联合国范本与经合组织范本：区别与晚近发展［J］．江西社会科学，2012（4）：8.

往，同时也给国家税务当局行使税收管辖权带来一定的困难。目前，对于双重居民身份导致的税收管辖权冲突问题，主要依靠各国在双边税收协定中规定的加比规则方法来解决。《OECD 范本》《联合国范本》以及中国缔结的双边税收协定第 4 条都规定了加比规则，分别用于解决自然人居民和法人居民的双重税收居民身份问题。

1. 解决自然人双重居民身份问题的加比规则。

《OECD 范本》第 4 条中关于“居民”的加比规则，即对于构成双重居民的自然人，按照以下顺序确定其居民身份：①应认为是其永久性住所所在国的居民；如果在两个国家同时有永久性住所，应认为是与其个人和经济关系更密切（重要利益中心）的国家的居民。②如果其重要利益中心所在国无法确定，或者在两个国家中任何一国都没有永久性住所，应认为是其有习惯性居所所在国的居民。③如果其在两个国家都有或者都没有习惯性居所，应认为仅是其国籍所属缔约国的居民。④如果其同时是两个国家的国民，或者不是两个国家中任何一国的国民，缔约国双方主管当局应通过协商解决。

根据《OECD 范本》注释的解释，永久性住所指的是个人所拥有或占有家的地方，并且这个“家”具有永久性。也就是说，个人必须安排或保留这个“家”以用于永久性居住和使用，它不同于明显地为了短期停留而在特定地点停留。至于“家”的概念，要考虑到任何形式的家（私人自有、租用的房屋或公寓、租用的带家具的房间），但住家的永久性是其本质要素，即个人已安排长期居住的住所，而不是为了某些原因（旅游、商务旅行、求学等）短期逗留而临时居住。

如果某个人在缔约国双方都有永久性住所，上述原则将优先权给予了与个人的人身和经济联系更密切的国家，即重要利益中心地。如果重要利益中心地无法确定，则要考虑以下补充标准。首先是习惯性居所，然后是国籍。如果同时为两国国民或都不是两国国民，则应由两国共同协商解决。如果某人在缔约国双方都有一个永久性住所，有必要对事实加以分析，以判定哪一国同这个人的人身和经济联系更为密切。这要考虑其家庭和社会关系、职业、政治、文化及其他活动、从事营业的地点、管理财产所在地等因素，这些情况应作为一个整体加以分析，并应特别注意个人的行为。如果他在一国已有住所，并在拥有该住所的同时在另一国又建一住所，但仍保留第一个住所且在此一直居住、工作，在那里拥有家庭和财产，这些事实加上其他一些因素可以表明，他在第一个国家保留其重要利益中心。

若个人在缔约国双方都有永久性住所，但不能确定其重要经济利益中心所在国，在一国而非另一国有习惯性住处的事实，足以使天平向该个人较常居留的国家倾斜。在判定习惯性居所时，不仅要注意这个人在所在国永久性住所的停留情况，还应考虑在同一国家的任何其他地点停留的情况。若个人的永久性住所不在缔约国的任何一方，例如这个人不断地居住在各个旅馆之间，则要将此人在一个国家所有的停留时间加在一起进行判断，而不必问其停留的原因。关于如何判断习惯性居住所在国，上述原则没有明确规定应在多长期间内比较个人在两国分别居住的时间长短，但应该理解为在足够长的期间内进行比较，以便能确认作为个人日常生活部分的居住频率、持续时间和居住规律。在前述两种情况中，如果这个人在缔约国双方都有或都没有习惯性居所，应优先选择其为国民的缔约国。如果这个人同时是缔约国双方国民或不是任何一方国民，则由主管当局相互协商解决这个问题。

2. 解决法人双重居民身份问题的加比规则。

税收协定一般在第4条第3款规定解决法人双重居民身份问题的加比规则。《联合国范本》和《OECD范本》都规定，非个人纳税人如同时构成缔约国双方居民，缔约双方主管当局应考虑其实际管理机构所在地、注册地或成立地以及任何其他相关因素，尽力通过相互协商确定其居民身份。如未能达成一致，则该人不能享受协定规定的任何税收优惠或减免，但缔约双方主管当局就享受协定待遇的程度和方式达成一致意见的情况除外。

（二）税种范围

两大协定范本中均规定协定仅适用于对所得和财产征收的各种直接税。税收协定的第2条规定协定适用的客体范围，即协定适用于哪些税种。协定一般适用于对所得和对财产征收的税收，除适用于对全部所得或某项所得征收的税收外，对一些特定财产的占有行为课征的财产税也可列入协定的适用范围。协定适用的具体税种主要取决于缔约国国内税制规定。

（三）地域范围

税收协定原则上对缔约国的全部国家领土有效，包括缔约国实施有关国内税收法律的所有领土、领海，以及缔约国根据国际法所拥有的勘探、开发海底和底土资源及海底以上水域资源的主权权利的领海以外的区域。

（四）时间范围

税收协定一般以通过外交途径相互通知已完成协定生效国内程序为生效要件。缔约国双方经过谈判协商，达成协定文本草案，然后由双方主管部门草签，由缔约国双方政府代表正式签署后，各自履行协定生效必需的国内程序，双方均通过外交途径相互通知已完成国内程序后，协定方可生效。双边税收协定生效后，一般应长期有效，除非协定本身规定了有效期限。

二、国际税收协定的征税权分配规则

征税权分配规则是国际税收协定的核心条款，一般为税收协定第 6 条至第 21 条，针对不同类型的所得，分别确定来源国和居民国的征税权。第 22 条则对财产作了类似的规定。在征税涉及他国或多国的情形下，需通过税收管辖权划分规则来确定应由哪一国行使优先征税权，哪一些情形可由一国行使独占征税权等。对于某些所得和财产项目，协定规定由缔约国一方独占征税权，这样缔约国另一方就不能再对这些项目征税，从而避免了双重征税。原则上，独占征税权是由居民国一方行使的。在其他所得和财产的情况下，征税权则是非独占性的。对于股息、利息等所得，尽管缔约国双方均有征税权，但来源国可以征收的税收要受到限制。

（一）对跨国营业利润征税

在国际税法上，跨国营业利润是指一国的居民纳税人在居民国境外取得的营业利润。对于该项所得，企业的居民国根据居民税收管辖权，要求该企业就其全球范围内取得的所得纳税，而那些非居民企业在其境内从事生产经营活动的国家，也会根据所得来源地税收管辖权，要求该非居民企业就在其境内从事生产经营活动取得的所得纳税，由此产生了对该企业的跨国营业所得重复征税问题。另外，由于跨国营业所得是一种包括各种生产经营业务在内的综合性所得，跨国营业所得来源地的认定标准极其复杂多样，也很容易发生来源地税收管辖权的重叠，导致国际双重征税现象的产生。

为了防止国际双重征税，目前各国在双边税收协定中基本上都采用了《OECD 范本》和《联合国范本》第 7 条“营业利润”条款规定，依据“常设机构原则”对非居民纳税人的跨国营业利润进行征税，即缔约国一方企业的利润仅在该缔约国征税，除非该企业通过设在缔约国另一方的常设机构进行营业活动。如果该企业通过设立在缔约国另一方的常设机构进行营业活动，对于可归属于该常设机构的利润，可以在缔约国另一方征税。这一原则表明，在来源国境内设有常设机构是征税国对非居民纳税人取自本国境内的营业所得进行征税的前提条件，来源国只能对非居民纳税人通过设在来源国境内的常设机构经营活动所得行使征税权，而对于非居民纳税人那些不是通过常设机构的经营活动所产生的营业所得，则不视为来源于该国境内的营业所得，因而也无权征税。

"常设机构原则"涉及了定性和定量两个方面。定性方面意味着，只要有常设机构的存在，常设机构所在国就可以对常设机构所隶属的企业的营业利润征税，也就是说，是否设有常设机构是确定所得来源国能否享有征税权的标准。定量方面意味着，在常设机构所在国有权征税的前提下，居民国企业的营业利润中哪部分可以在常设机构所在国征税，即常设机构的利润归属问题，是确定所得来源国享有的征税权范围和程度大小的标准。

1. 常设机构的定义。

根据两大范本第5条，场所型常设机构是指企业进行其全部或部分营业的固定营业场所。根据该定义，场所型常设机构需满足以下三个方面的构成要件：①必须有营业场所，如场地、房屋或者建筑物，在某些情况下营业场所也可以是机器、设备等设施；②该营业场所必须是固定的，即该场所必须是建立在一个确定的地点，并且具有一定的永久性；③企业通过该固定营业场所开展营业活动。结合税收协定范本及其注释，对前述三个构成要件理解如下。

（1）"营业场所"的含义。

虽然两大范本都没有对何谓"营业场所"作出定义，但均通过列举的方式对其加以界定。根据两大范本第5条第2款，"常设机构"一语特别包括管理场所、分支机构、办事处、工厂、作业场所、矿场、油井、气井以及其他任何开采自然资源的场所。

《OECD范本》注释认为，上述列举表明应对"营业场所"作广义理解，它涵盖了所有用于从事企业经营的厂房、设施或装置，不论它们是否用于其他目的。如果某企业没有厂房，或从事生产经营不需要厂房，而仅有一定可支配的空间，也可视为具有营业场所。厂房、设施或装置是为该企业自有或租用，或通过其他形式支配均无关紧要。因此，营业场所可以由市场上的某一摊位，或长期使用的海关仓库的一部分（用于存放应税物品）构成。此外，营业场所还可设在另一企业的营业设施中。例如，某外国企业持续地支配使用另一企业拥有的某座厂房或者其中的一部分的情形。只要该企业拥有其支配的用于营业活动的一定的空间，这一事实就足以构成营业场所，并不要求其具有使用该场所的正式法律权利。可见，即使某企业非法占有某一特定地点，并在那里进行营业，也可能构成常设机构。[①]

（2）"固定"的含义。

构成常设机构的营业场所必须是"固定"的。根据协定范本注释的解释，这里的"固定"包括两个层面的含义：一是空间上的固定性，即该营业场所必须是建立在一个确定的地点；二是时间上的非临时性。某一营业场所只有同时符合这两个标准，才能称为"固定"的营业场所。

所谓营业场所在空间上的固定性，是指这个营业场所通常必须和某个特定的地理位置存在联系。若缔约国一方的企业不是在某确定的场所进行营业活动，那么不论其在缔约国另一方经营多久，都不能被认为具有固定性。[②] 两大范本在其注释中同时指出，空间上的固定性并不是要求构成常设机构的设备一定要实际定着于土地上，而是只要存在于某一确定的场所即可。因此，空间上的固定，可以是指构成营业场所的设施、设备固定在土地上（或海床上），如房屋等建筑物、永久性石油生产设施等，也可以是指企业具有一个能稳定开展营业活动的场地和空间，如市场上的一个摊位等。若某企业从事的营业活动经常在相邻的地点之间移动，那么在判断是否存在一个单一的"营业场所"时，则要考虑这种营业的性质。如果一个营业活动在其内移动的特定地域，可被认为在商业上和地理上构成了关于该营业的不可分割的整体，那么一般可以认定存在一个单一的营业场所。相反，如果没有商业上的内在联系，仅在一个有限的地域范围内从事营业活动的事实，不足以导致该区域被认定为单一营业场所。例如，某油漆工人在某办公大楼里依据一系列不相关的合同，为一些不相关的客户连续工作，不能认为构成给该大楼刷油漆的单一项目，因而该建筑物不应被认为是该项工作的单一营业场所。然而，若油漆工人在一个单一合同下，为一个客户在整个大楼内工作，该项工作则会构成该油漆工人的单一项目，并且由于该建筑物整体此时在商业和地理方面构成不可分割的整体，因而可以被认为是该项工作的单一营业场所。

---

① 参见《OECD 范本》第 5 条注释第 10 段、第 11 段。

② 参见《OECD 范本》第 5 条注释第 21 段。

所谓时间上的非临时性，或者说一定程度的永久性，是指该营业场所并非一个临时性的营业场所。然而，由于构成企业营业场所的场地、设施和设备的不同，时间上持久性的判断，存在主观标准和客观标准的差别。根据主观持久标准，所谓营业场所具有一定的持久性，并非指构成营业场所的设备本身必须是永久存在的，而是指企业对于营业场所应该具有长期使用的目的，即企业打算通过该营业场所长期进行营业活动。如果一个营业场所的建立是以长期使用为目的，即使由于企业活动本身的特殊性质或者由于特殊情况的发生（如纳税人死亡、投资失败等）而提前清算，该营业场所仍然构成常设机构。相应地，如果一个营业场所是以临时使用为目的，但是其存在的期限已经使得该营业场所不能被视为属于临时性场所时，该营业场所也可以构成一个固定营业场所，从而构成常设机构。[①] 根据客观期限标准，用于企业营业活动的营业场所只要在客观上存续一个确定的时间期限，那么该营业场所就构成税收协定意义上的固定营业场所。当前各国对外签订的税收协定对固定营业场所作一般性定义时，不仅制定了一个主观性的持久标准，同时又对某些特定的营业活动的营业场所规定了一个明确的时间期限，作为该营业场所符合固定营业场所的标准。这类营业场所主要包括上述的建筑工地，建筑、安装或装配工程以及与此有关的监督活动的营业场所，提供劳务和咨询劳务的营业场所，以及自然资源的勘探开发活动和与此有关的活动的营业场所。[②]

（3）企业通过该营业场所开展营业活动。

为了使一个营业场所构成常设机构，使用该营业场所的企业必须通过该场所进行其全部或部分的营业活动。然而，并非所有用来开展营业活动的固定营业场所都可构成常设机构，《OECD 范本》第 5 条第 4 款规定，以下营业场所不构成常设机构：①专为储存、陈列或交付本企业货物或商品的目的而使用的设施；②专为储存、陈列或交付的目的而保存本企业货物或商品的库存；③专为通过另一企业加工的目的而保存本企业货物或商品的库存；④专为本企业采购货物或商品或者收集情报的目的而设有的固定营业场所；⑤专为本企业进行任何其他活动的目的而设有的固定营业场所；⑥专为该款第 1 至 5 项所规定的各项活动的结合而设有的固定营业场所。同时规定，只有当上述活动属于准备或

① 参见《OECD 范本》第 5 条注释第 34 段。

② 廖益新．国际税法学［M］．北京：高等教育出版社，2008.

辅助性质，才能被认为不构成常设机构。值得注意的是，《联合国范本》虽然作出了与以上内容相似的规定，但将“专为交付本企业的货物或商品的目的而使用设施，以及专为交付的目的而保存本企业商品或货物的库存”从常设机构删除。

从两大范本列举的常设机构可以看出，如果企业通过固定营业场所进行的只是准备性或辅助性的活动，虽然这种活动对企业的生产具有贡献，但所提供的服务离利润的实现较远，以致难以将任何利润归属到这样的营业场所。因此，从事这些活动的固定营业场所不能视为常设机构。这里的关键问题是要判断企业通过固定营业场所进行的活动是不是准备性或辅助性的。在实践中，由于企业活动的多样性，企业通过固定营业场所进行的营业活动是不是准备性或辅助性的，需要结合不同企业的具体情形来判断。其中，决定性的标准是固定营业场所的活动本身是否构成企业整体活动的基本的和重要的部分。例如，如果一个企业所设的固定营业场所从事活动的目的与整个企业的目的相同，那么该场所的活动不能认为是准备性或辅助性的活动。如果企业设立的某个固定营业场所的职责是管理一个企业，甚至是一个企业或财团的一部分，那么，不论其活动的范围是否被限制在某一地区，该管理活动都不能认为是准备性或辅助性的活动。又如，企业专为向客户交付其销售的机器的零配件，并维修保养其销售机器所设的固定营业场所，应视为常设机构，因为这一活动超出了纯粹的交付货物的范围，这种售后活动是企业为客户服务的基本且重要的方面，不是单纯的辅助性活动，该营业场所构成企业的常设机构。[①]

关于开展营业活动的时间，《OECD 范本》注释规定，企业从开始通过其固定营业场所进行营业活动起即构成常设机构，为使该场所成为永久性经营场所而在该场所进行的准备活动应包括在内，但若企业筹建固定营业场所的活动与营业场所日后从事的永久性活动有本质区别，那么企业建立该固定营业场所本身的时间不应包括在内。随着固定营业场所的转让，或者通过该场所进行的所有活动的停止，当所有与常设机构过去的活动有关的行为和措施终止时，常设机构停止存在。然而，如果业务活动只是暂时中断，则不能视为营业的终止，常设机构继续存在。如果企业将其固定营业场所出租给另一企业，则该固定营业场所通常只为另一企业而非出租方的活动服务，一般认为，此时出租方

---

① 参见《OECD 范本》第 5 条注释第 71 段、第 63 段。

的常设机构即告终止，除非其继续通过该固定营业场所进行自身的营业活动。[①]

2. 建筑工程型和劳务型常设机构。

《OECD 范本》第 5 条第 3 款规定，建筑工地或建筑、安装工程，如果持续存在 12 个月以上，构成常设机构。《联合国范本》第 5 条第 3 款规定，建筑工地或建筑、安装工程，以及与此相关的监督活动，如果持续存在 6 个月以上，构成常设机构；提供服务，如果在任何 12 个月中连续或累计 183 天以上，也构成常设机构。

3. 代理型常设机构。

代理型常设机构反映的是企业通过代理人而不是固定营业场所从事营业活动，即使企业在一国没有固定营业场所，也可能因为代理人的存在而被认定为存在常设机构。

（1）非独立代理人。

根据《OECD 范本》的规定，缔约国一方企业通过非独立代理人在缔约国另一方进行活动时，如同时满足以下条件，则该企业在缔约国另一方构成常设机构：①非独立代理人经常订立合同，或对于按惯例订立的合同，经常在合同订立过程中发挥主要作用，该企业不对合同进行实质性修改；②该合同以该企业的名义订立，或涉及该企业拥有或有权使用的财产的所有权的转让、使用权的授予，或规定由该企业提供服务；③该人通过固定营业场所进行的活动不属于第 5 条第 4 款所述情形。[②] 根据《OECD 范本》注释的解释，并非任何代表企业从事活动的人都可被认定为常设机构，只有那些由于其活动性质使其所代理的企业在一定程度上参与了所在国家的经济活动的代理人，才应视为构成常设机构。《OECD 范本》规定，代理人只有经常以该企业的名义订立合同，或对于按惯例订立的合同，经常在合同订立过程中发挥主要作用，该企业不对合同进行实质性修改，才能认定为该企业的常设机构。因为在这种情况下，代理人有足够的权力约束所代理的企业参与所在国家的商业活动。有学者将此种情形下的代理人称为缔约代理人。需要指出的是，缔约代理人只有经常行使缔约代理权时才能构成常设机构，如果只是偶尔或个别情况下订立合同或通过其活动直接导致合同订立，则不能认定为常设机构。

---

① 参见《OECD 范本》第 5 条注释第 44 段。

② 参见《OECD 范本》第 5 条第 5 款。

《联合国范本》除规定缔约代理人构成常设机构外，还规定非独立代理人在以下两种情况下也构成常设机构：①经常在缔约国另一方保存货物或商品的库存，并且代表企业经常从该库存中交付货物或商品（即交付货物代理人）；②当企业是保险企业时，除再保险外，在缔约国另一方收取保险费或为存在于该国的风险提供保险（即保险代理人）。[①]

（2）独立代理人。

对于独立代理人，两大范本均规定，如果独立代理人代理企业进行的活动，属于该代理人的常规经营活动，那么该独立代理人不能被认定为被代理企业的常设机构。代理人是否独立于所代表的企业，取决于其对该企业承担义务的程度，如果这个人在企业的具体指导和全面控制下为企业进行商务活动，则不应视其为独立于该企业。另一个重要判断标准是，企业经营风险是由该代理人还是其所代表的企业承担。独立代理人从事与代理业务无关的活动，不能被视为是在从事代理人的常规经营活动。两大范本同时规定，如果一人专门或者几乎专门代表一家或多家与其"紧密关联"的企业从事活动，则不应认为该人是上述任何一家企业在本款意义上的独立代理人。《OECD 范本》第 5 条第 8 款和《联合国范本》第 5 条第 9 款规定，如果基于所有事实和情况，认定某人与某企业中的一方控制另一方，或双方被相同的人控制，则应认为上述两方紧密关联。但是，如果一方直接或间接拥有另一方超过 50% 的受益权（在涉及公司的情况下，超过 50% 的合计表决权和超过 50% 股份价值或受益权价值），或第三方直接或间接拥有上述两方超过 50% 的受益权，则应认为上述两方紧密关联。

4. 常设机构的利润归属问题。

在定量方面，缔约国一方的企业在缔约国另一方设有常设机构的情况下，该企业在缔约国另一方取得的营业利润，包括通过常设机构产生的利润以及未通过常设机构而是以其他方法产生的利润。作为来源国的缔约国另一方可以对哪些部分的营业利润征税？对此，《OECD 范本》采取"实际联系"标准，规定常设机构所在国可以征税的利润范围仅仅限于非居民企业通过常设机构产生的那部分利润，该非居民企业通过常设机构以外的其他途径取得的利润，常设

---

① 参见《联合国范本》第 5 条第 5 款、第 6 款。

机构所在国不能对之征税。[①] 而《联合国范本》则采取“限制性引力原则”，规定来源国不仅可对归属于常设机构的利润征税，而且当该非居民企业在来源国销售与通过常设机构销售的货物或商品相同或类似的货物或商品时，或者开展与通过常设机构从事的经营活动相同或类似的其他经营活动时，来源国还可以对该销售活动或者其他经营活动产生的利润征税。[②] 不难发现，按照《联合国范本》的限制性引力原则，来源国有权征税的利润范围要比按照《OECD 范本》规定的“实际联系”标准确定的征税范围广得多。

对于《联合国范本》确定的引力原则，《OECD 范本》虽然没有采纳，但在其范本注释中对此原则作了较为详尽的描述。它将引力原则区分为限制性引力原则和一般性引力原则，限制性引力原则仅适用于来源于与常设机构营业活动相类似的营业活动所产生的营业利润，它在一定程度上是基于反避税的需要。而根据一般性引力原则，收入来源国对来源于其境内的营业利润、股息、利息和特许权使用费等各项所得，只要所得的受益人在其境内设有常设机构，即使这些所得很明显不能归属于该常设机构，该来源国也完全可以对这些所得征税。一般性的引力原则在国际税收缔约实践中已经被否定了。OECD 认为，在对一个外国企业取得的来源于特定国家的利润征税问题上，该来源国的税务机关应注意区分外国企业从本国获取的利润的不同来源，应对每一项所得适用常设机构的检测标准，除非可能适用协定的其他条款。这种处理方法使税收征管与税法遵从更为简便和有效率，更适应商业经营的通常方式。现代经营组织形式是非常复杂的，有相当多的公司在同时从事各种不同的营业活动，每个公司可在许多国家进行广泛的商业活动。一个公司可以在另一国设立常设机构以进行产品的生产制造，同时该公司又可能通过独立代理人在另一国境内销售不同的产品。该公司完全有充分的商业理由这么做，例如，这可能是基于公司传统的经营模式或者是基于商业便利。如果常设机构所在国将通过独立代理人从事每笔交易中的利润因素都并入该常设机构的利润范围，将严重干扰正常的商业活动，与协定的宗旨亦是相违背的。[③]

可归属于常设机构的利润是指对该常设机构从事的全部活动产生的盈亏进行核算的结果，包括常设机构与独立企业的交易和与关联企业的交易，以及常

---

① 参见《OECD 范本》第 7 条第 1 款。
② 参见《联合国范本》第 7 条第 1 款。
③ 参见《OECD 范本》第 7 条注释第 12 段。

设机构与其所属企业的其他部分之间的内部交易。在确定常设机构利润归属的问题上，两大范本均坚持“独立交易原则”，即可归属于该常设机构的利润，是指假如该常设机构是一个在相同或类似情况下从事相同或类似活动的分设独立企业时可以预期获取的利润。OECD 在 2010 年修订其范本时，对此又补充规定：在运用“独立交易原则”时，采用虚拟独立分设企业假设，必须考虑企业通过该常设机构和企业的其他部分所履行的职能、使用的资产和承担的风险。①

（二）对跨国个人劳务所得和其他个人所得征税

个人劳务所得包括独立的个人劳务所得和非独立的个人劳务所得。前者主要指自由职业者所从事的专业性劳务活动或其他独立性质的活动而取得的收入，如从事独立的科学、文学、艺术、教育和教学活动，以及从事医师、律师、工程师、建筑师、牙医师和会计师等独立的活动而取得的所得；后者一般是指个人由于受雇而取得的薪金、工资和其他类似的报酬。

1. 跨国独立个人劳务所得征税权冲突协调的一般规则。

对跨国独立个人劳务所得征税权的冲突协调问题，相关规定不尽一致。在 2000 年之前，《联合国范本》和《OECD 范本》对此都有专门的“第 14 条”加以规定，均采用了“固定基地原则”（Principle of Fixed Base），只是二者在居民国和来源国的税收利益分配问题上的规定有所不同。2000 年，《OECD 范本》删除了第 14 条，根据该范本注释的解释，第 14 条的删除反映了在第 7 条使用的常设机构概念和第 14 条使用的固定基地概念之间，或者适用第 7 条或第 14 条计算利润和税收之间已经没有原先所预想的区别了。因此，第 14 条的删除表明常设机构的概念可以适用于先前构成固定基地的情况。

与《OECD 范本》不同，《联合国范本》仍然在第 14 条将对非居民纳税人的跨国独立个人劳务所得的征税单独作为一条来加以规定，而且仍然实行“固定基地原则”。该范本第 14 条规定，对于非居民独立个人劳务所得，应仅由居民国征税，但如有下述两种情形之一的，可由来源国征税：①在来源国经常设有固定基地，并且其所得是归属于该固定基地的；②在有关纳税年度开始或结束的 12 个月内，在来源国停留连续或累计等于或超过 183 天，并且其所得是在该期间取得的。不过，两大范本均未对“固定基地”规定明确的定义，《OECD

① 参见《OECD 范本》第 7 条第 2 款。

范本》只是在2000年以前的注释中规定固定基地应包括诸如医师的诊所、建筑师或律师事务所这样的从事独立劳务活动的固定场所或设施。

2. 跨国非独立个人劳务征税权冲突协调的一般规则。

根据各国税收协定以及两大范本的相关规定，缔约国一方的居民由于受雇而取得的薪金、工资和其他类似的报酬，除了受雇于缔约国另一方的以外，应仅在该缔约国征税。由于受雇于缔约国另一方而取得的报酬，可以在缔约国另一方征税。但同时具备下述三项要件的，应由其居民国征税：①在有关纳税年度开始或结束的12个月内，收款人在缔约国另一方的停留期间累计不超过183天；②该项报酬是由雇主自付或其代理人代付，而雇主并非缔约国另一方居民；③该项报酬不由雇主设在另一国的常设机构或固定基地所负担。①

3. 对特定人员的跨国劳务所得的征税规则。

对于非居民独立个人劳务所得与非独立个人劳务所得的征税原则并不适用于一些特殊性质的所得，这些特殊性质的所得主要包括董事费以及艺术家和运动员所得等。根据两大范本的第16条，缔约国一方居民作为缔约国另一方居民公司的董事会成员取得的董事费和其他类似款项，可以在该缔约国另一方征税。本条涉及缔约国一方居民作为缔约国另一方居民公司的董事会成员取得的报酬，由于有时难以判断董事的劳务活动在何地履行，因此，将公司的居民国作为该项劳务的履行地。根据范本注释，“其他类似性质的款项”包括个人以公司董事会成员的身份获得的其他实物利益（如股票期权、住宅或汽车的使用权、健康或人寿保险以及俱乐部会员资格等）。实践中，公司董事会成员往往还兼任公司的其他职务，如作为一般雇员、顾问、参事等，第16条不适用于该人兼任董事以外的职务取得的报酬。根据两大范本的第17条，缔约国一方居民，作为演艺人员，如戏剧、电影、广播或电视艺术家、音乐家，或作为运动员，在缔约国另一方从事其个人活动取得的所得，可以在该缔约国另一方征税。演艺人员或运动员从事其个人活动取得的所得，并非归属于演艺人员或运动员本人，而是归属于其他人，该所得可以在该演艺人员或运动员从事其活动的缔约国征税。该条规定表明，对作为缔约国一方居民的演艺人员和运动员，可以在其从事个人活动所在地的缔约国另一方纳税，而不论这些活动是营业性质还是受雇性质。这样规定的结果，一方面有利于来源国行使征税权，防止纳

---

① 参见《联合国范本》和《OECD范本》第15条。

税人逃避税收；另一方面也能防止国际双重不征税的产生。

4. 对退休金所得的征税规则。

对于退休金所得，原则上由居民国享有独占征税权。缔约国一方的一般居民来自缔约国另一方的退休金，由居民国行使居民管辖权。但是，对政府职员的退休金有两条具体规定：一是如果缔约国一方政府从其建立的社会保险基金中支付的退休金，应仅在支付者所在国征税；二是如果该职员是缔约国另一方的国民或居民，则应由缔约国另一方征税。

5. 对于学生和实习人员的所得征税规则。

对于学生和实习人员的所得，两个范本都有规定。如果这类人员是缔约国一方的居民，或曾经是缔约国一方的居民，其在缔约国另一方学习、培训期间从该缔约国另一方以外取得的为维持生活、接受教育的所得，可在该缔约国另一方全部免税。

（三）对跨国投资所得征税

跨国投资所得通常是指纳税人从事消极投资活动所取得的股息、利息（不含罚息）和特许权使用费等收入。来源地国对非居民的投资所得进行征税，首先必须确定上述投资所得的来源地是否在本国境内。由于各国在认定投资所得的来源地上所采取的标准不尽相同，如在股息来源地的确认上，有的国家以分配股息公司的实际管理或控制中心地为标准，有的国家则以分配股息公司的注册登记地为股息来源地，这必然使得各国在税收管辖权的行使上发生冲突，导致国际双重征税的产生。为了避免国际双重征税，各国有必要通过缔结双边税收协定，对各项投资所得的征税范围加以协调和确定。

从国际税收协定实践看，对于各项投资所得，国际上一般认为，不论是来源国还是居民国，均有权对股息、利息和特许权使用费等投资所得行使征税权，但来源国享有优先征税权。世界各国对非居民纳税人的投资所得，一般采用预提方式征税，即支付人在向非居民支付股息、利息、特许权使用费等款项时，有义务从中扣缴非居民纳税人应缴纳的所得税款。上述税收，在国际上通常称为预提税，这是所得税的一种源泉控制征收的方式。预提税税率一般低于企业所得税税率，它往往根据收入全额计征，不扣除费用，具有估定预征的特点。那些适用“实际联系”原则的国家规定，如果非居民纳税人来源于其境内的投资所得与该非居民在其境内设立的常设机构有实际联系时，应归属于常设机构的所得中征税，而不适用预提方式征税。

（四）对跨国财产收益征税

所谓财产收益，一般是指财产所有权发生转移而取得的所得。而跨国财产收益则是一国居民纳税人取得的来源于非居民国境内的财产转让所得。各国对于跨国财产收益的征税，一般以实际发生地或者是与常设机构或固定基地有关为准。

根据两大范本的规定，缔约国一方居民从转让位于缔约国另一方的不动产所取得的所得，可由缔约国另一方征税，即由财产的所在国征税。缔约国一方的企业在缔约国另一方设有常设机构，或者缔约国一方居民在缔约国另一方设有从事独立个人劳务活动的固定基地，由于转让构成常设机构营业财产部分的动产或附属于固定基地的动产而取得的所得，包括由于转让整个常设机构（单独或随同整个企业转让）或固定基地取得的所得，可以在缔约国另一方征税。但是，转让在国际运输中运用的船舶、飞机和转让从事内河运输的船只，或转让与上述船舶、飞机或船只有关系的动产而取得的所得，应仅在该企业居民国征税。缔约国一方居民转让股份取得收益，如果该股份50%以上的价值直接或间接来自位于缔约国另一方的不动产，则该收益可在该缔约国另一方征税。《联合国范本》还规定，缔约国一方居民转让其在缔约国另一方居民公司的股份取得的收益，如该居民直接或间接拥有该公司至少一定比例的股份（具体比例由各国在协定谈判时确定），则转让收益可以在该缔约国另一方征税。两大范本均规定，如果是转让前述财产以外的任何财产取得的收益，则应仅在转让者为其居民的缔约国征税。①

三、国际税收协定中的避免双重征税方法

（一）避免双重征税方法条款

当税收协定条款赋予了来源国或坐落国全部或有限的征税权时，缔约国之间需要协商确定对行使居民管辖权的居民国应该采取有效的措施，最终消除双重征税，这就是税收协定第23A条和第23B条的目的。《OECD范本》建议缔约国各方在免税法和抵免法中选择其一适用。

1. 免税法（Method of Tax Exemption），也称豁免法，是指居民国政府对本国居民来源于境外的所得或财产免予征税。免税法实质上是居民国对收入

① 参见《联合国范本》及《OECD范本》第13条。

来源国行使属地税收管辖权的那部分所得放弃居民税收管辖权，承认来源地税收管辖权的独占权，从而避免两种税收管辖权的重叠交叉，防止双重征税的发生。

2. 抵免法（Method of Tax Credit），是指居民国政府按本国居民纳税人在世界范围内的所得汇总计算其应纳税款，但允许其将就境外所得已向来源国缴纳的税款在本国税法规定的限度内从本国的应纳税额中抵免。居民国运用抵免法对本国居民纳税人的跨国所得进行征税时，既承认了来源国税收管辖权的优先地位，又行使了居民税收管辖权，从而免除了国际双重征税，因此抵免法是各国税务主管当局消除和解决国际双重征税的一种最主要的方法。

（二）税收饶让条款

两大协定范本都没有列入税收饶让条款。但是许多发达国家与发展中国家签订的税收协定中都列有税收饶让条款。目前，我国签订的很大一部分税收协定也列有税收饶让条款。

税收饶让的主要目的是在运用抵免法消除国际双重征税的条件下，保证资本输入国为吸收外国投资所提供的各种税收优惠政策与措施得到真正落实。由于税收减免优惠主要是发展中国家在吸收外资的过程中较多采用的一种措施，所以，税收饶让经常成为两个国家特别是发展中国家与发达国家在谈判缔结双边税收协定中的一个焦点问题。

税收饶让制度是税收抵免的延伸和扩展，其作用已经超出了避免重复征税的范围。与一般的税收抵免不同，税收饶让抵免具有以下特点。第一，税收饶让抵免是缔约国之间妥协的产物，必须通过双边或多边安排方能实现。第二，税收饶让抵免制度一般反映在各国所缔结的双边或多边税收协定中。第三，税收饶让抵免的目的并不在于避免和消除法律性或经济性国际双重征税，而是为了使来源国利用外资的税收优惠政策与措施真正收到实际效果。没有居民国政府提供税收饶让抵免措施作为屏障，来源国对跨国投资者的税收减免优惠，就会被居民国政府在计算抵免限额时所抵消，来源国的税收优惠政策和措施就无法发挥其真正效用。第四，税收饶让抵免是在抵免法基础上发展起来的一种特殊的抵免制度，饶让抵免与一般的抵免法的根本区别在于：前者是将居民国政府对其居民纳税人在来源国所得到减免的那部分税收，视同已经缴纳；而后者则是对已经在来源国实际缴纳的所得税款予以免除。

纵观国际税收饶让抵免实践，处于居民国地位的发达国家都出于自身国内税收政策考虑，对国际税收饶让抵免的适用范围作出了限定。大致有以下三种情况：一是对股息、利息和特许权使用费等预提税的减免税予以税收饶让抵免；二是对营业所得的减免税给予税收饶让抵免；三是对税收协定缔结以后，来源国政府依据国内税法规定新出台的税收优惠措施所作出的减免税，经缔约国双方一致同意，给予饶让抵免。上述三方面的税收饶让抵免，在有关国家所缔结的双边税收协定中，或限定其中一个方面，或兼而有之。①

在税收饶让抵免的幅度上，各国做法也不尽相同，主要有下述两种方式。一是居民国将来源国国内税法上规定的适用税率与双边税收协定中适用的限制税率之间的征税差额视为已征税额，按照国内税法规定予以饶让抵免。二是居民国一方不考虑本国居民纳税人在缔约国对方实际获得多少减免税优惠，均按照双边税收协定中确定的固定免税率给予税收饶让。在这种饶让抵免方式下，纳税人有关所得是否得到了饶让抵免以及受益于饶让抵免的程度，取决于税收协定中对各类所得规定的固定抵免税率的高低。协定中的固定抵免税率就是确定税收饶让的界限和标准，而不管纳税人的所得在缔约国对方实际缴纳税额多少。这种方法可以避免居民国与来源国因各自的税收制度不同而导致饶让抵免计算上的复杂性。

四、其他条款

国际税收协定中还有一些特别规定，例如非歧视条款、税收情报交换条款、相互协商程序条款、税款征收协助条款、对外交使团和领事馆成员的税收待遇条款等。

（一）非歧视条款（税收无差别待遇条款）

实行税收无差别待遇原则是国际税收的一项重要原则，因此双边税收协定一般会规定非歧视条款。《联合国范本》与《OECD 范本》都在第 24 条明确规定了税收的无差别待遇原则条款，以保证缔约国一方的人在缔约国另一方应负担的纳税义务，不与缔约国另一方的人在相同或类似的情况下所受到的纳税待遇不同或比其负担更重。税收无差别待遇原则在双边税收协定条款规定中具体表现为：国籍无差别条款、常设机构无差别条款、扣除无差别条款和外资企业税收待遇无差别条款等。

① 刘剑文．国际税法学（第二版）［M］．北京：北京大学出版社，2004.

（二）相互协商程序条款（MAP）

目前各国签订的双边税收协定中的相互协商程序大多是以《OECD 范本》和《联合国范本》中的相互协商程序条款为基础的，两大范本所规定的相互协商程序基本一致。两大范本规定，当一个人认为缔约国一方或双方的措施，导致或将导致对其不符合协定规定的征税时，可以不考虑国内法律所规定的救济办法，将案情提交缔约国任何一方主管当局［《联合国范本》对此规定为，将案情提交人为居民的缔约国一方主管当局，或者如果其案情属于第 24 条（非歧视条款）第 1 款，可以提交其本人为国民的缔约国主管当局］。该项案情必须在不符合协定规定的征税措施第一次通知起 3 年内提出。如果前述主管当局认为所提意见合理，又不能单方面解决时，应与缔约国另一方主管当局协商解决。对于协定解释和实施过程中的困难和疑义，缔约国双方主管当局也应设法协商解决。

2013 年 9 月 24 日，《国家税务总局关于发布〈税收协定相互协商程序实施办法〉的公告》（国家税务总局公告 2013 年第 56 号）明确，如果中国居民（国民）认为，缔约对方所采取的措施，已经或将会导致不符合税收协定所规定的征税行为，可以按该办法的规定向省税务机关提出申请，请求税务总局与缔约对方主管当局通过相互协商程序解决有关问题。

（三）情报交换条款

税收情报交换在国际税收协定中占有重要地位，情报交换的内容主要有三方面：一是执行税收协定所需要的情报；二是与协定有关税种的国内法律；三是防止逃避税的情报。

第四节　我国谈签税收协定概况

一、我国的税收协定网络

如表 4－1 至表 4－3 所示，截至 2023 年底，中国税收协定网络已覆盖 114 个国家和地区，通过约定划分管辖权、避免双重征税方法、交换涉税信息等条款，旨在避免跨境财产和所得发生双重征税，以及防止逃避税等。

表 4-1　　　　中国与其他国家签订的避免双重征税协定

序号	国家或地区	签署日期	生效日期	执行日期
1	日本	1983. 9. 6	1984. 6. 26	1985. 1. 1
2	美国	1984. 4. 30	1986. 11. 21	1987. 1. 1
3	法国	1984. 5. 30	1985. 2. 21	1986. 1. 1
		2013. 11. 26	2014. 12. 28	2015. 1. 1
4	英国	1984. 7. 26	1984. 12. 23	1985. 1. 1
		2011. 6. 27	2013. 12. 13	中（China）：2014. 1. 1 英（UK）：所得税和财产收益税（Income Tax and Capital Gains Tax）：2014. 4. 6； 公司税（Corporation Tax）：2014. 4. 1
5	比利时	1985. 4. 18	1987. 9. 11	1988. 1. 1
		2009. 10. 7	2013. 12. 29	2014. 1. 1
6	德国①	1985. 6. 10	1986. 5. 14	1985. 1. 1/7. 1
		2014. 3. 28	2016. 4. 6	2017. 1. 1
7	马来西亚	1985. 11. 23	1986. 9. 14	1987. 1. 1
8	挪威	1986. 2. 25	1986. 12. 21	1987. 1. 1
		2023. 5. 12	（尚未生效）	
9	丹麦	1986. 3. 26	1986. 10. 22	1987. 1. 1
		2012. 6. 16	2012. 12. 27	2013. 1. 1
10	新加坡	1986. 4. 18	1986. 12. 11	1987. 1. 1
		2007. 7. 11	2007. 9. 18	2008. 1. 1
11	加拿大	1986. 5. 12	1986. 12. 29	1987. 1. 1
12	芬兰	1986. 5. 12	1987. 12. 18	1988. 1. 1
		2010. 5. 25	2010. 11. 25	2011. 1. 1
13	瑞典	1986. 5. 16	1987. 1. 3	1987. 1. 1
14	新西兰	1986. 9. 16	1986. 12. 17	1987. 1. 1
		2019. 4. 1	2019. 12. 27	2020. 1. 1
15	泰国	1986. 10. 27	1986. 12. 29	1987. 1. 1
16	意大利	1986. 10. 31	1989. 11. 14	1990. 1. 1
		2019. 3. 23	（尚未生效）	
17	荷兰	1987. 5. 13	1988. 3. 5	1989. 1. 1
		2013. 5. 31	2014. 8. 31	2015. 1. 1
18	捷克斯洛伐克（适用于斯洛伐克）②	1987. 6. 11	1987. 12. 23	1988. 1. 1

续表

序号	国家或地区	签署日期	生效日期	执行日期
19	波兰	1988. 6. 7	1989. 1. 7	1990. 1. 1
20	澳大利亚	1988. 11. 17	1990. 12. 28	1991. 1. 1
21	南斯拉夫（适用于波斯尼亚和黑塞哥维那）③	1988. 12. 2	1989. 12. 16	1990. 1. 1
22	保加利亚	1989. 11. 6	1990. 5. 25	1991. 1. 1
23	巴基斯坦	1989. 11. 15	1989. 12. 27	1989. 1. 1/7. 1
24	科威特	1989. 12. 25	1990. 7. 20	1989. 1. 1
25	瑞士	1990. 7. 6	1991. 9. 27	1990. 1. 1
		2013. 9. 25	2014. 11. 15	2015. 1. 1
26	塞浦路斯	1990. 10. 25	1991. 10. 5	1992. 1. 1
27	西班牙	1990. 11. 22	1992. 5. 20	1993. 1. 1
		2018. 11. 28	2021. 5. 2	非源泉扣缴税收 2022. 1. 1；其他税收 2021. 5. 2
28	罗马尼亚	1991. 1. 16	1992. 3. 5	1993. 1. 1
		2016. 7. 4	2017. 6. 17	2018. 1. 1
29	奥地利	1991. 4. 10	1992. 11. 1	1993. 1. 1
30	巴西	1991. 8. 5	1993. 1. 6	1994. 1. 1
31	蒙古国	1991. 8. 26	1992. 6. 23	1993. 1. 1
32	匈牙利	1992. 6. 17	1994. 12. 31	1995. 1. 1
33	马耳他	1993. 2. 2	1994. 3. 20	1995. 1. 1
		2010. 10. 18	2011. 8. 25	2012. 1. 1
34	阿联酋	1993. 7. 1	1994. 7. 14	1995. 1. 1
35	卢森堡	1994. 3. 12	1995. 7. 28	1996. 1. 1
36	韩国	1994. 3. 28	1994. 9. 27	1995. 1. 1
37	俄罗斯	1994. 5. 27	1997. 4. 10	1998. 1. 1
		2014. 10. 13	2016. 4. 9	2017. 1. 1
38	巴布亚新几内亚	1994. 7. 14	1995. 8. 16	1996. 1. 1
39	印度	1994. 7. 18	1994. 11. 19	1995. 1. 1
40	毛里求斯	1994. 8. 1	1995. 5. 4	1996. 1. 1
41	克罗地亚	1995. 1. 9	2001. 5. 18	2002. 1. 1
42	白俄罗斯	1995. 1. 17	1996. 10. 3	1997. 1. 1
43	斯洛文尼亚	1995. 2. 13	1995. 12. 27	1996. 1. 1

续表

序号	国家或地区	签署日期	生效日期	执行日期
44	以色列	1995. 4. 8	1995. 12. 22	1996. 1. 1
45	越南	1995. 5. 17	1996. 10. 18	1997. 1. 1
46	土耳其	1995. 5. 23	1997. 1. 20	1998. 1. 1
47	乌克兰	1995. 12. 4	1996. 10. 18	中（China）：1997. 1. 1 乌（Ukraine）：股息、利息、特许权使用费及个人所得税（Dividend, Interest, Royalties and Individual Income Tax）：1996. 12. 17； 企业所得税（corporate IncomeTax）：1997. 1. 1
48	亚美尼亚	1996. 5. 5	1996. 11. 28	1997. 1. 1
49	牙买加	1996. 6. 3	1997. 3. 15	1998. 1. 1
50	冰岛	1996. 6. 3	1997. 2. 5	1998. 1. 1
51	立陶宛	1996. 6. 3	1996. 10. 18	1997. 1. 1
52	拉脱维亚	1996. 6. 7	1997. 1. 27	1998. 1. 1
53	乌兹别克斯坦	1996. 7. 3	1996. 7. 3	1997. 1. 1
54	孟加拉国	1996. 9. 12	1997. 4. 10	中（China）1998. 1. 1 孟（Bangladesh）1998. 7. 1
55	塞尔维亚④	1997. 3. 21	1998. 1. 1	1998. 1. 1
56	黑山④	1997. 3. 21	1998. 1. 1	1998. 1. 1
57	苏丹	1997. 5. 30	1999. 2. 9	2000. 1. 1
58	马其顿	1997. 6. 9	1997. 11. 29	1998. 1. 1
59	埃及	1997. 8. 13	1999. 3. 24	2000. 1. 1
60	葡萄牙	1998. 4. 21	2000. 6. 7	2001. 1. 1
61	爱沙尼亚	1998. 5. 12	1999. 1. 8	2000. 1. 1
62	老挝	1999. 1. 25	1999. 6. 22	2000. 1. 1
63	塞舌尔	1999. 8. 26	1999. 12. 17	2000. 1. 1
64	菲律宾	1999. 11. 18	2001. 3. 23	2002. 1. 1
65	爱尔兰	2000. 4. 19	2000. 12. 29	中（China）2001. 1. 1 爱（Ireland）2001. 4. 6
66	南非	2000. 4. 25	2001. 1. 7	2002. 1. 1
67	巴巴多斯	2000. 5. 15	2000. 10. 27	2001. 1. 1
68	摩尔多瓦	2000. 6. 7	2001. 5. 26	2002. 1. 1
69	卡塔尔	2001. 4. 2	2008. 10. 21	2009. 1. 1

续表

序号	国家或地区	签署日期	生效日期	执行日期
70	古巴	2001. 4. 13	2003. 10. 17	2004. 1. 1
71	委内瑞拉	2001. 4. 17	2004. 12. 23	2005. 1. 1
72	尼泊尔	2001. 5. 14	2010. 12. 31	2011. 1. 1
73	哈萨克斯坦	2001. 9. 12	2003. 7. 27	2004. 1. 1
74	印度尼西亚	2001. 11. 7	2003. 8. 25	2004. 1. 1
75	阿曼	2002. 3. 25	2002. 7. 20	2003. 1. 1
76	尼日利亚	2002. 4. 15	2009. 3. 21	2010. 1. 1
77	突尼斯	2002. 4. 16	2003. 9. 23	2004. 1. 1
78	伊朗	2002. 4. 20	2003. 8. 14	2004. 1. 1
79	巴林	2002. 5. 16	2002. 8. 8	2003. 1. 1
80	希腊	2002. 6. 3	2005. 11. 1	2006. 1. 1
81	吉尔吉斯斯坦	2002. 6. 24	2003. 3. 29	2004. 1. 1
82	摩洛哥	2002. 8. 27	2006. 8. 16	2007. 1. 1
83	斯里兰卡	2003. 8. 11	2005. 5. 22	2006. 1. 1
84	特立尼达和多巴哥	2003. 9. 18	2005. 5. 22	针对不同所得项目分别于 2005. 6. 1 和 2006. 1. 1 起执行
85	阿尔巴尼亚	2004. 9. 13	2005. 7. 28	2006. 1. 1
86	文莱	2004. 9. 21	2006. 12. 29	2007. 1. 1
87	阿塞拜疆	2005. 3. 17	2005. 8. 17	2006. 1. 1
88	格鲁吉亚	2005. 6. 22	2005. 11. 10	2006. 1. 1
89	墨西哥	2005. 9. 12	2006. 3. 1	2007. 1. 1
90	沙特阿拉伯	2006. 1. 23	2006. 9. 1	2007. 1. 1
91	阿尔及利亚	2006. 11. 6	2007. 7. 27	2008. 1. 1
92	塔吉克斯坦	2008. 8. 27	2009. 3. 28	2010. 1. 1
93	埃塞俄比亚	2009. 5. 14	2012. 12. 25	2013. 1. 1
94	土库曼斯坦	2009. 12. 13	2010. 5. 30	2011. 1. 1
95	捷克	2009. 8. 28	2011. 5. 4	2012. 1. 1
96	赞比亚	2010. 7. 26	2011. 6. 30	2012. 1. 1
97	叙利亚	2010. 10. 31	2011. 9. 1	2012. 1. 1
98	乌干达	2012. 1. 11	（尚未生效）	
99	博茨瓦纳	2012. 4. 11	2018. 9. 19	中（China）2019. 1. 1 博（Botswana）源泉扣缴税种， 2018. 10. 19；其他税种，2019. 7. 1

续表

序号	国家或地区	签署日期	生效日期	执行日期
100	厄瓜多尔	2013. 1. 21	2014. 3. 6	2015. 1. 1
101	智利	2015. 5. 25	2016. 8. 8	2017. 1. 1
102	津巴布韦	2015. 12. 1	2016. 9. 29	2017. 1. 1
103	柬埔寨	2016. 10. 13	2018. 1. 26	2019. 1. 1
104	肯尼亚	2017. 9. 21	（尚未生效）	
105	加蓬	2018. 9. 1	（尚未生效）	
106	刚果（布）	2018. 9. 5	2022. 7. 6	2023. 1. 1
107	安哥拉	2018. 10. 9	2022. 6. 11	2023. 1. 1
108	阿根廷	2018. 12. 2	（尚未生效）	
109	卢旺达	2021. 12. 7	2022. 6. 25	2023. 1. 1
110	塞内加尔	2023. 10. 17	（尚未生效）	
111	喀麦隆	2023. 10. 17	（尚未生效）	

注：①中国政府于1985年6月10日、1987年6月8日先后与德意志联邦共和国、德意志民主共和国政府签订避免对所得和财产双重征税协定、避免对所得双重征税和防止偷漏税协定。1990年10月3日，德意志联邦共和国与德意志民主共和国统一为德意志联邦共和国，中国政府1985年6月10日与德意志联邦共和国政府签订的避免对所得和财产双重征税协定继续适用于中国和统一以后的德意志联邦共和国。

②中国政府于1987年6月11日与捷克斯洛伐克社会主义共和国政府签订避免对所得双重征税和防止偷漏税协定。1990年，捷克斯洛伐克社会主义共和国先后改国名为捷克斯洛伐克联邦共和国、捷克和斯洛伐克联邦共和国，上述协定继续适用。1993年1月1日，捷克和斯洛伐克联邦共和国分解为捷克共和国和斯洛伐克共和国，上述协定继续适用于中国和上述两国。2009年8月28日，中国政府与捷克共和国政府签订避免对所得双重征税和防止偷漏税协定，该协定适用于捷克共和国。

③中国政府于1988年12月2日与南斯拉夫社会主义联邦共和国议会联邦执行委员会（南斯拉夫政府）签订避免对所得和财产双重征税协定，后来南斯拉夫解体，据外交部告，该协定由解体后的各国继承，后来中国政府陆续与解体后的各国政府签订避免对所得和财产双重征税协定，仅有波斯尼亚和黑塞哥维那政府未单独签订，上述协定继续适用于中国和波斯尼亚和黑塞哥维那。

④中国政府于1997年3月21日与南斯拉夫联盟共和国联盟政府（南斯拉夫联盟政府）签订避免对所得和财产双重征税协定。2003年2月4日，南斯拉夫联盟共和国改国名为塞尔维亚和黑山共和国，上述协定继续适用。2006年6月3日，塞尔维亚和黑山共和国分解为塞尔维亚共和国和黑山共和国，上述协定继续适用于中国和上述两国。

表4－2　内地与香港、澳门特别行政区签订的避免双重征税安排

序号	地区	签署日期	生效日期	执行日期
1	香港特别行政区	2006. 8. 21	2006. 12. 8	内地：2007. 1. 1 香港：2007. 4. 1
2	澳门特别行政区	2003. 12. 27	2003. 12. 30	2004. 1. 1

表4－3　大陆与台湾签订的避免双重征税协议

序号	地区	签署日期	生效日期	执行日期
1	台湾	2015. 8. 25	（尚未生效）	

为了与外国税务主管当局交换情报信息，我国除了在与 112 个国家和地区的双边税收协定（协议或安排）中规定了情报交换条款之外，还与巴哈马、英属维尔京群岛、马恩岛、根西岛、泽西岛、百慕大群岛、阿根廷、开曼群岛、圣马力诺和列支敦士登等 10 个国家或地区签订了《关于税收情报交换的协定》，用于满足双边税收情报交换的目的。这些税收情报交换协定都依据了 OECD 在 2002 年颁布的《税收情报交换协定范本》。相比税收协定中的情报交换条款，税收情报交换协定对情报交换的内容和程序都规定得更为细致。比如规定了缔约方请求我国交换情报的具体形式、缔约方应对从我国获得的情报保密、缔约方与我国如何分摊情报采集费用等。并且，除了规定专项情报交换之外，税收情报交换协定还规定了境外税务检查程序，是我国或缔约国税务机关进入对方领土会见当事人和进行税务检查的依据。

近年来，在参与 BEPS 项目以及落实全球税改的过程中，我国在税收征管互助和提高税收透明度、防止逃避税等方面积极开展多边合作，取得了显著成果，截至 2023 年底，缔结了以下三份多边公约。

1. 《多边税收征管互助公约》，由 OECD 和欧盟委员会在 1987 年起草，最初只供欧盟成员国和 OECD 成员国签署。OECD 和欧盟委员会在 2010 年对该公约进行了修订，并将其开放给全球所有主权国家签署，作为成员国在税收征管方面进行多边合作的依据。我国在 2013 年 8 月签署了该公约，并且在 2015 年通过了全国人大常委会的批准[①]，自 2017 年 1 月 1 日起执行。

全国人大常委会在 2015 年 7 月批准该公约时作出了一些保留，例如税收情报交换将仅限于我国在公约中所列明的税种[②]、我国将不提供税款追缴和文书送达方面的协助。公约对我国生效后，已作出保留的这些内容将不对我国有约束力。相比税收协定中的情报交换条款和税收情报交换协定，我国在该公约中所承诺的情报交换范围更广、交换方式也更多样。例如，我国交换的税种除了企业所得税和个人所得税之外，还列明了包括营业税、增值税、资源税、消费税等；相关纳税人的范围不限于我国的居民或国民，情报交换模式除了专项情报交换还包括自动情报交换、自发情报交换、境外税务检查和同

① 全国人大常委会关于批准《多边税收征管互助公约》的决定［EB/OL］.（2015 - 07 - 02）［2024 - 01 - 29］. http：//www. npc. gov. cn/npc/xinwen/2015 - 07/02/content_1940459. htm.

② 我国在互助公约中列明可交换情报的税种为企业所得税、个人所得税、城镇土地使用税、房产税、土地增值税、增值税、营业税、消费税、烟叶税、车辆购置税、车船税、资源税、城市维护建设税、耕地占用税、印花税和契税。参见《全国人大常委会关于批准〈多边税收征管互助公约〉的决定》第五条。

期税务检查等。[①]

2.《金融账户涉税信息自动交换多边主管当局间协议》是两个国家（地区）之间相互交换金融账户涉税信息的多边法律工具。我国于2015年12月签署该协议，承诺将按照金融账户涉税信息自动交换标准，自2018年9月起对外进行信息交换，包括非居民账户持有人名称、纳税人识别号、地址、账号、余额，以及利息、股息及出售金融资产的收入等。

3.《实施税收协定相关措施以防止税基侵蚀和利润转移的多边公约》是一项多边法律工具，其目的是将BEPS项目一揽子成果在应对混合错配、防止协定滥用和人为规避常设机构地位，以及改进税收争议解决机制等方面提出的与税收协定有关的改革建议措施一次性纳入该公约，并通过对全球各国开放加入该公约的方式，实现对各成员方的双边税收协定网络进行一致的、迅速的修改，以此能让各国协调一致地落实与税收条约有关的BEPS行动计划成果。[②]2017年6月7日，中国与其他66个国家和地区成为《实施税收协定相关措施以防止税基侵蚀和利润转移的多边公约》的首批签署方。2022年5月25日，经国务院批准，我国向公约保存人OECD秘书长交存了公约核准书。根据相关规定，公约于2022年9月1日对我国生效。

二、我国双边税收协定的谈签历程和特点

我国的税收协定工作是伴随着国家改革开放的历史进程而逐步发展的。在过去40年中，我国双边税收协定经历了从起步摸索，到持续发展，再到成熟稳定的发展历程。[③]

（一）起步摸索阶段

20世纪80年代初至90年代中期，我国陆续同一些国家启动了双边税收协定谈判，谈签国家主要是日本、美国和欧洲等发达国家，目的是将这些发达国家的资金、技术和人才“引进来”，服务我国的改革开放战略。签订政府间避免双重征税协定，是一项新的政策性和原则性都很强的专业工作，也是一项很复杂、很费时间的工作。我国税务机关在谈签协定方面没有任何先例可循，所

---

① 参见《全国人大常委会关于批准〈多边税收征管互助公约〉的决定》第一条和《多边税收征管互助公约》第1条第3款、第4条、第5条、第6条、第7条和第8条。

② 廖益新．多边法律工具与双边税收协定［J］．国际税收，2017（6）：6.

③ 中国国际税收研究会．中国国际税收40年：与改革开放同行［M］．北京：中国税务出版社，2018.

以只能边学习边谈判，摸索前进。

（二）持续发展阶段

20 世纪 90 年代初至 21 世纪初，我国协定谈签工作提速，谈签对象也延伸到发展中国家。这一阶段恰逢苏联解体及东欧剧变，我国与苏联及南斯拉夫等签订的税收协定是否适用新成立的国家，具有不确定性，涉及重签税收协定或沿用原有协定的问题。同时，我国国内也确立了市场经济地位，改革开放步伐进一步加大，与一些欠发达国家和发展中国家经济交往加深，也需要谈签税收协定为两国经济贸易往来服务。

（三）成熟稳定阶段

近年来，我国的双边协定谈签工作进入了稳定发展期，主要是积极配合我国的“走出去”战略，在共建“一带一路”、国际产能合作以及我国在东南亚、非洲、拉丁美洲和中东欧的区域合作战略等领域进一步加大了税收协定谈签力度。一方面，对早期的协定进行修订，更好地适应和推动投资贸易；另一方面，配合“走出去”战略，继续扩大税收协定网络，并且适应我国从资本输入到资本输出的形势变化，对我国企业主要投资目的地或经贸往来前景较好的国家和地区，主动表达税收协定谈签意向，为我国居民进行跨境投资创造确定、有利的税收法律环境。

第五节　我国税收协定执行概况

一、持续完善协定条款实体性解释

为了方便纳税人更准确理解并享受税收协定待遇，税务总局先后出台多个文件，对税收协定的实体性内容进行解释。

2010 年之前，税务总局曾发布了 50 余份税收协定解释或执行性文件，并多次以个案批复形式解答各地税收协定执行中遇到的问题，夯实了税收协定执行的基础。但是，大多数文件是对个别条款或某一具体问题的解释，不够系统和规范。

2010 年，税务总局在总结国内多年税收协定执行经验的基础上，参考《OECD 范本》和《联合国范本》注释，制发了《国家税务总局关于印发

〈《中华人民共和国政府和新加坡共和国政府关于对所得避免双重征税和防止偷漏税的协定》及议定书条文解释〉的通知》（国税发〔2010〕75 号），对中新税收协定作了全面详尽的解释，并规定“我国对外所签协定有关条款规定与中新协定条款规定内容一致的，中新协定条文解释规定同样适用于其他协定相同条款的解释及执行”。该文件全面阐释了税收协定各条款的内涵及各条款之间的关系，同时兼顾国内法的有关规定，对协定的执行既有宏观指导作用，也有微观释义功能，能较好地满足税收协定执行工作的需要，也是目前我国税收协定执行中最全面、最重要的解释性文件。

除了对税收协定进行全面系统的解释外，税务总局还陆续下发若干对税收协定重要条款的解释性文件，以解决相关条款执行中遇到的难点问题。如《国家税务总局关于税收协定执行若干问题的公告》（国家税务总局公告 2018 年第 11 号）对税收协定中常设机构、海运和空运、演艺人员和运动员条款，以及合伙企业适用税收协定等有关事项予以明确。再如，《国家税务总局关于税收协定中财产收益条款有关问题的公告》（国家税务总局公告 2012 年第 59 号）、《国家税务总局关于进一步完善税收协定中教师和研究人员条款执行有关规定的公告》（国家税务总局公告 2016 年第 91 号）分别对相应条款进行了解释，等等。

对税收协定全面系统的解释和对重要条款专门深入的解释共同构成了较为完善的实体性解释体系，在我国税收协定执行中发挥着重要的基础性支持作用。

二、不断优化享受协定待遇程序

为方便非居民纳税人享受协定待遇，更好规范协定执行工作，税务总局在调查、了解和总结税收协定执行经验的基础上，立足国内税收征管实际并借鉴国际有益做法，不断优化非居民享受协定待遇的程序。

自 20 世纪 80 年代起，财政部税务总局（后国家税务局，现国家税务总局）先后发布了一些程序性文件，一定程度上指导、规范了税收协定执行工作，但总体上仍处于零散和不系统的状态。2009 年，税务总局制发《非居民享受税收协定待遇管理办法（试行）》（国税发〔2009〕124 号印发），全面建立了以审批为主的非居民享受协定待遇程序。

2015 年，为贯彻落实国务院关于取消行政许可审批事项的决定，推进税务部门简政放权、放管结合、优化服务，改进非居民纳税人享受协定待遇管理，税务总局制发《非居民纳税人享受税收协定待遇管理办法》（国家税务总局公告2015年第60号发布），取消了非居民享受协定待遇的行政审批，规定非居民纳税人在申报时可自行享受协定待遇，同时按要求向税务机关报送资料，并接受税务机关的后续管理，简化了非居民纳税人享受协定待遇的办税流程。

2019年，为进一步减轻纳税人负担、提高非居民纳税人享受协定待遇的便捷性，充分发挥税收协定服务“引进来”的作用，推动形成全面开放新格局，税务总局发布新的《非居民纳税人享受协定待遇管理办法》（国家税务总局公告2019年第35号发布），将非居民纳税人享受协定待遇资料由申报时报送改为留存备查，即允许非居民纳税人享受协定待遇采取“自行判断、申报享受、相关资料留存备查”的办理方式。非居民纳税人自行判断符合享受协定待遇条件的，可在纳税申报或通过扣缴义务人在扣缴申报时，自行享受协定待遇，不用再报送税收居民身份证明在内的资料，只需按照规定归集和留存相关资料备查，同时大幅简化应填报表，极大提高了非居民纳税人享受协定待遇的便捷性，最大限度为纳税人和扣缴义务人提供便利。税务机关按照相关规定对非居民纳税人享受协定待遇开展后续管理，防范协定滥用和逃避税风险。

三、积极探索防范税收协定滥用

为采取有效措施防范协定滥用，税务总局除了在协定中纳入反协定滥用条款以外，还发布了规范性或解释性文件来明确相关要求，以防范协定滥用。

一方面，是将《OECD范本》注释转化为国内解释性文件以防范协定滥用。针对持股比例超过25%或10%需享受股息条款低档税率的，税务总局借鉴《OECD范本》注释，制发《国家税务总局关于执行税收协定股息条款有关问题的通知》（国税函〔2009〕81号），要求持股比例满足25%或10%的时间应在12个月以上。针对建筑工程型常设机构，国税发〔2010〕75号文件规定，如果企业将承包工程作业的一部分转包给其他企业，分包商在建筑工地施工的时间应算作总包商在建筑工程上的施工时间。规范性文件的这一解释，可以防止纳税人通过拆分合同来规避构成常设机构。

另一方面，通过完善“受益所有人”规则来防范协定滥用。为了防范协定滥用，税收协定股息、利息和特许权使用费条款规定只有“受益所有人”是对方居民的情况下，才能适用税收协定规定优惠税率。

为了规范“受益所有人”概念的应用，加强税收协定执行，完善“受益所有人”规则，税务总局于2009年制发《关于如何理解和认定税收协定中“受益所有人”的通知》（国税函〔2009〕601号，以下简称601号文），明确了“受益所有人”是指对所得或所得据以产生的权利或财产具有所有权和支配权的人，并对如何判定“受益所有人”作出规定。2012年，税务总局制发《关于认定税收协定中“受益所有人”的公告》（国家税务总局公告2012年第30号，以下简称30号公告），对“受益所有人”身份的认定设置了安全港。

2018年，税务总局发布《关于税收协定中“受益所有人”有关问题的公告》（国家税务总局公告2018年第9号），延续了601号文和30号公告的部分规定，扩大了安全港的范围，同时对不符合“受益所有人”条件但是没有滥用协定目的和结果的安排，给予其可以享受税收协定待遇的机会，提高纳税人享受税收协定待遇的确定性，减少征纳双方成本，进一步优化营商环境。另外，借鉴了BEPS第6项行动计划（防止税收协定优惠的不当授予）成果，进一步明确“受益所有人”的条件和判定标准，修改“受益所有人”身份判定的不利因素，提高“受益所有人”判定标准的刚性，可更加有效地防范协定滥用风险。该公告也明确了“受益所有人”身份证明资料及适用一般反避税相关规定的情形。

四、逐步建立税收协定相互协商制度

相互协商程序，是指税收协定缔约方税务主管当局在税收协定相互协商条款框架内共同协调涉税事项和解决跨境涉税争议的机制。建立相互协商程序的目的是解决税收协定执行过程中出现的涉税争议，确保税收协定公正、准确地执行。

税收协定下相互协商可分为两类：一是转让定价类相互协商，主要包括双边或者多边预约定价安排的谈签、税收协定缔约一方实施特别纳税调整引起另一方相应调整的协商谈判；二是其他协定执行类相互协商，主要处理税收协定具体条款解释和适用的涉税争议，包括税收居民身份判定、常设机构判定、非歧视待遇等。

2005年7月，税务总局制发《中国居民（国民）申请启动税务相互协商程序暂行办法》（国税发〔2005〕115号印发），对申请启动相互协商程序的业务范围、申请形式、申请材料、后续执行等问题作出了规定。此阶段的转让定价类相互协商和其他协定执行类相互协商适用相同的程序。2009 年和 2017 年，税务总局先后制发《特别纳税调整实施办法（试行）》（国税发〔2009〕2 号印发，以下简称 2 号文）、《特别纳税调查调整及相互协商程序管理办法》（国家税务总局公告 2017 年第 6 号发布，以下简称 6 号公告），对转让定价类相互协商作出了更符合其业务特点的具体规定。2013 年，税务总局制发《税收协定相互协商程序实施办法》（国家税务总局公告 2013 年第 56 号发布，以下简称 56 号公告），对其他协定执行类相互协商的程序性问题进行了明确，对中国居民（国民）申请启动相互协商程序、缔约对方主管当局请求启动相互协商程序、我国主动向缔约对方请求启动相互协商程序、达成一致的协议执行及法律责任等问题进行了更为细致的规定。至此，我国形成了针对两类相互协商的较为完善的程序性框架制度。

本章思考题

1. 国际税收协定的目的和主要内容是什么？
2. 国际税收协定与缔约国国内税法的关系是什么？
3. 国际税收协定对于各类跨国所得如何协调缔约国双方的征税权冲突？
4. 饶让抵免与一般抵免的根本区别是什么？
5. 我国缔结和执行税收协定的发展历程是什么？具有哪些特点？

第五章　国际避税

【学习目标】本章主要介绍了国际避税、避税地和避税手段的相关概念。通过本章的学习，能够了解国际避税的基本概念及其产生的原因；熟悉国际避税地的识别标准和主要的国际避税地；了解转让定价、避免或转换税收居民身份、利用低税实体、利用大额费用支付、滥用税收协定等国际避税的主要手段以及我国跨国企业面临的避税问题。

第一节　国际避税及其产生原因

一、避税的含义

国际避税首先是一种避税行为，但很少有哪个国家在税法中对“避税”的概念作出解释。总的来说，避税（Tax Avoidance）是指纳税人在形式上不违反税法规定的前提下，通过实施不具有合理商业目的和经济实质的安排而获取税收利益的行为。无论在理论上还是在各国的税务实践中，避税往往需要和逃税（Tax Evasion）、税收筹划（Tax Planning）相区分。为了更清晰地解释避税的概念，有必要将其与逃税和税收筹划一并讨论。

（一）避税和逃税

避税和逃税最主要的区别是：逃税是对税法的直接违反，而避税是对税收立法意图的违背。逃税是用欺诈的手段逃避税负的行为，一旦被有关国家税务主管当局发现，根据税法中的有关规定，纳税人将受到罚款、监禁或更严厉的惩罚。避税则是利用税收制度中的差异降低税负的行为。为了应对避税现象，各国政府一般是采取转让定价调整等反避税措施，往往不对纳税人进行严厉的处罚。

与逃税相比，避税手段更为纳税人所倚重。因为逃税作为直接违反税法以减轻税负的一种手段，往往比避税有更大的风险。逃税活动一旦败露，纳税人要承担罚款、监禁等法律责任，这些损失往往会远大于逃税带来的利益，所以纳税人一般不轻易采用逃税手段。从事国际经济活动的企业和个人更倾向于研究各国税收制度上的差异以及税法上的漏洞，以避税的方式减少、免除或者延迟纳税。

避税与逃税虽有上述区别，但从对财政收入和经济的影响来看，两者造成的后果是相同的，都会减少财政收入和造成正常经济活动的扭曲。因此，避税与逃税都是各国政府及其税务当局加以防范和打击的对象。

（二）避税和税收筹划

避税和税收筹划都是纳税人采用不直接违反税法的手段减轻税负的行为。不过，避税特指纳税人为减轻或规避税负，有意识地进行与税收立法意图相悖的活动。而税收筹划一般不与税收立法意图相冲突。

避税与税收筹划经常很难区分。通常意义上，避税是指纳税人在熟知相关税收法律法规的基础上，在不直接违反税法的前提下，利用税法等有关法律法规的模糊或者疏漏之处，通过对筹资活动、经营活动、投资活动等涉税事项的安排，达到规避或者减轻税负的行为。避税行为的界定在很大程度上基于相关国家的税收法律法规。同一项涉税安排，很有可能在一国被视为避税而在另一国被视为正常的税收筹划。

OECD 在 1987 年发布的《国际逃税和避税：四项相关研究》① 报告中提及："避税行为有违税收公平原则，对国家财政带来了重大影响，而且对正常的国际竞争和资本流动有扭曲性影响，所以成为政府的顾虑。"报告还阐述："通过合理的税收筹划（在税收减免和优惠政策中选择与业务模式匹配的最有利方案）来避免或降低税负是可行的。显而易见，税收筹划不是政府意图打击的对象。将避税与税收筹划相混淆，是语义的扭曲，且误解了政府针对不可接受的税收规避行为而采取的策略。"

由此可见，税收筹划对政府来说是可以接受的，而避税则是不可接受的。

当然，在现行的法律体系下，界定"使用"（use）和"滥用"（abuse）是十分困难的。OECD 在这份报告中没有对"避税"做出精确定义，而是列出了"避税"通常具备的三个要素：①整个交易安排有较重的人工痕迹，业务和经

① OECD. International Tax Avoidance and Evasion：Four Related Studies［M］. Paris：OECD，1987.

济目标不是其首要目标；②避税安排可能比较隐蔽；③避税行为经常利用法律漏洞。

报告还提及，成功地降低税负并不能成为构成避税行为的充分或者必要条件。以降低税负为目的的避税行为在实务当中未必能够成功；相反，实际降低了税负的安排也可能不是避税行为。

总体来说，准确区分逃税、避税和税收筹划有着重要的意义，但在实践中又难以做到泾渭分明。其中划分避税和税收筹划尤为困难。判断一项经济行为是属于避税行为还是税收筹划，其答案往往是不确定的，不仅在不同国家，甚至同一国家内也可能得出不同答案。因此，需要结合诸多条件和事实进行综合的考量和判断。

二、国际避税及其主要类型

国际避税一般是指纳税人通过自身以及资金、货物、劳务和财产等在不同税收管辖区范围内的流动或非流动而进行的避税活动。国际避税虽可以减轻跨国纳税人的税收负担，却会影响相关国家的税收利益，扭曲国与国之间的税收分配关系。

在国际税收实践中，纳税人进行国际避税活动所采用的方法千差万别，但各种方法都离不开纳税人或课税对象跨越税境的流动，前者称为课税主体转移，后者称为课税客体转移。

（一）课税主体转移

课税主体转移是指跨国纳税人通过本身的国际迁移或为达到相似效果的其他安排来减轻税收负担的避税行为。广义的课税主体转移包括人的流动和人的非流动两个方面。

人的流动，指跨国纳税人通过自身在各国税境之间的迁移，避免或改变其居民身份，以规避无限纳税义务的行为。

我们已经知道，纳税人需要在自己的居民国承担无限纳税义务，即就自己在全球范围内的所得向居民国纳税，而在非居民国只需承担有限纳税义务，即就来源于该国的所得向该国纳税。当居民国属于高税国且以抵免法消除国际重复征税时，居民国的高税率就决定着纳税人全部所得所需承担较高的最终税负水平。相反，若居民国属于低税国，纳税人尽管可能有来自其他高税国的所得，但因对高税非居民国只需承担有限纳税义务，则只需就该部分所得按较高税率纳税，最终总体税负水平相对较低。

可见，纳税人通过从高税国向低税国迁移，改变自己的居民身份，可以有效地降低税负，达到避税目的。如果纳税人通过在国际不断迁移等手段，避免成为任何一国居民，或迁到一个只行使地域管辖权的国家，则可以完全摆脱无限纳税义务，其所需承担的纳税义务成为在所有收入来源国的有限纳税义务的总和。

人的非流动是指跨国纳税人并不离开原居民国，而通过其他方式改变其居民身份，规避其在高税国的无限纳税义务；或者使所得或财产形式上与本人分离，达到本人在居民国避免就这部分所得纳税的目的。

（二）课税客体转移

课税客体转移是指跨国纳税人通过各类所得以及与形成最终所得密切相关的要素，如资金、商品、劳务、费用等在国际的流动或为达到相似效果的其他安排来减轻税收负担的避税行为。广义的客体转移亦包括物的流动和物的非流动两方面。与课税主体转移相比，课税客体转移更为隐蔽，因而是跨国纳税人采取的主要避税方式。

物的流动，指跨国纳税人通过各类所得以及资金、商品、劳务、费用等相关要素在各国税境之间的流动，将课税对象从高税国向低税国转移，以减轻税收负担的避税行为。

物的流动的典型表现是将所得从高税国向低税国转移，具体有将所得转出高税居民国以及转出高税非居民国两种情况，分别规避居民国的无限义务和非居民国的有限义务。

在国际避税活动中，物的流动方法更为多见，这是因为人的流动过于明显，容易成为高税国政府反避税措施的主要打击对象。相比之下，资金、商品或劳务的流动更为隐蔽。但物的流动的具体手段也相对复杂得多。

物的非流动是指跨国纳税人并不借助于所得及资金、商品、劳务等相关要素在形式上跨越税境的流动，而是通过某种特殊安排来达到类似效果的避税行为。

三、国际避税产生的原因

（一）经济全球化、数字化与跨国企业经营策略的创新

经济全球化进程正将世界的各个角落联结起来，越来越多的企业寻求突破

本地市场，走向世界舞台。为提高盈利能力，跨国企业纷纷精心设计其组织架构和业务模式，试图通过将某些职能和风险在区域或全球范围内合理配置来优化企业运营，以达到其整体税负最低的目的。具体而言，跨国企业经营策略的创新体现在其海外经营实体形式的选择、融资方式的选择、集团成员实体的功能设置、主要功能履行方式的选择等诸多方面。

1. 海外经营实体形式的选择。

对于一家向海外销售货物的企业来说，可以在海外设立子公司，也可以不设立子公司。在不设立子公司的情况下，可以设立海外分公司，也可以派遣雇员、利用海外代理商。

2. 海外经营实体融资方式的选择。

对于已经在海外设立子公司的跨国企业来说，可以采用债权融资、股权融资等不同的融资方式，还可能采用某种混合金融工具。比如，一个国家把相关的金融工具认定为债权融资的金融工具，而另外一个国家将其认定为股权融资的金融工具，这就是典型的混合金融工具。

3. 企业集团成员实体的功能设置。

大型跨国公司往往会在全球各地设置很多子公司或者是分公司。跨国公司的业务活动，涉及许许多多的功能，比如制造、分销、采购、交付、特许、研发、仓储、管理、服务、咨询、持股、金融、保险等。这些功能可以由其中的不同的子公司分别承担，也可以由其中一个子公司来集中承担相近的功能，由此产生复杂多样的组织架构和业务模式。

【案例5-1】宜家集团成员实体的功能设置

宜家是一个著名的销售家具的企业集团，它的架构相当复杂（如图5-1所示）[①]，最终控制人坎普拉德家族在20世纪80年代将整个宜家改组为形式上相互独立的两个集团，分别由两家基金会控制，两个集团都包含了很多承担不同功能的公司。例如，分布在世界各地的连锁子公司履行的公司集团最基本功能，就是销售家具。这些连锁子公司是由英格卡控股有限公司控制的，所以英格卡控股有限公司的功能就是持有集团内其他公司的股权。集团当中还有另外一家非常重要的公司——英特宜家系统有限公司，它的功能是持有宜家集团的

① 资料来源：欧洲议会绿党和自由联盟党团于2016年2月14日发布的马克·奥尔巴赫（Marc Auerbach）撰写的针对宜家避税策略的报告（IKEA：Flat Pack Tax Avoidance），网址为 https：//www. greensefa. eu/legacy/fileadmin/dam/Documents/Studies/Taxation/Report_IKEA_tax_avoidance_Fe2016. pdf。

品牌，然后将品牌特许给宜家连锁子公司，再从宜家连锁子公司收取特许权使用费。英特宜家系统有限公司为了获得宜家集团的品牌，向原先持有英特宜家品牌的英特罗格基金会贷款，而英特罗格基金会则通过它控制的英特罗格财务有限公司来收取利息，集团内这家财务有限公司的职能主要是收取利息。

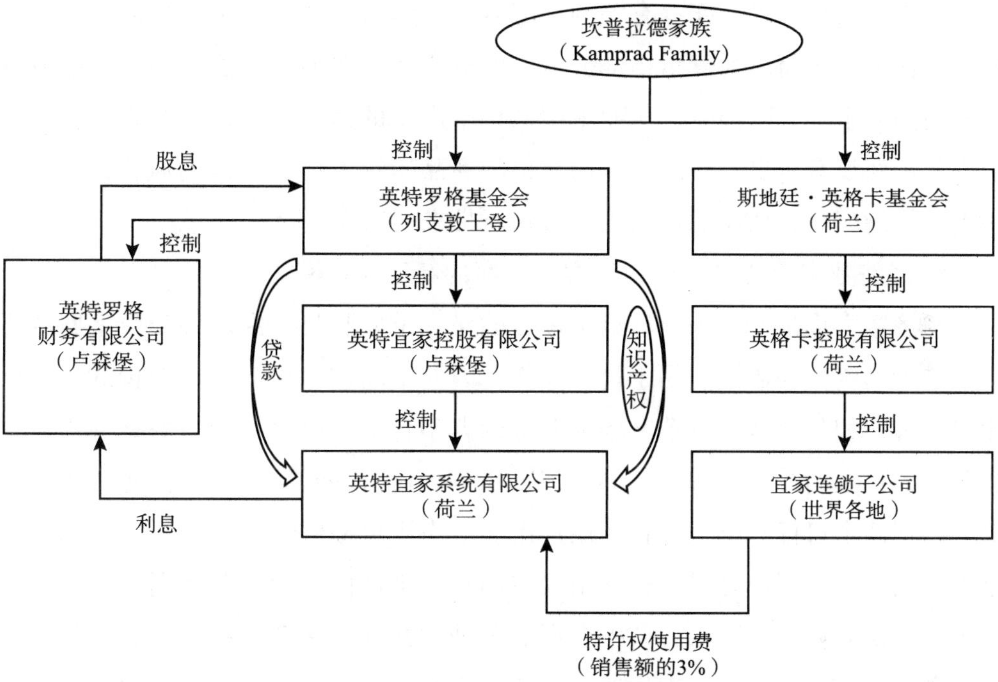

图 5－1　宜家集团成员实体的功能设置

4. 主要功能履行方式的选择。

除了将不同的功能在成员实体之间配置外，就履行某一主要功能的企业来说，跨国企业也可能将其经营活动中履行的细分功能以及承担的风险做进一步的优化安排。

例如，对于制造企业来说，传统制造模式是由一个企业独自完成原料采购、产品制造以及产成品销售，即由同一家企业履行与制造相关的所有功能、拥有所有必要的资产并且承担与制造相关的所有风险。但是，一个制造企业也可能和委托方签订合同，根据委托方的要求购买原材料和必要部件再进行生产，约定委托方购买所有的产成品，这时制造企业将与产成品存货管理和销售相关的风险转嫁给了委托方，就成为一家进料加工企业。如果原材料也由委托方提供，制造方只提供加工服务并收取加工费，则委托方承担除制造风险外的所有风险，制造企业成为来料加工企业。类似地，对于研发企业而言，也有自主研发、委托研发等不同模式。此外，企业还可以采用成本分摊协议开展知识产权研发。在这种模式下，几家参与企业签订成本分摊协议，共同承担研发活动的成本，并对开发、受让的知识产权享有受益权。

对于分销企业而言，传统的模式是分销商直接购进商品，拥有商品的所有权，承担与商品销售、库存有关的全部风险。然而分销商也可以将部分风险转移给委托方，从而成为仅承担部分风险的分销商。典型的做法包括：委托方补偿分销商产生的坏账损失，从而承担销售中产生的信用风险；委托方以成本价回购分销商没有售出的产品，从而承担因商品销售不佳而导致的风险；委托方负责货物的库存，从而承担因销售货物所带来的储存风险；等等。

5. 经济数字化背景下用户和客户分离的新型商业模式。

经济数字化是近年来全球经济领域的又一重要趋势，由于各类数字服务更多依赖无形资产和数据、易于远程操作，因而不断催生出新的商业模式，其中用户和客户相分离是不少数字服务业务的典型特征。以收集用户数据并提供广告服务的典型的社交软件平台（如 Facebook 和 Twitter 等）为例，此类业务模式有以下两个目标。第一，它在用户市场上为用户提供一个可以相互联系并共享内容的平台。用户可以通过网络或应用程序来访问平台，并且通常无须付费即可获得访问权限。第二，该平台通过多种方式在其平台上提供广告空间，基于平台收集到的用户的地理位置、兴趣、内容关键字等属性，使客户能更加精准地将其广告内容推送到用户面前。以上两个目标是互补的，高质量、高基数的用户社群是公司吸引广告客户的前提和基础。然而，虽然用户参与是企业整个经营活动的重要组成部分，但企业不直接向用户收费，从而使企业利润的实现模式发生重大改变。

总体而言，经济全球化背景下，跨国企业在经营策略和经营模式上的创新不胜枚举，这些创新措施都给国际避税带来更多可能性，同时避税目的对不少创新措施也起到了推波助澜的作用。

（二）各国税制差异的影响

国际避税产生的内在原因，是纳税人尽可能地减轻税负的主观愿望，跨国企业在全球范围内配置资源使得一些避税策略变得更为可行。然而，国际避税较之国内避税更为普遍，是由外部条件造成的，即各国税收法律制度之间存在的差异客观上为纳税人提供了更多的避税机会。各国税收法律制度上的差异，主要表现在以下几个方面。

1. 各国行使的税收管辖权及其行使范围和程度上的差异。

各国行使的税收管辖权有居民、公民和地域管辖权三种类型。但有的国家兼行两种或三种税收管辖权，有的国家仅行使单一的地域管辖权，并且同种税收管辖权在不同国家的具体实施范围和程度也有所不同。这样，纳税人就可以利用有关国家税收管辖权的规定，避免成为某国的居民（或公民），或避免被认定为有来源于（或存在于）某国的所得（或财产），以规避相应的无限纳税义务和有限纳税义务，最大限度地减轻税负。

2. 各国征税范围及税率上的差异。

虽然所得税已成为目前世界上大部分国家的主要税种，但仍有一些国家不征收所得税；在财产税方面，国家之间的差异更大，相当多的国家不征收一般财产税。同时，各国在所得税和财产税的课征范围、扣除项目和税率等方面的规定也不同。有的国家对资本利得课税，有的国家对资本利得免税；有的国家采用直线折旧法，有的国家采用加速折旧法；有的国家实行比例税率，有的国家实行累进税率；有的国家税率较高，有的国家税率较低。这些都会刺激纳税人及其资金在国际流动，以达到减轻税负的目的。

3. 各国税收优惠措施导致的税负差异。

实行涉外税收优惠原则的国家，一般对外国纳税人提供种种优惠条件，尤其是对投资所得提供优惠。这不仅在发展中国家，在发达国家也是比较常见的。随着税收饶让抵免方法的广泛采用，各国为吸引外国资金和技术，在税收优惠方面展开了更为激烈的竞争。这些税收优惠，使一些国家的实际税率大大低于名义税率，甚至在高税率国家也出现了避税机会。税收优惠相当于为从事国际经济活动的企业和个人提供“税收庇护”（Tax Shelter），纳税人利用有关国家的税收优惠，可以有效地减轻税负。

4. 国际税收协定大量存在导致的税负差异。

为避免所得国际重复征税，目前世界上存在着大量的国际税收协定。跨国企业为降低整个企业集团的税负，就会利用国际税收协定相关条款，尽可能规避高税负国的纳税义务。从现实情况来看，滥用国际税收协定已经成为跨国公司进行国际避税的重要方式之一，已引起世界各国税务主管当局的高度关注。

第二节　国际避税地

国际避税问题的产生虽然是基于上述原因，但避税活动迅速蔓延是与国际避税地的普遍存在密切相关的。

一、国际避税地的概念和基本特点

（一）国际避税地的概念和类型

国际避税地（Tax Havens），又称国际避税港，通常是指那些可以被人们借以进行所得税或财产税国际避税活动的国家或地区，它的存在是跨国纳税人得以进行国际避税活动的重要前提条件。

一般认为，国际避税地可以分为以下几种类型。

（1）不征收任何所得税的国家和地区。其中，有的国家和地区不仅不征收所得税，而且不征收任何财产税。这类避税地通常被人们称为“纯避税地”或“典型的避税地”，主要包括巴哈马、百慕大群岛、开曼群岛、瑙鲁、瓦努阿图、特克斯和凯科斯群岛、汤加等。

（2）征收所得税但税率较低的国家和地区。这类避税地包括瑞士、列支敦士登、海峡群岛、爱尔兰、英属维尔京群岛、所罗门群岛等。

（3）所得税课征仅实行地域管辖权的国家和地区。这类国家和地区虽然课征所得税（一般税率较低），但对纳税人的境外所得不征税，从而在一定条件下也为跨国公司的国际避税提供了方便。许多拉丁美洲国家过去属于这类避税地，如巴拿马、利比里亚、哥斯达黎加等。

（4）对国内一般公司征收正常的所得税，但对某些特定种类的公司提供特殊税收优惠的国家和地区。这类避税地包括卢森堡、库拉索岛、巴巴多斯等，也包括上述（2）中的瑞士、列支敦士登、英属维尔京群岛等。

（5）与其他国家签订大量税收协定的国家。根据国际税收协定，缔约国双方要分别向对方国家的居民提供一定的税收优惠，主要是预提所得方面的税收优惠，如荷兰等。

（二）国际避税地的基本特点

对以上所述的各类国际避税地进行分析可以发现，这些国家和地区一般都具有如下基本特点。

第一，提供各具特色的税收优惠待遇。靠优惠的税收制度吸引国际投资者。每一个国际避税地的税收制度都有其自己特有的吸引力，或是有利于外国基地公司的活动，或是有利于资本利得的获取和积累，或是有利于金融保险业的发展。

第二，具有稳定的政治环境。国际投资者对资本安全格外关注，对政治局势的反应非常敏感。政治上的动荡，必然会引起经济资源的转移。例如，黎巴嫩连年的内战使贝鲁特失去了作为中东资本避税地的地位；而瑞士凭借它的长期稳定与和平的政治环境和经济形势，吸引了大量的外国资本，加之实行低税政策，已成为典型的避税地。

第三，社会基础设施完善，地理位置优越。国际避税地一般都拥有良好的交通条件和便利的通信设施，且在地理位置上处于欧洲、大洋洲、东南亚、大西洋和加勒比海地区，靠近实行高税政策的经济发达国家，有利于国际投资者居住和对外联络，并在资本输出国和避税地之间往来，进行有关的交易活动。

第四，财政规模小，且有其他财源。多数国际避税地是很小的国家和地区，不需要庞大的国防力量和政府机构。因此这些国家和地区的财政规模很小，有的国家还有丰富的其他财政收入来源，如旅游业收入等，政府开支并不严重依赖税收收入。

第五，政府对经济很少干预，并提供一定的财产保护。国际避税地政府主要通过一些基本的法律制度来维持经济秩序，对经济很少进行行政干预。当局一般不要求进入避税地营业和居住的自然人和公司详细公开收入和其他财务资料，并实行严格的银行保密制度，一些避税地还制定了特别的法律，保障投资者资本和财产的安全。国际投资者在避税地具有经营上充分的自由和安全保证，这不仅对他们成功避税非常有利，还有助于达到规避外汇管制等其他目的。

以上特点也可以看作是国际避税地形成的基本条件，当然，跨国纳税人出于不同的避税目的，对避税地往往还有其他特殊的要求，例如是否与有关国家签订国际税收协定、当地劳动力的质量、生活费用的高低等。

二、不同国际组织与国家对国际避税地的识别

虽然避税地具有某些典型特征，例如不同程度地为纳税人提供免税或低税

待遇。但是由于避税地之间也有明显的差异，究竟哪些国家才能列入避税地，并无公认的严格认定。值得关注的是，OECD、欧盟等国际组织，以及法国等国家，出于抑制跨国企业利用避税地避税的目的，提出了不同的国际避税地识别标准。

（一）OECD 对国际避税地的识别

1. 识别标准。

OECD 在其 1998 年 4 月发布的《有害的税收竞争：一个全球性的问题》报告中，提出避税地具有以下四个关键特征：①对享受税收优惠政策没有对应的实质性经济活动要求；②实行零税率或名义税收的税制；③缺乏与其他税收管辖地的有效信息交换；④税收法规和优惠政策实施不具有透明度。

2. “黑名单”。

OECD 虽然最初从四个方面定义避税地，但在后续的抵制避税地的实践中，逐渐把着力点放在了推进税收情报交换上。相应地，根据各个国家及地区在推进税收情报交换方面的合作程度，提出了三个层次的国际避税地名单：一是“黑名单”，列入该名单的是不合作的抵制对象；二是“灰名单”，包括愿意在限期内修改其国内法和相关政策（如签订税收协定或信息交换协定，立法制定税收信息透明制度等）的国家或地区；三是“白名单”，为未列入上述名单的国家或地区。

以上三个层次的名单历经了多次调整。OECD 在 2000 年 6 月发布的《认定和消除有害税收行为的进程》报告中，将 35 个国家或地区列入避税地的“黑名单”。加上此前同意响应 OECD 的要求采取措施消除有害的税收竞争而未被列入“黑名单”的百慕大、开曼群岛、马耳他、塞浦路斯、毛里求斯和圣马力诺，事实上 OECD 第一批认定的避税地有 41 个。然而这份“黑名单”公布不久后便遭到了多方反对，争论的焦点在于该名单仅针对加勒比海的避税港而不包括 OECD 成员国，尽管 OECD 成员国中也包含一些知名的避税地，如瑞士、卢森堡等。种种压力之下，OECD“黑名单”计划开始摇摆。2009 年，“黑名单”国家缩减至 4 个，仅包括菲律宾、哥斯达黎加、马来西亚以及乌拉圭，而“灰名单”则包括了 38 个国家或地区；2010 年，“黑名单”被正式清空，“灰名单”也减少至 25 个国家或地区。

3. 全球税收透明度与信息交换论坛。

为应对非合作税收管辖区带来的税收合规风险，改善税收合作和税收透明度、推进税收情报交换，OECD 于 2000 年成立了全球税收透明度与信息交换论坛（以下简称全球论坛）。2009 年，G20 伦敦峰会提出改革和扩大全球论坛，建立有效审议机制，强化税收透明度和信息交换标准的实施。作为响应，OECD 于同年 9 月对全球论坛进行改组，旨在为各国实行高标准的税收透明度和信息交换提供广阔的平台和公平的竞争环境。同时，赋予全球论坛新的职能，即监督与促进各国对税收透明度标准的执行。

截至 2024 年 1 月，全球论坛已有 171 个成员，另有 23 个国际组织以观察员身份参与。论坛每年会对全球税收透明度工作进展情况进行总结报告，该报告也是 OECD 秘书长向 G20 财长和央行行长会议报告的重要组成部分。

全球论坛的主要任务包括：第一，建立全球公认的税收透明度和信息交换标准——基于请求的税收信息交换标准（EOIR）和信息自动交换标准（AE-OI)；第二，实行严格有效的同行审议机制以确保税收透明度和信息交换标准的执行；第三，打造公平税收竞争环境，公开各税收管辖区承诺实施透明度标准的情况和同行审议的结果，并公布全球税务透明不合规国家名单；第四，促进《多边税收征管互助公约》的签署和生效，搭建全球税收信息交换合作网络；第五，为发展中国家提供技术援助，使其有效参与税收合作并利用透明度标准打击逃避税。

此外，按照 G20 的新要求，全球论坛已经与金融行动特别工作组开展关于受益所有人信息方面的合作，并将其纳入同行审议。

（二）欧盟对国际避税地的识别

2016 年 11 月，为加强全球税收监管、打击避税天堂，欧盟根据税收透明度、税收公平和是否积极落实 BEPS 行动计划等方面的标准，对第三方税收管辖区（非欧盟成员国及地区）启动了对税收辖区是否列入避税地“黑名单”的筛查。

1. 识别标准。

（1）税收透明度方面。

第一，税收辖区应承诺实施 OECD 信息自动交换标准（AEOI)，并最迟于 2018 年开展第一次 AEOI 标准下的信息自动交换。

第二，税收辖区应至少达到 OECD 基于请求的税收信息交换标准（EOIR）“大体合规”评级。

第三，税收管辖区需批准通过 OECD《多边税收征管互助公约》，或者建立广泛的 EOIR 和 AEOI 税收情报交换网络。

第四，鉴于关于全球受益所有人信息交换的倡议，税收管辖区将来应满足第四个透明度标准，即受益所有人的透明度标准。

（2）税收公平方面。

第一，税收辖区内不应存在有害税收实践，不得与欧盟行为准则或 OECD 有害税收实践论坛原则相违背。第二，税收辖区不应为旨在吸引利润而不反映实际经济活动的离岸架构或安排提供便利。

（3）是否实施反税基侵蚀和利润转移。

税收辖区应承诺实施 BEPS 行动计划的最低标准。从 2019 年起，欧盟委员会将从国别报告开始对各税收辖区的实施情况进行监督。

需要说明的是，这几个标准并非一成不变，欧盟为标准的制定保留了一定的灵活性。

2. “黑名单”。

经过一年的酝酿，2017 年 12 月，欧盟首次发布了不合作税收辖区名单（简称“欧盟避税黑名单”），包含 17 个税收辖区，另有 47 个税收辖区被列入“灰名单”（观察名单），其中开曼群岛、英属维尔京群岛（BVI）、百慕大等由于被判定为鼓励没有经济实质的离岸架构而上榜，“灰名单”上的税收辖区如不在限期内改正则会被列入“黑名单”。

自欧盟第一次发布避税地“黑名单”以来，该名单进行了多次更新和修订。欧盟理事会规定，自 2020 年开始，该名单每年更新两次。截至 2024 年 2 月，欧盟最新发布的“黑名单”包含了 12 个税收辖区：美属萨摩亚、斐济、关岛、帕劳、巴拿马、萨摩亚、特立尼达和多巴哥、美属维尔京群岛、瓦努阿图、俄罗斯、安圭拉，以及安提瓜和巴布达。

（三）法国对国际避税地的识别

1. 识别标准。

法国于 2010 年 2 月 12 日建立了初步的非合作税收辖区名单，其识别标准包括以下四个方面：第一，不是欧盟成员国；第二，纳入 OECD 全球论坛的审查和监测范围；第三，在 2010 年 1 月 1 日前缔结的税收信息交换协议少于 12 项；第四，尚未与法国签署税收信息交换协议。

2. “黑名单”。

法国的非合作税收辖区名单每年由财政部更新，最后一次更新是在 2021 年

3 月 4 日，名单上包括以下国家和地区：美属萨摩亚、美属维尔京群岛、安奎拉、英属维尔京群岛、多米尼加、斐济、关岛、帕劳、巴拿马、萨摩亚、塞舌尔、特立尼达和多巴哥以及瓦努阿图。

三、跨国企业避税运作中常见的税收辖区

1. 新加坡。

新加坡按照属地原则征税，具体征税范围包括新加坡产生的收入、来源于新加坡的收入，以及在新加坡收到的来源于新加坡境外的收入。新加坡的公司所得税税率为 17%，且在较低的公司所得税税率基础上，还提供很多进一步的减免和税收优惠措施。例如，在新加坡新注册的公司前 3 年可享受一定的应税所得豁免，对小于 10 万新加坡元的应纳税所得，税率仅为 4.25%，对于超过 10 万新加坡元且小于等于 20 万新加坡元的部分，适用税率为 8.5%，超过 20 万新加坡元的部分，按照正常税率 17% 征收。

为鼓励外资进入，新加坡政府制定了一系列优惠计划，包括国际/区域总部计划、土地集约化免税额计划 、综合投资奖励计划、并购计划、先锋企业奖励计划、发展与扩展奖励计划、金融与资金管理中心税务优惠、飞机租赁计划、企业研究奖励计划、新技能资助计划、土地善用补贴等。[①]

为鼓励在当地注册的企业进行全球贸易，新加坡实行了“全球贸易商计划”，获准的贸易公司通过实际贸易取得的利润在 3 年或 5 年期间可享有 5% 或 10% 的税收优惠。

跨国公司地区总部获得国外汇回的股息、国外分行的盈利以及在国外赚取的服务收入，若符合规定的条件，可以免税。

此外，新加坡不征收资本利得税，免征财产税。

2. 毛里求斯。

毛里求斯实行属地加属人税制，主要税种包括企业所得税、个人所得税、增值税、消费税、关税、企业社会责任金和其他小税种。其中，企业所得税的基本税率为 15%。自 2017 年 7 月 1 日起，从事货物出口的企业适用 3% 的低税率。自 2020 年 7 月 1 日起，符合实质性要求的自由港运营商或私人自由港开发商，在本

---

① 驻新加坡经商参处．【新加坡利用外资政策专题介绍之二】外资优惠政策情况［EB/OL］．（2019－03－18）［2024－01－31］．http：//sg. mofcom. gov. cn/article/sxtz/201903/20190302843724. shtml.

地市场销售自产商品或提供服务的可按照3%的优惠税率缴纳企业所得税。

此外，符合条件的居民企业可申请取得全球营业执照（Global Business License，GBL），享受特定收入80%的企业所得税减免（即减按20%征收），可减免所得包括来源于境外的股息所得（但在来源国已作为税前扣除项目列支的除外）、银行以外的企业取得的来源于境外的利息所得、居民企业来自外国常设机构的利润、从事船舶或飞机租赁取得的所得等。

3. 爱尔兰。

爱尔兰是国际上知名的低税率国家，其公司所得税税率仅为12.5%，远远低于世界其他主要经济体，也低于2023年全球181个司法管辖区23.45%的平均法定企业所得税税率。

在2015年以前，爱尔兰是按照实际管理机构所在地原则确认居民纳税人身份，即只在爱尔兰注册而实际管理机构不在爱尔兰的企业，不属于爱尔兰居民纳税人，无须向爱尔兰缴税。爱尔兰与72个国家和地区签订了双边税收协定，这些协定有助于减轻爱尔兰企业在跨境经营活动中的预提税等税收负担。爱尔兰是欧盟成员国，根据欧盟的有关规定，爱尔兰对欧盟成员国企业在本国收取的特许权使用费等所得不征收企业所得税。

此外，相较于美国等其他国家，爱尔兰缺乏反避税措施，这也给国际避税制造了较大的空间和便利。

4. 开曼群岛。

开曼群岛是世界著名的离岸金融中心，在开曼群岛注册的公司数达8万多家。此外，岛上还拥有世界上超过3/4的对冲基金和1.9万亿美元的存款。

岛内税种少、税制简单，仅有进口税、工商登记税、旅游者税等几个简单的税种，没有所得税、资本利得税、财产税等。在开曼群岛注册的离岸公司不开展实质性业务，不用纳税，只需缴纳少量的年度管理费；而由于开曼不征收所得税，“过路性资本”无须承担额外税收负担，由此吸引了大量企业在此注册离岸公司。国内外很多知名跨国公司均在开曼注册公司或子公司。

5. 英属维尔京群岛。

英属维尔京群岛（BVI）的主要税种为关税、房地产税、印花税、社会保障税、工资税等，企业所得税税率为零，不征收资本利得税、遗产税、消费税、销售税、营业税或增值税，整体税负远低于国际一般税负水平。此外，英属维尔京群岛不征收预提税，但欧盟自然人居民在BVI取得的储蓄存款利息收入除外。由于在该地区投资多数会豁免征收利得税，故一般从事控股、金融、保险及海外基金的公司，都会选择将离岸公司注册于这类避税天堂。

上述避税地大部分是面积很小的国家或地区，本国的财政支出压力不大，因此曾长期对跨国企业提供低税甚至免税的十分优惠的税收待遇，在跨国企业的避税安排中被广泛利用。

总体而言，各类避税地在跨国企业的国际避税活动中发挥着关键性作用。然而，随着 OECD、G20、欧盟以及各高税国反避税措施的不断加强，传统避税地面临着越来越大的压力，为此纷纷对本国的相关法律进行调整，具体的调整方向有两个：一是加强与高税国的税收情报交换，二是引入经济实质法，这两个方面也正是旨在打击有害税收实践的 BEPS 第 5 项行动计划所强调的。为此，未来无论是跨国企业还是税务机关，都需要重新审视避税地在企业国际避税行为中的作用。

延伸阅读

英属维尔京群岛和开曼群岛的经济实质法

2018 年 11 月，OECD 发布 BEPS 第 5 项行动计划（打击有害税收实践）最新进展，要求不征税或仅名义征税的国家（以下简称低税国）引入“实质性活动要求”的规定，否则这些国家的税收制度可能被视为“有害税收实践”。作为对这一报告的回应，同时迫于欧盟的避税地“黑名单”的压力，2018 年底，英属维尔京群岛（BVI）、开曼群岛等税收辖区纷纷颁布新的经济实质法案，要求企业如果在该地从事相关活动，应当遵循与该活动相关的经济实质要求，否则将被处以罚款、强制注销，或者将信息直接交换给相关政府税务机关；有虚假申报或误导陈述的，将被处以罚款或由责任者承担刑事责任等。对于跨国企业来说，显然必须考虑经济实质法带来的重大变化。

1. 适用范围。

为了确定企业是否需要遵守经济实质法，需回答如下问题：①企业是否构成经济实质法规定范围内的“相关实体”？②如果是，那么是否开展“相关活动”？③如果开展相关活动，是否构成英属维尔京群岛或开曼群岛以外国家或地区的税收居民（且不在欧盟不合作税收管辖区名单之列）？在上述问题①和问题②为肯定答案且问题③为否定答案的情况下，则需要适用经济实质法。

2. “相关实体”的判定。

在英属维尔京群岛和开曼群岛，所有“相关实体”均须符合经济实质标准。

在英属维尔京群岛，“相关实体”包括所有公司及有限合伙企业（非居民公司和非居民有限合伙企业除外），也适用于所有外国公司和外国有限合伙企业。外国公司是指在英属维尔京群岛境外注册成立的、根据《商业公司法》（2004 年修订）第十一章注册为外国公司的公司，不包括非居民公司。

在开曼群岛，“相关实体”包括根据《公司法》（2018 年修订）、《有限责任公司法》（2017 年修订）或《有限责任合伙企业法》（2018 年修订）注册成立的公司、有限责任公司或有限责任合伙企业（国内公司除外）。不包括构成开曼群岛境外税收居民的投资基金或实体。

3. 相关活动和收入。

在英属维尔京群岛和开曼群岛，某些行业范围内的主营活动被视为相关活动，包括：①银行业务活动；②保险业务活动；③基金管理业务活动；④融资及租赁业务活动；⑤总部业务活动；⑥航运业务活动；⑦控股公司业务活动；⑧知识产权业务活动；⑨分销和服务中心业务活动。

核心营收活动对于相关实体的营业收入至关重要，所以相关实体必须在英属维尔京群岛或开曼群岛开展相关核心营收活动。英属维尔京群岛和开曼群岛的立法机关将进一步就上述九类相关活动确定核心营收活动。在某些情况下，允许企业外包核心营收活动。

4. 经济实质要求。

在英属维尔京群岛和开曼群岛，相关实体的相关活动满足下列条件则符合经济实质测试要求。

（1）核心营收活动在英属维尔京群岛或开曼群岛境内开展。

（2）相关活动在英属维尔京群岛或开曼群岛境内（以适当方式）接受指导和管理。

（3）根据在英属维尔京群岛或开曼群岛境内开展相关活动取得相关收入的水平。①在英属维尔京群岛或开曼群岛发生足够的支出；②在英属维尔京群岛或开曼群岛拥有充分的经营实质（包括拥有营业场所、不动产和设备）；③在英属维尔京群岛或开曼群岛拥有足够数量的全职员工或具有相应资格的其他人员。

部分相关实体需遵循较低或较高标准，以符合当地经济实质测试要求，其中包括：纯控股公司、（高风险）知识产权企业及投资基金。

此外，在开曼群岛，开展相关活动但无相关收入的相关实体不强制要求符合经济实质测试要求。但是，该类相关实体仍需根据经济实质法履行通知及申报义务（如提交零申报的纳税申报表）。截至2022年初，英属维尔京群岛未就无相关收入的相关实体应如何处理提供具体的指引。

5. 时间安排、处罚及后续行动。

英属维尔京群岛和开曼群岛的经济实质法规则自2019年1月1日起生效。2019年1月1日之前成立的公司有6个月过渡期来满足新规则要求；2019年1月1日后成立的公司，应在1年内满足经济实质要求。在英属维尔京群岛或开曼群岛开展相关活动的相关实体需在财年结束后12个月内提交正式申报表，报告其是否开展相关活动，以及与各项相关活动有关的收入在英属维尔京群岛或开曼群岛境外的缴税情况。

在英属维尔京群岛，如果公司或有限合伙企业不符合经济实质要求，经英属维尔京群岛国际税务司（ITA）确认后，将被处以最高20000美元的罚金（高风险知识产权实体将被处以最高50000美元的罚金）。如果公司未对违规行为进行补救，ITA须再次确认其是否违反规定，如是，罚金将涨至最高200000美元（高风险知识产权实体的罚金最高达400000美元），ITA须考虑将该公司上报至金融服务委员会，考虑是否将其除名。

在开曼群岛，相关实体如不符合要求，将被处以最低10000开曼元（约合12000美元）的民事罚款，如连续两年不符合要求，其注册信息将被通报至开曼群岛大法院。除非开曼主管机关因重大错报无法作出决定，否则追溯时效为6年。

第三节　国际避税的主要手段

一、利用转让定价

（一）转让定价的含义及具体手段

1. 转让定价含义。

转让定价（Transfer Pricing，TP），一般指跨国企业集团根据其全球经营战略目标，在集团内部各关联企业之间销售商品、提供劳务和无形资产、进行资金借贷等活动时确定的内部交易价格。与独立企业之间的交易价格不同，转让定价不取决于市场条件和供求关系，只服从于公司集团整体利益的需要。企业集团为了获取利润最大化，对关联企业间发生的商品购销、劳务提供、技术受让和资金借贷等通常制定内部交易价格。

所谓关联企业（Associated Enterprises），是指在国际和国内经济往来中，因在企业管理、控制或资本等方面存在直接或间接参与，相互有特殊利益关系的企业。例如，对两个企业来说，如果其中一个企业直接或间接参与另一个企业的管理、控制或资本，或者同一个企业直接或间接参与这两个企业的管理、控制或资本，则这两个企业为关联企业。

2. 转让定价的具体手段。

关联企业利用转让定价的手段很多，主要是通过调整影响各关联方的收入和费用的各种因素来进行利润的转移，主要有以下几种手段。

（1）通过在关联企业间的有形资产所有权或使用权转让交易中收取较高或较低的销售价格或租赁费影响企业利润。

（2）通过在关联企业间的金融资产转让交易中收取较高或较低的转让价格影响企业利润。

（3）通过在关联企业间的资金融通交易中收取较高或较低的利息影响企业利润。

（4）通过在关联企业间的无形资产使用权或者所有权转让交易中收取较高或较低的无形资产转让价格或特许权使用费影响企业利润。

（5）通过在关联企业之间的劳务交易中收取较高或较低的设计、维修、运输、广告、咨询等劳务费用影响企业利润。

总体而言，提高由子公司向母公司支付的项目的价格（包括零部件价格、购入固定资产价格、租金、金融资产或无形资产转让价格、利息、特许权使用费、劳务费等），降低母公司向子公司支付的项目的价格，将使利润转移出子公司；反之，则利润向子公司转移。

（二）转让定价的避税效果

非关联企业间的交易定价通常由市场决定。而关联企业之间的交易可能利用内部控制的优势，通过高价或低价的安排，将利润从所得税高的国家或地区转移到所得税低的国家或地区，因此转让定价是跨国企业常用的避税手段。以下结合实例来具体说明，跨国公司集团是如何利用转让定价的手段来转移利润，实现各种避税目标的。

1. 居民国税率较低时的转让定价避税。

当居民国税率低于非居民国税率时，纳税人在非居民国取得的所得将承担较高的税负，设立分支机构在境外从事经营活动和设立子公司在境外从事经营活动的跨国法人，都会将所得向居民国或其他低税非居民国转移，以规避在高税非居民国的有限纳税义务，减轻公司的总体税负。

【案例5-2】利用转让定价避税

甲国居民公司A公司在乙国设立了一家分公司B公司，甲、乙两国的公司所得税税率分别为30%、40%，甲国采用抵免法消除重复课税。A公司为B公司提供一批零部件，由B公司加工后出售，这批零部件的正常交易价格为100万元，A公司的成本为80万元，B公司的市场销售价格为140万元。

在不采取任何避税措施的情况下，A、B两公司取得利润和缴纳所得税的情况如下：

①A公司税前利润：100-80=20（万元）

②B公司税前利润：140-100=40（万元）

③B公司在乙国纳税：40×40%=16（万元）

④A公司在甲国纳税：(20+40)×30%-40×30%=6（万元）

⑤公司集团总税负：16+6=22（万元）

A公司为了避税，将这批零部件以130万元的价格出售给B公司，则A、B两公司取得利润和缴纳所得税的情况变为：

①A公司税前利润：130-80=50（万元）

②B公司税前利润：140-130=10（万元）

③B公司在乙国纳税：10×40%=4（万元）

④A公司在甲国纳税：(50+10)×30%-10×30%=15（万元）

⑤公司集团总税负：4+15=19（万元）

可见，在居民国（甲国）税率低于非居民国（乙国）税率的情况下，由于总公司A公司通过转让定价的方式将30万元的利润转移出子公司B公司，公司集团减轻了税负，具体数额为利润转出额和两国税率差的乘积，即：

$$22-19=30\times(40\%-30\%)=3\text{（万元）}$$

在本例中，如果B公司是A公司的子公司，A公司也可进行类似的转让定价避税安排。

2. 居民国税率较高时的转让定价避税。

当居民国税率高于非居民国税率时，情况相对较为复杂，需要分别进行讨论。

对于设立分支机构在境外从事经营活动的纳税人来说，若居民国采取抵免法消除国际重复课税，因为纳税人全球所得的税负均取决于居民国税率，一般来说，将所得转出居民国意义不大。但当居民国采用分国限额法实施外国税收抵免，纳税人在多个非居民国取得所得时，若其在非居民国缴纳的税收在现有的抵免限额内得不到充分抵免，通过将利润转移到境外，可扩大抵免限额，从而使纳税人得到减轻税负的利益。若居民国采取免税法消除国际重复课税，则纳税人将所得向低税非居民国转移，即可减轻其总体税负。

当跨国法人采取设立子公司的方式在境外从事经营活动时，由于子公司是独立的法人实体，并不受制于母公司居民国的居民管辖权，且世界各国一般对本国公司的境外子公司取得的所得只有当其以股息的形式汇回母公司时才予以课税，所以，通过将所得从母公司向子公司转移，若这部分利润保留在子公司而不汇回母公司，在不受到居民国受控外国企业（CFC）规则等反避税措施制约时，一般可以减轻公司集团的总体税负。

二、避免或转换税收居民身份

（一）自然人避免或转换税收居民身份的手段及影响

1. 纳税人通过移居避免成为高税国的税收居民。

在实行居民管辖权的国家，如果纳税人被认定为该国的居民，就要承担无限纳税义务，就其在全球范围内取得的所得要向该国缴纳所得税。当这个国家是高税国时，纳税人移居到避税地就可以使其总税收（来源国税收加上居民国税收）负担大大降低。

居民国对外签订的税收协定中的预提税条款优惠不足也是促使纳税人移居他国的一个原因。目前许多国家依据国内税法，对本国居民支付给非居民纳税人的股息、利息、特许权使用费等要课征很高的预提税，如果甲国的居民纳税人经常有来源于乙国的股息、利息等所得，而乙国给予甲国居民的预提税协定税率高于其给予丙国居民的协定税率，此时甲国的居民就可能考虑移居到丙国，成为丙国的税收居民，从而享受乙国给予丙国居民的更为优惠的预提税税率。

2. 假移居。

假移居，指的是自然人纳税人同时满足高税国和低税国的居民身份认定条件。例如，同时拥有住所，从而通过一定的安排被低税国认定为居民的一种避税形式。

一个自然人纳税人假移居到一个对资本利得不征税的国家，并在该国出售其资产，就可以避免原居民国对资本利得征收的税收。如果这两个国家都征税，但其中一国税负较低，则跨国纳税人通过从高税国假移居到低税国，并出售其资产，就可以减轻税收负担，同时保留在原高税居民国和低税国进行居民身份选择的权利。

3. 临时移居。

临时移居，是指个人利用税法中的居住时间门槛而避免被高税国认定为居民的避税手段。

例如，根据中国《个人所得税法》及其实施条例，对于在中国境内无住所的个人来说，其在中国缴纳个人所得税的义务除取决于其居民身份外，还取决于其在一个纳税年度内在中国境内居住是否累计超过 90 天以及在中国境内居住累计满 183 天的年度是否连续满 6 年，具体如表 5－1 所示。

表 5－1　无住所个人在中国的居住时间与其个人所得税纳税义务

居住时间	纳税人身份	境内所得		境外所得	
		境内支付	境外支付	境内支付	境外支付
<90 天	非居民	√	免税	×	×
90～183 天（不含）	非居民	√	√	×	×
183 天～6 年（含）	居民	√	√	√	经向主管税务机关备案免税
>6 年	居民	√	√	√	√

注：√表示需要缴纳个人所得税，×表示不需要缴纳个人所得税。

根据上述规定，自然人可以利用临时移居而避免成为居民纳税人，仅对来源于中国境内所得缴纳税款，或者避免超过 90 天或 6 年（无住所个人在中国境内居住累计满 183 天的任一年度中有一次离境超过 30 天的，其在中国境内居住累计满 183 天的年度的连续年限重新起算）的时间界限，从而尽可能减少在中国缴纳的税款。

（二）法人转换税收居民身份的手段及影响

在实行居民管辖权的国家里，判定企业居民身份的标准主要有注册登记所在地、总机构所在地、实际管理机构所在地等标准，这就为企业进行国际避税提供了前提条件。

1. 转换注册地或实际管理机构所在地。

各国对于法人居民身份的认定规则存在一定的差异，这也给纳税人带来了避税的机会。

假如高税国采取注册地标准判定法人的居民身份，则法人可以采取变更注册地点的办法摆脱该国的居民身份。如果高税国采用实际管理机构所在地标准判定居民身份，则法人可以将董事会开会地点或经营决策中心等迁出该高税国，造成实际管理机构不在高税国的事实，以此来避免该高税国的居民身份和无限纳税义务。

2. 税收倒置。

税收倒置（Tax Inversion），是指一个位于高税国的企业通过收购一个位于低税率国家或地区的企业，然后把企业（母公司）注册地迁往低税率国家或地区，以达到避税目的的行为。例如，根据美国税法，美国企业来源于海外子公司的所得一般而言只有当以股息的形式分配回美国时才需要向美国政府缴税，如果海外子公司不分配利润，那么对应于子公司所得的应缴税款就可以一直递延到子公司分配利润时再缴纳。由于美国公司所得税税率较高，大量美国企业的子公司选择不分配利润，而将利润滞留在海外。然而，依据受控外国企业规则①，美国仍然可能就子公司未分配的利润应归属于母公司的部分当年就向母公司征税。为此，一些公司集团采用税收倒置的方法，由母公司收购一个位于低税率国家或地区的企业，把母公司的注册地迁往低税率国家或地区。这样，由于外国的母公司不会在美国被认定为居民企业，也不会受制于受控外国企业规则，海外的利润就免于缴纳美国所得税，同时外国母公司在需要时可以通过投资等方式将海外利润汇回美国。②

根据美国证券交易委员会数据，2008—2014 年，美国最大的 50 家公司已将近 4 万亿美元利润中的 1/4 转移至美国境外，集中于避税天堂国家（爱尔兰、

---

① 本书第七章第二节“应对设立外国低税子公司避税”将详细介绍该规则。

② 美国此后采取了一系列应对税收倒置的措施，具体可参见本书第七章第四节“应对转变税收居民身份避税”。

英属维尔京群岛和开曼群岛等)。这50家公司负担的平均税率是26.5%，远低于美国规定的35%的联邦企业所得税税率。①

【案例5-3】汉堡王的税收倒置运作

汉堡王（Burger King）是美国著名的快餐连锁餐饮公司。2014年，该公司通过成功收购加拿大的提姆霍顿（Tim Hortons）公司实现税收倒置，达到了减轻税负的目的。

本次交易商业上的驱动因素是提姆霍顿可利用汉堡王的全球渠道和全球发展经验来加速在国际市场的持续性增长，同时提姆霍顿在海外拥有众多实质性商业活动，也有利于汉堡王占据更大的市场份额。但并购交易后，汉堡王实现了税收倒置也是一个不争的事实。交易前，汉堡王的注册地在美国，要承担35%的联邦公司所得税，连同州和地方所得税，税收负担相对较重。交易后，汉堡王与提姆霍顿两家公司合并，成立餐饮品牌国际有限公司（Restaurant Brands International)，汉堡王新的母公司的注册地在加拿大，而加拿大的公司所得税率仅为26.5%。

以下简要介绍此次税收倒置运作的具体方式。

首先，在并购交易前，由汉堡王在加拿大成立数个公司或合伙企业建立如图5-2（A）所示的组织架构。其中的控股公司（名为110773BC，简称A公司）是根据加拿大商业法律在加拿大注册成立的无限责任公司，该公司全资控股加拿大合伙企业（名为New Red Canada Partnership，简称P企业)，该合伙企业分别全资控股一家在加拿大成立的子公司（名为8997900Canada，简称C公司）和在一家美国特拉华州注册成立的子公司（名为Blue Merger Sub，简称B公司)。

其次，双方签订股权转让协议完成反向并购。如图5-2（B）所示，交易中，加拿大子公司C公司根据加拿大法律收购提姆霍顿所有已发行股份，存续的实体称为提姆霍顿有限公司；同时美国子公司B公司与汉堡王有限公司合并，存续的实体仍然称为汉堡王有限公司，但变更为加拿大的控股公司A公司的间接控股子公司。汉堡王作为本次交易的收购方，向提姆霍顿支付基于其股份数量计算的约86.286亿美元的款项（其中交易款项的一半来自于外部融资)。

① 戴悦．美国反倒置税收政策分析［J］．国际税收，2017（2）：5.

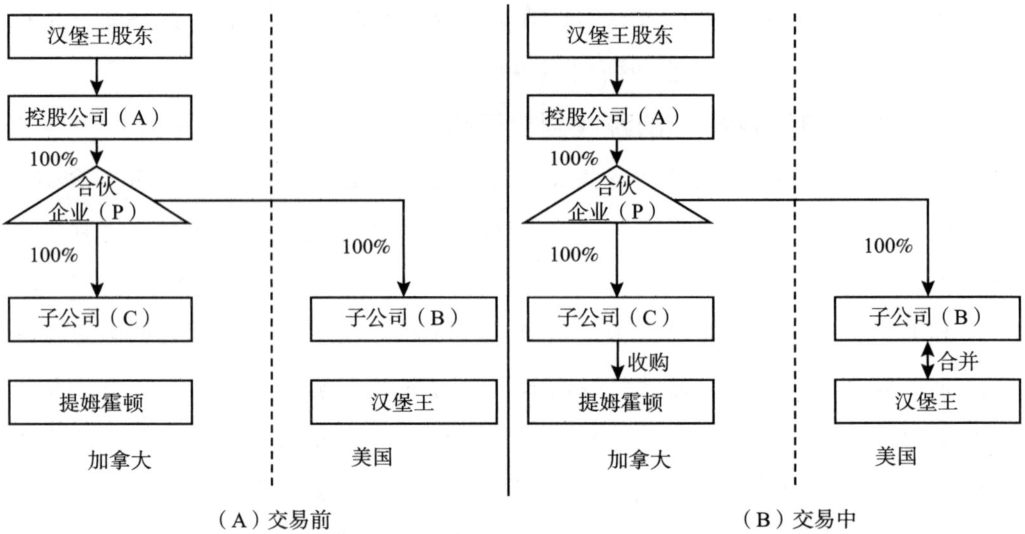

图5－2 汉堡王和提姆霍顿在并购交易前和交易中的组织架构

最后，交易完成后，如图5－3所示，汉堡王的股东在控股公司A公司中拥有76%的股权，提姆霍顿的股东A公司拥有24%股权，A公司更名为餐饮品牌国际有限公司（Restaurant Brands International），从而汉堡王变更成为加拿大公司的子公司，汉堡王旗下所有在美国境外的门店将不再就其全球所得向美国缴纳所得税。

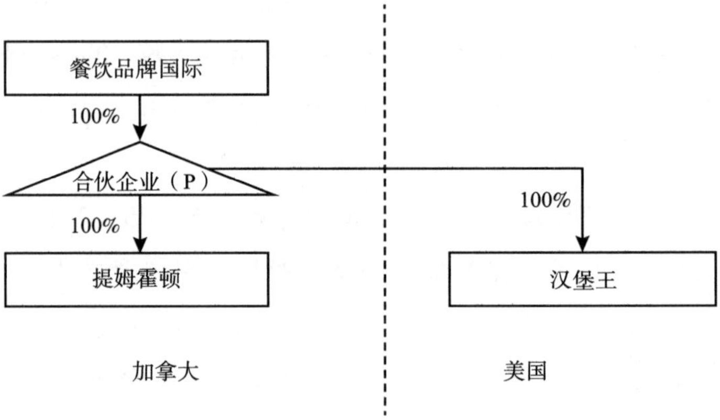

图5－3 汉堡王和提姆霍顿在并购交易后的组织架构

【案例5－4】谷歌爱尔兰控股公司避免税收居民身份

在著名的双爱尔兰－荷兰三明治避税架构下（见图5－4），谷歌集团设立的爱尔兰控股公司虽然拥有了在美国之外使用谷歌知识产权的权利，但这家公司却不直接从事运营活动，只是一个壳公司，完全不雇佣员工，并且将实际管理机构设在百慕大。由于爱尔兰根据实际管理机构标准认定公司纳税人的居民身份，只有实际管理机构设在爱尔兰的公司才需要就其全球所得纳税，实际管理机构设在百慕大的爱尔兰控股公司不会被爱尔兰认定为税收居民。因此，爱尔兰控股公司收到的来自荷兰的特许权使用费和股息均无须在爱尔兰缴纳所得税，同时，百慕大所得税税率为零，该项特许权使用费和股息也无须在百慕大缴纳所得税。

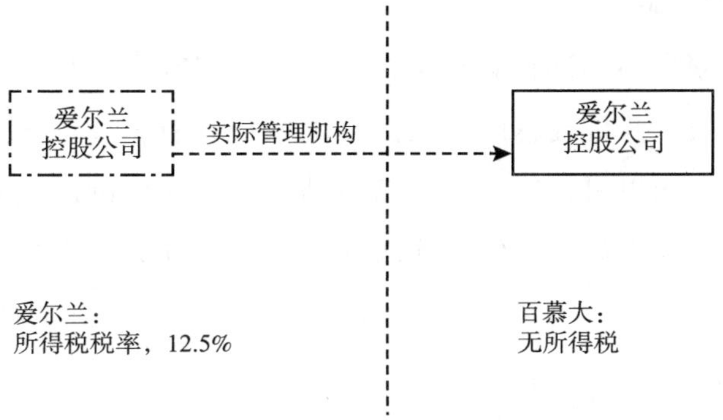

图 5－4　谷歌爱尔兰控股公司避免税收居民身份示意

三、利用低税实体

（一）利用低税子公司和其他实体避税的基本模式

跨国企业集团在设置集团架构时，可通过在低税辖区设立子公司或其他实体，实现延迟纳税、减少纳税等税收利益。利用低税实体避税，通常存在两种基本模式：一是在低税地设立具有独立法人资格的实体，如子公司，从而通过延迟汇回股息在居民国获得延迟纳税的利益；二是在低税地区设立其他避税实体，如分公司，一方面在低税地缴纳低税，另一方面设法在居民国获得免税资格以实现最终少纳税款的目的。

1. 低税子公司。

如果跨国企业集团母公司的居民国所得税税率较高，则可在税率较低的东道国设立子公司。如图 5－5 所示，通常情况下，只有子公司向母公司分配股息，母公司才需在居民国就该部分股息所得缴纳所得税。若子公司不对股息进行分配，母公司即可规避较高的所得税；或者延迟向母公司分配利润，等将来股息分配汇回至母公司，跨国集团也获得了税收延迟带来的收益。

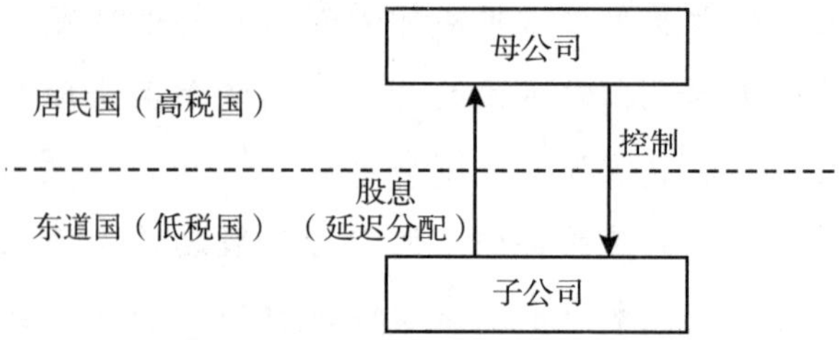

图 5－5　在低税国设立子公司

2. 其他低税实体。

由于不同国家采用不同税收管辖权，且不同国家之间往往签订双边税收协定以避免双重征税，并优先保障东道国的地域税收管辖权。因此，除设立子公司外，跨国企业集团也可选择合适的低税辖区，根据该国国内税法与双边税收协定，合理设立其他类型的实体以实现税收利益，比如分公司、合伙企业、信托等。

（1）分公司。

跨国企业集团还可能在所得税税率较低的东道国设立分公司，由于分公司不是独立的法人实体，其在东道国取得的经营所得应并入母公司所得在居民国计算应税所得。如图 5－6 所示，若东道国就分公司的经营所得以较低的税率征税，同时，如果居民国采用免税法消除重复课税，则该笔所得在居民国得以免税，跨国集团由此达成少纳税款目的。

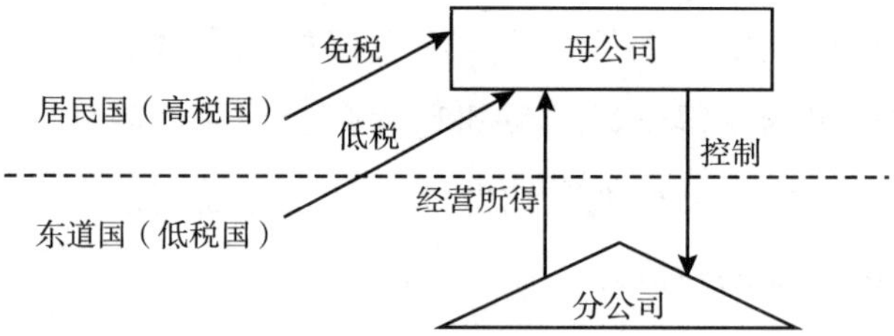

图 5－6　在低税国设立分公司

（2）合伙企业。

合伙企业一般指由各合伙人订立合伙协议，共同出资，共同经营，共享收益，共担风险，并对企业债务承担无限连带责任的营利性组织。合伙企业通常无法人资格，不缴纳企业所得税，合伙企业的所得按出资比例或合同约定分配给合伙企业的投资人，由投资人缴纳所得税，因此在税收上通常被视为一个透明实体。

如图5－7所示，母公司是A国居民公司，在B国设立一家合伙企业。A国为高税国，B国为低税国，且A国的法律将合伙企业认定为税收透明体。母公司向银行借入款项，并转借给位于B国的合伙企业，合伙企业向母公司支付利息。由于A国将合伙企业认定为税收透明体，因此合伙企业与母公司被视作一个整体，母公司的利息收入不会被认定为应税收入，该笔收入在母公司层面实现了免税；而在B国，由于合伙企业被认定为非透明体，支付的该笔利息可以在税前扣除，且B国本身为低税国，这一架构显著降低了税收负担。

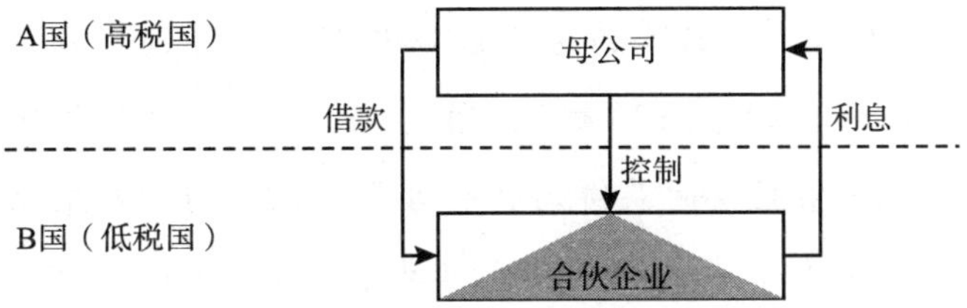

图5－7　在低税国设立合伙企业

（3）信托。

信托是财产法定权利的所有者（信托人）基于信任，将财产所有权转移给受托人，由受托人以自己的名义为受益人的利益对财产进行管理或者处分的行为（见图5－8）。

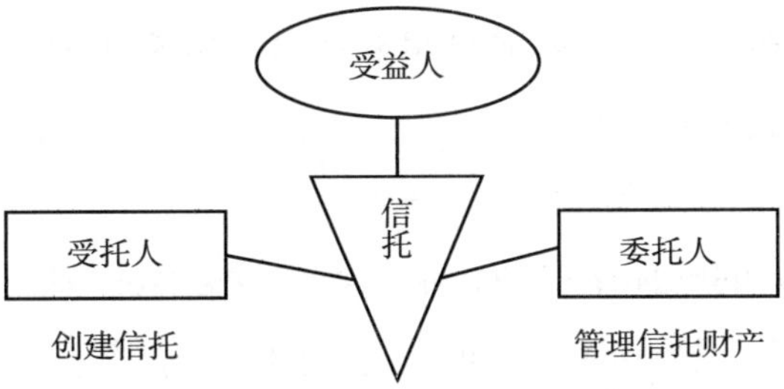

图5－8　信托的基本架构

委托人通过建立信托，可以将自己拥有的财产转给处于低税国的受托人进行保管和经营。这部分信托财产的所有权与委托人分离，委托人无须就这部分财产价值及其产生的所得缴纳财产税及所得税。在低税辖区（避税地）设立信托公司，可以将避税地外的财产虚构为信托公司的信托财产，从而将所得逐步转移到避税地，而减轻甚至免除税收负担。

【案例5-5】斯莫尔伍德诉英国皇家税务和海关总署案①

英国居民斯莫尔伍德先生于1989年设立了一个信托（Trevor Smallwood Settlement），受益人为斯莫尔伍德先生及其家人，受托人为泽西岛的卢泰亚信托有限公司。2000年5月，斯莫尔伍德先生被告知信托持有的两家公司的股票价值高涨，可通过出售股票获取巨额收益。

为了避免在英国缴纳资本利得税，斯莫尔伍德先生接受了税收顾问的建议，于2000年12月将信托的受托人改为一家毛里求斯公司，并且将该信托注册为毛里求斯离岸信托。由于当时毛里求斯与英国签署的税收协定中规定，资本利得应当仅在转让者的居民国纳税，且毛里求斯不对资本利得征税，因此2001年初，该信托出售股票时获得的收益可免于在英国和毛里求斯纳税。

其次，由于英国1992年修订的《资本利得法》（the Taxation of Chargeable Gains Act）规定，如果处置财产的信托受托人在整个纳税年度中都是英国非居民，则资本利得应视为由委托人取得，将由委托人缴纳资本利得税。因此，在毛里求斯受托人出售股票的当年，即2001年3月，斯莫尔伍德先生又将该信托的受托人更换为自己，由于斯莫尔伍德先生是英国居民，规避了当时英国《资本利得法》的相关规定。

但是相关的避税操作存在一定的风险。比如本案中，斯莫尔伍德先生后来仍被英国皇家税务和海关总署要求纳税，且英国后续修改了《资本利得法》，也修改了与毛里求斯的税收协定中的相关条款。由本案例也可见国际避税与国际反避税是一个动态发展的过程。

（二）低税实体的主要类型

在跨国企业集团的整体架构中，不同实体通常承担着不同的经营职能，比如控股、融资、采购、销售等；同时，不同国家的国际税收管辖体系千差万别。因此，跨国集团会综合考虑不同国家的营商环境、国内税法规定、双边税

---

① 资料来源：IBFD税收数据库，https：//research. ibfd. org/#/doc？url =/linkresolver/static/cl_uk_2010_07_08_1。

收协定网络及对多边税收协调规则的适用情况，根据经营性质的不同，合理设立子公司及分支机构，实现税收筹划。根据不同实体在集团内承担的职能，典型的利用低税实体避税的架构包括控股实体、持权实体、金融实体、贸易实体等模式。

1. 控股实体。

控股实体以控制为主要目的，通常拥有一个或多个其他公司较大比例股权以实现控制，其收入主要是从子公司取得的股息、资本利得，也包括利息、特许权使用费等其他消极所得。

集团的母公司选择适当的地点设立控股实体，并持有其他直接从事经营活动的子公司的股份。为了有效利用控股实体降低公司集团的总税负，设立控股实体的理想地点可以是：①对股息、利息、资本利得等所得免税或课以轻税的国家；②实行参股豁免制度的国家；③拥有广泛税收协定网络的国家或适用欧盟《母子公司指令》的国家等。

如图 5－9 所示，甲国的母公司 M 公司在丙国设立了一个子公司 S 公司作为经营实体，但甲国和丙国之间没有签订税收协定，由子公司直接向甲国汇回股息可能要扣缴较重的预提税；而乙国和甲、丙两国都签有税收协定，通过在乙国设立一个控股公司 H 公司，M 公司通过 H 公司控股 S 公司，股息从 S 公司先汇回 H 公司，再汇回 M 公司，该笔股息所得只需承担较轻的税负。此外，该笔股息也可以留在 H 公司，不汇回 M 公司，再进行其他的投资活动。

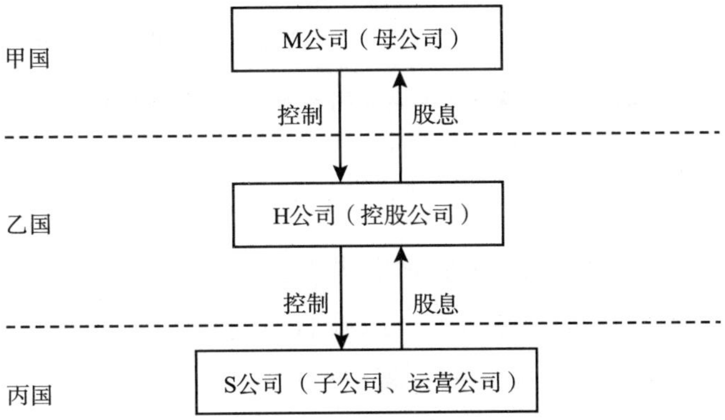

图 5－9　利用低税控股公司避税

【案例5-6】某公司利用中国香港子公司延迟纳税[①]

A公司1999年在××省某工业园注册成立，是中国居民企业，主营业务为化工产品销售。A公司在中国香港设立全资子公司B公司，B公司主要从事国际贸易、信息咨询、投资业务，且董事会成员均由A公司委派。B公司在中国香港设立了全资子公司C公司，主要从事股权投资。C公司拥有中国境内三家外商投资企业D公司、E公司、F公司各90%的股份。图5-10呈现了A公司的架构和转让过程。

2011年，B公司与荷兰某公司签订了股权转让协议，将其持有的C公司100%的股权转让给该荷兰公司，扣除相关股权转让成本，B公司取得约3亿元的转让收入。

中国香港的法定利得税税率为16.5%，且对资本利得不征税，B公司获得的股权转让收入不需要在香港纳税，因而其实际税负很低。由于B公司一直未对母公司A公司做任何利润分配，通过延迟汇回股息的方式，递延了在中国内地的纳税义务。

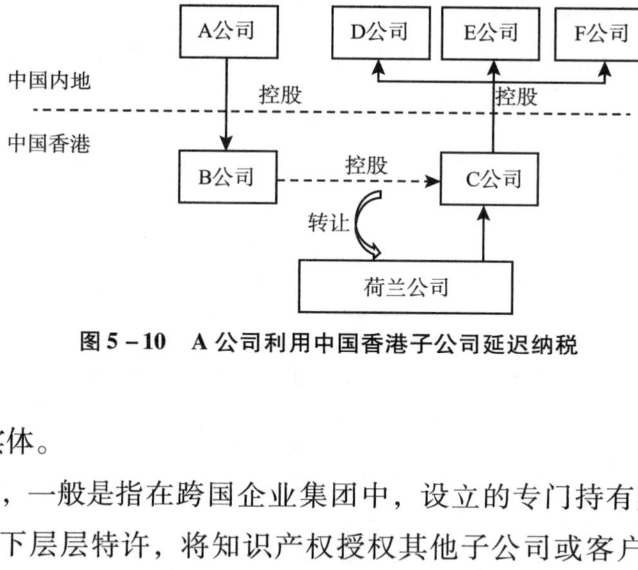

图5-10　A公司利用中国香港子公司延迟纳税

2. 持权实体。

持权实体，一般是指在跨国企业集团中，设立的专门持有集团知识产权、商标权，并向下层层特许，将知识产权授权其他子公司或客户使用的市场主体。持权公司的收入来源主要是通过授权获得特许权使用费。

利用持权低税实体的典型集团架构如图5-11所示。位于甲国的母公司在乙国设立持权公司，并由持权公司向其他子公司或其他企业授予知识产权，收

① 资料来源：http：//www.bjsat.gov.cn/bjsat/qxfj/zsefj/zcq/jdal/201505/t20150505_224848.html。

取特许权使用费。通过合理的选址，持权公司在乙国可适用税收优惠承担较低的所得税税负，或在向母公司汇回股息时免于缴纳预提税。

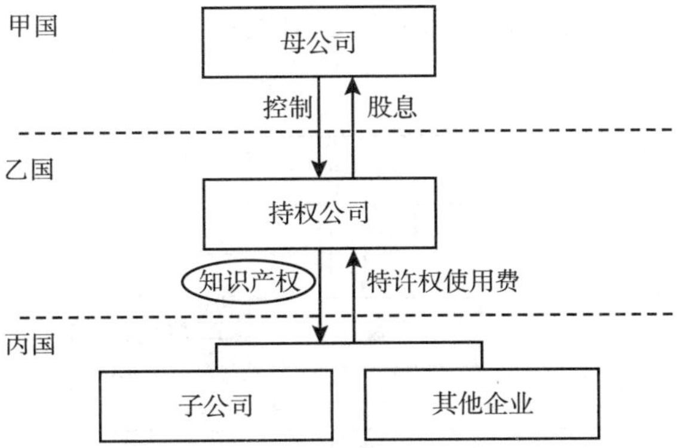

图 5－11 利用低税持权公司避税

选择设立持权实体的税收辖区时，主要有以下三点考量：①是否拥有广泛的税收协定网络。持权实体将获得的知识产权授予所得以股息的形式汇回母公司时，会被课征预提税，若持权实体所在税收辖区与母公司居民国、收入来源国都签署税收协定，特许权使用费与股息预提所得税可能会被免征或降低。②知识产权所得是否享受税收优惠。比如许多国家适用“专利盒”（patent box）制度对符合条件的专利、知识产权收益提供税收减免。③特许权使用费是否为应税所得。例如中国香港，行使来源地管辖权，位于香港的持权实体收到来自境外其他企业支付的特许权使用费可免于纳税。

3. 金融实体。

为了促进集团内资金融通，降低资金借贷成本，跨国集团可在集团内设立专门的金融实体，该实体相当于集团内部的银行，其功能主要为集团内部公司提供借贷交易，并降低税收负担。

如图 5－12 所示，高税国甲国的母公司可以在避税地或其他理想的税收辖区建立一家金融公司，金融公司从银行等外部机构借入资金，再将资金借给集团内的子公司，向银行支付利息，从子公司收取利息。

对于金融公司的选址一般考虑以下几个条件：①金融公司所在国税率较低或者存在混合金融工具和混合实体应用的可能性，进而可以将外国子公司的利润以利息的形式在金融公司积聚；②金融公司所在国存在广泛的税收协定网络，可减少或消除子公司支付给金融公司的利息需缴纳的预提税，以及金融公司向母公司分配股息时免于或仅缴纳较少的预提税；③金融公司所在国对金融公司支付给非居民公司的利息（比如银行）可予以税前扣除；④外汇和投资管制比较少，在母公司和子公司所在国存在严格的外汇和投资管制条件下，跨国企业可借助金融公司来利用集团内部的自由资本。

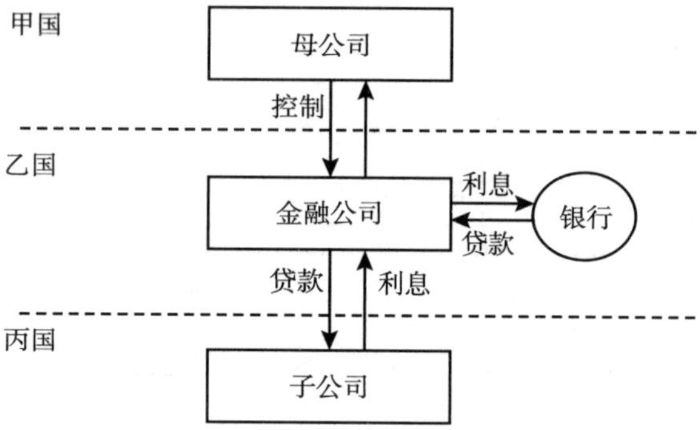

图 5－12　利用低税金融公司避税

4. 贸易实体。

跨国企业从事生产经营，需要考虑采购、制造、批发、零售一整条完整的产销供应链。其中，销售环节与最终消费者直接联系，也是大部分跨国企业最主要获取经营所得的环节。

传统零售企业是在一个国家或地区完成商品采购、库存管理、销售、运营等所有相关的业务，因此相关利润都会归集于这一实体，可能导致其承担较高税负。通过适当的供应链管理，可以将这些业务分离到不同的国家和地区，一方面，这顺应了经济全球化趋势下，利用全球产业链分工体系和广泛的全球市场，实现企业经营和发展效益最大化目标；另一方面，也可以通过组织架构的安排达到避税目的。

集团可以将采购业务分拆到低税率国家或地区。通过在低税率国家设立专门的采购公司，由采购公司独立地与供应商签订销售合同，采购公司承担了采购环节中的价格波动、储存中的遗失和损坏风险，相应地，能将采购环节的利润合理归集于采购公司，该部分利润就能在低税国缴纳较低水平的税收。

如图 5－13 所示，假设丙国供应商提供一批货物的价格为 100 万元，零售公司对外销售价格为 300 万元，乙国所得税税率为 30%，丁国所得税税率为 10%，不考虑其他税费的影响。在传统零售模式下，零售公司应负担 60 万元

[（300－100）×30%] 的所得税。当企业将采购业务分离到丁国的采购公司，乙国的零售公司只从事销售业务，假设采购公司与零售公司针对该批货物的内部转移价格为200万元，则针对这笔交易，该公司集团的税收负担为40万元[（200－100）×10%＋（300－200）×30%]，达到了避税的目的。

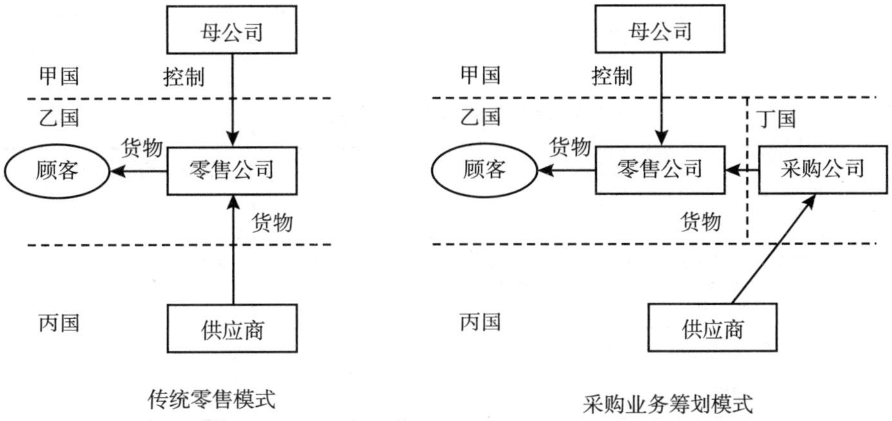

图5－13　传统零售模式与分离采购业务模式

四、资本弱化——利用利息费用支付

资本弱化（Thin Capitalization）是指企业的资金来源结构中负债远大于所有者权益（即资本）的现象。根据OECD的解释，企业负债与所有者权益的比例应为1∶1，当所有者权益小于负债时，即为资本弱化。大部分国家的税法规定，企业借款的利息费用可以税前扣除，而向股东支付的股息红利不能在税前扣除，向股东支付的股息红利面临双重征税的问题，因此企业往往更倾向于通过增加债权融资的比重来减少应纳税所得额。在经济全球化的今天，资本弱化也成为众多跨国企业避税的重要手段。

在跨国企业集团中，母公司往往可以就其收取的利息或者分得的股息享受到众多税收优惠政策，包括优惠税率、参股豁免或只在分派股息时征税等形式；而子公司实体可能大量举债融资，利用向集团内部进行贷款大幅扣除利息，从而减少在当地的应纳税所得，规避纳税义务。整体而言，这些税务操作可能会造成跨国企业集团与本地经营企业之间出现竞争扭曲。此外，在企业集团进行这些避税安排时，东道国政府的税收会相应减少，税务制度的公正性也会受损。

假设某跨国公司的子公司的息税前收入为100万元，现在需要向母公司融资1000万元，子公司所在国的企业所得税税率为25%，利息、股息预提税税率均为10%。表5－2列出了子公司采取债权融资和股权融资两种不同方式时，该公司集团需要在子公司所在国缴纳的所得税税额。在这样的条件下，通过债权融资，子公司向关联方支付的100万元利息费用得以在税前扣除，该跨国集团在子公司所在国的所得税税负与股权融资的情况下相比合计减少了22.5万元。

表5－2　　债权融资与股权融资税负比较　　单位：万元

项目		债权融资	股权融资
子公司	息税前收入	100	100
	利息费用（假设借款额为1000，利率为10%）	100	0
	应纳税所得额	0	100
	企业所得税（税率为25%）	0	25
	税后净利润	0	75
母公司	利息预提税（10%）	10	0
	股息预提税（10%）	0	7.5
在子公司所在国的所得税税负合计		10	32.5

在实际的经营中，跨国企业资金安排的考虑可能存在更为复杂的情况。如图5－14所示，假设有一家集团，旗下只有两家公司（A公司和B公司），A公司所在国的企业所得税税率为35%，但来自外国的股息收入可以免税，B公司所在国的企业所得税税率为15%。此时B公司需要融资100万美元，那么如果由A公司向银行借入利率为10%的100万美元，再用这笔钱入股B公司，这种情况下可税前扣除的利息费用就从位于相对低税地区的B公司转移到了税率较高的A公司上。而企业所得税税率越高的地区，可扣除费用可以发挥的减税作用就越大，这笔利息费用的税后利息成本相当于从8.5万美元降低至6.5万美元，对整个集团来说是更为有利的。

五、利用特许权使用费、服务费等类似大额费用支付

随着服务业和数字经济的不断发展，除了资本弱化之外，跨国企业利用向关联方支付特许权使用费、服务费等大额费用的方式进行避税的情况也越来越多。

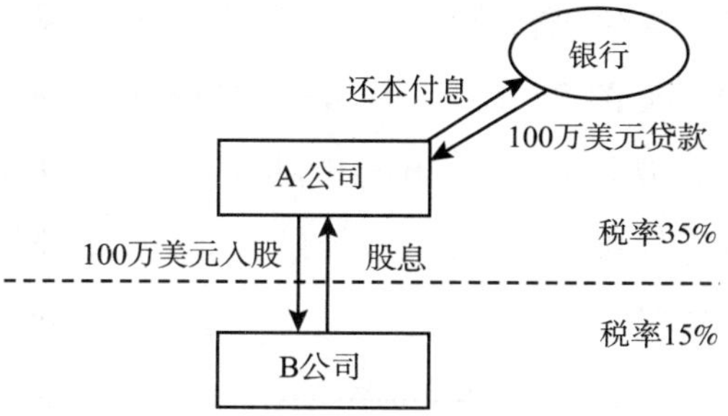

图 5-14 利用利息费用支付进行避税

跨国企业利用向关联方进行服务费支付也是通过费用在税前扣除的机制，向低税地区进行利润转移，从而尽量减少高税地区企业的应纳税额，其可能情形包括：①支付因接受股东服务（包括对境内企业的经营、财务、人事等事项进行策划、管理、监控等活动）的股东服务费，或者为服从集团统一管理的集团管理服务费；②支付企业自身已经完成或者已由第三方完成的重复服务而支付的服务费；③支付与提供服务的企业自身所承担的功能和风险无关，或者虽与所承担的功能和风险有关，但与其经营状况不匹配的服务费等。

如图 5-15 所示，同一跨国集团下的 A 公司和 B 公司分别位于两个不同的税收辖区，A 公司所在国为低税辖区，B 公司所在国为高税辖区，同时也是集团内业务的主要经营地和收入来源地，且两国之间存在税收协定。此时，B 公司通过支付大额服务费的方式将收入款项转移到 A 公司，由于 B 公司向国外支付的款项可以作为费用扣除，该公司可避免在高税辖区缴纳较高的所得税。同时，由于两国间存在税收协定，因此这笔费用在支付的时候并不需要缴纳预提税，利润转移到 A 公司后也不需要向 A 公司所在国缴纳较高的所得税，整个集团的税负减轻。

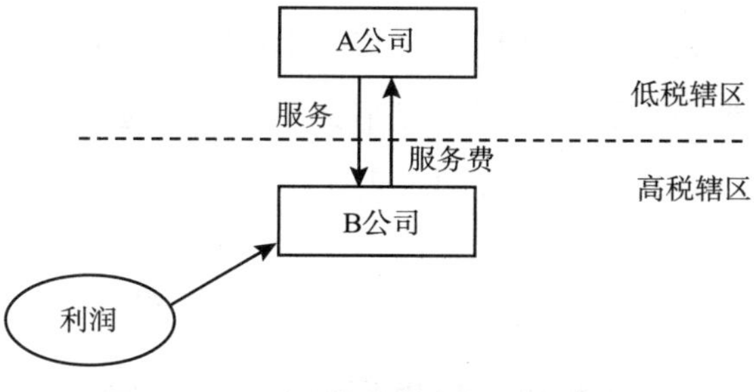

图 5-15 利用服务费支付的避税模式

与利用大额服务费支付进行避税相似，跨国企业还可能利用特许权使用费支付以增加税前扣除（见图5－16），其可能的情形包括：①向避税地支付特许权使用费；②向不承担功能或只承担简单功能的境外关联方支付特许权使用费；③境内企业对特许权价值有特殊贡献或者特许权本身已贬值，仍然向境外支付高额特许权使用费等。

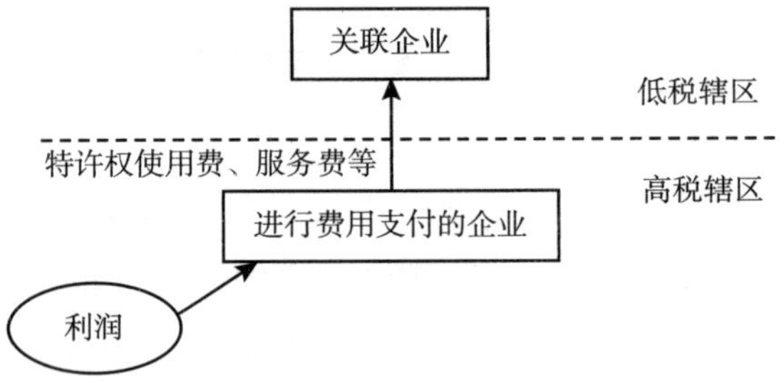

图5－16　利用特许权使用费支付的避税模式

六、滥用税收协定

（一）滥用税收协定的含义

滥用税收协定，指的是通过各种方式规避税收协定的限制，违背税收协定缔约国的意图，获取税收协定优惠的行为。签订税收协定的初始目的是避免不同税收管辖权对同一所得的重复征税，促进跨国经济交往，因而对缔约双方国内法规定的征税权进行了限制。然而，跨国公司为了追求全球范围内的利润最大化，在避税安排中通常把税收协定作为重要工具，通过各种安排达到享受协定优惠的条件，甚至可能实现在全球范围内免予纳税。这种行为不仅违背了税收公平原则，也是对国际税收秩序的冲击。

（二）滥用税收协定的类型

滥用税收协定有两种类型：一是第三国居民通过特定安排设法间接获得本没有资格享受的协定优惠，又称择协避税（Treaty Shopping）；二是其他违背缔约国的意图设法规避协定限制并享受协定优惠，此类滥用税收协定的主体通常为缔约国居民，如拆分长期工程合同为若干个短期合同，以规避被认定为在缔约国一方拥有常设机构的风险。

1. 择协避税。

税收协定通常为纳税人提供各种税收优惠待遇，如从另一缔约国取得的投资所得可以按较低的税率缴纳预提所得税等。纳税人获取税收协定优惠所需满足的首要条件是，必须为《OECD 范本》定义的“缔约国一方居民”。然而，为了减轻税负，原本没有资格享受协定待遇的第三国居民可能通过多种安排，设法获取税收协定给予缔约国居民的税收优惠，这就是“择协避税”。

择协避税的主要方法是设立导管公司（Conduit Company），此类导管公司通常仅满足法律所要求的组织形式，而不从事实质性经营活动。依据导管公司的不同类型，择协避税又可分为设置直接导管公司和设置间接导管公司（又称踏石过河型导管公司）两种模式。

（1）设置直接导管公司。

设置直接导管公司是指在税收协定的其中一个缔约国设立一家导管公司以获得该协定的税收优惠待遇。如图 5－17 所示，甲国居民企业 A 公司欲投资于丙国的 C 公司以获取股息收益，但甲、丙两国之间未签有税收协定，丙国对 A 公司来源于本国的股息、利息、资本利得、特许权使用费等收入将按 30% 的较高税率征收预提所得税。为了减轻税负，A 公司在与丙国签有税收协定的乙国设立一家全资子公司 B，由 B 公司持股 C 公司并获取投资收益。丙国对支付给 B 公司的股息所得按 5% 的较低税率征收预提所得税。如此一来，A 公司就成功规避了丙国对股息分配课征的高额预提税。

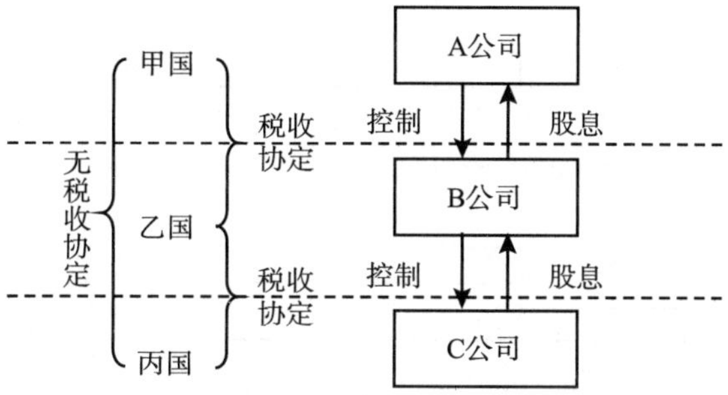

图 5－17　择协避税的主要模式：设置直接导管公司

然而，为使该项股息所得最终承担较低的税负，还应满足一些条件：首先，乙国对 B 公司取得的股息收益应免税或低税；其次，如果甲国是高税国，B 公司不能将其取得的所得以股息的形式汇回 A 公司；最后，如果甲国是低税国，且 A 公司要求这笔股息收益汇回本国，乙国不应对其征收过高的预提所得税，为此甲、乙两国之间也应签有税收协定。因为甲国居民企业 A 公司到乙国设立公司的目的并非开展正常的商业活动，而是利用乙国和丙国的税收协定提供的税收优惠待遇，传输其在丙国投资取得的利润，因此这类公司被称为直接导管公司，也叫直接中介公司和直接传输公司。

（2）设置间接导管公司。

设置间接导管公司是指不只设立一家中间导管公司来获取税收优惠。如图5－18所示，甲国居民企业A公司欲投资丁国的D公司，但是甲国与丁国之间没有签税收协定。已知甲国与乙国之间签有税收协定，丙国与丁国之间签有税收协定，且丙国居民对外支付的费用可以在所得税税前扣除。所以，甲国A公司就可以在乙国设立一个子公司B，在丙国设立一个子公司C，丙国的C公司在丁国投资实现的股息所得可享受丙国和丁国之间较低的预提所得税，之后C公司再将这笔款项作为费用向乙国的B公司支付，来自丁国的收益就在几乎没有任何成本的情况下转移到乙国。在乙国的国内所得税税率较低时，B公司不需要向乙国缴纳较高的所得税，同时由于有甲国和乙国之间的税收协定，A公司收到B公司股息时也不需要缴纳较高的预提所得税。由于设立了不止一家导管公司来实现利用税收协定优惠传递利润的目的，此类中间导管公司被称为间接中介公司或间接导管公司。

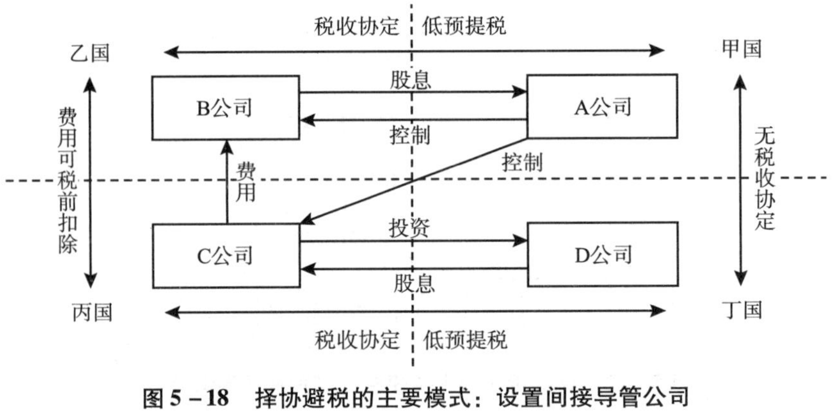

图5－18　择协避税的主要模式：设置间接导管公司

以上两种方式是择协避税的主要方式，这两种方式主要不同之处在于设置导管公司的数量不同，而相同之处在于以下三个方面：首先，导管公司的受益所有人都不是所在国的居民；其次，导管公司在所在国几乎没有或只有很少的商业活动；最后，导管公司在所在国仅负担很少或几乎没有税收负担。

2. 其他滥用税收协定方式。

除了第三国居民可能实施择协避税的安排，税收协定缔约国的居民也可能通过特定安排违背缔约国的意图获取协定的优惠。

（1）拆分合同。

根据《OECD范本》，建筑工地、建筑或安装工程等持续时间不足12个月（《联合国范本》规定的是6个月）时，不会被认定为常设机构。针对这一规定，纳税人可能通过将长期的工程合同拆分为多个短期合同，每一个短期合同的持续时间都小于协定中规定构成常设机构的时间门槛，来避免在来源国被认定为设有工程型常设机构，从而根据税收协定获得在来源国免予缴纳所得税的优惠待遇。

（2）针对股息所得的安排。

根据《OECD范本》，股息往往需要在来源国缴纳预提所得税，而股权转让等资本利得无须缴纳预提所得税，因此纳税人可能通过特定安排将所获得收入的性质由股息转为资本利得。如图5－19所示，乙国的子公司B可以将利润留存而不进行股息分配，以规避在乙国的预提所得税，一段时间以后母公司A再将其拥有的B公司股权转让，该项所得符合协定中规定的财产转让收益，如此一来纳税人就能以资本利得的方式获得投资收益。

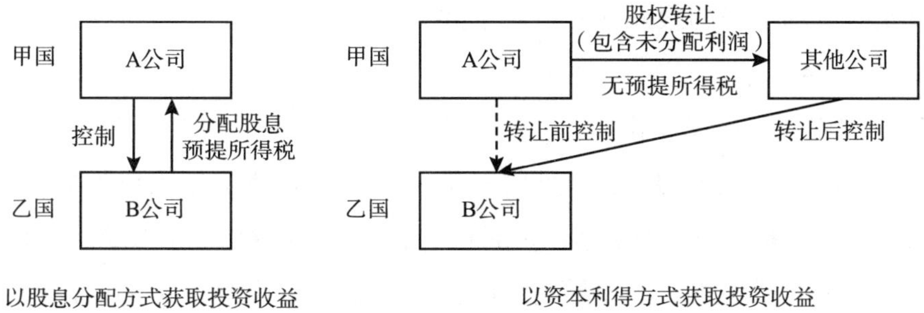

图5－19 收入性质由股息改为资本利得

此外，《OECD范本》规定，来源国对股息的限制性预提税税率有两档，分别是15%和5%，而5%的限制税率要求股东持有分配股息公司的股权超过25%。但是这一规定没有对股东持股期限进行要求。针对这一情况，纳税人可能仅短期持有分配股息公司相当比例的股权，在获得协定优惠后又将股权转让。

（3）针对资本利得的安排。

根据《OECD范本》，若缔约国一方居民转让其所持有的公司股份获得了收益，而该公司超过50%的股份价值来源于位于缔约国另一方的不动产，那么不动产所在地的缔约国可以对该项收入征税。为了规避该条款的应用，纳税人可能在出售股份之前，注入其他资产来稀释被出售股份中来自位于缔约国另一方的不动产价值的份额，使其低于50%。

有的国家对外谈签的税收协定还规定，股东持有被投资公司的股权超过一定比例时，股权转让收益无须在来源国缴纳预提所得税。针对这项规定，纳税人同样可能短期持有被投资公司相当比例的股权，在获得税收协定优惠后，将短期持有的股权转让给第三方。

（4）针对劳务报酬的特定安排。

根据《OECD范本》，缔约国一方居民来源于缔约国另一方的受雇活动的报酬，同时满足下列条件时，应仅在缔约国一方征税：首先，收款人在任何12个月中在该缔约国另一方停留连续或累计不超过183天；其次，该项报酬不是由该缔约国另一方居民的雇主支付或代表该雇主支付；最后，该项报酬不是由雇主设在该缔约国另一方的常设机构所负担。此时为了获取税收协定中对劳务派遣免除来源国税收的优惠，纳税人可能会通过特定的安排，比如缔约国一方居民在缔约国另一方提供劳务中途刻意离境一段时间等，使得其在缔约国另一方从事受雇活动取得的报酬同时符合上述条件，从而实现该所得在缔约国另一方免税。

（5）利用双重居民身份。

享受税收协定优惠的前提条件之一是，申请者必须是相关税收协定缔约国一方的居民。根据《OECD范本》，居民身份的判定需依据各缔约国的国内税法，而各国国内税法规定的差异则可能会导致双重居民身份情形的出现。所以纳税人为获取税收优惠，可能会利用缔约国双方的国内税法的差异，同时成为缔约国双方的居民。举个例子，在A国，依据其国内法规定，认定企业居民身份的标准为注册地，且根据A国与C国签订的税收协定，如果纳税人发生双重居民身份冲突，优先以注册地标准来判断纳税人的居民身份。同样，在B国，认定企业居民身份的标准为实际管理机构所在地，且根据B国与C国签订的税收协定，如果纳税人发生双重居民身份冲突，优先以实际管理机构所在地标准来判断纳税人的居民身份。如果一家在A国注册的公司，其总机构所在地和实际管理机构均在B国，出于税收目的，那么该公司将有可能根据需要来选择自己的税收居民身份。

第四节 我国跨国企业的避税问题

一、我国跨国企业避税问题产生的背景

随着我国对外开放的不断深入，外商来华直接投资日益增多。特别是20世纪90年代以来，由于我国人力资源丰富、劳动力价格低廉、投资环境逐步改善，加之各级政府对引进外资非常重视，并出台了一系列鼓励外资进入的优惠政策，我国引进外商直接投资规模迅速扩大，吸引外商直接投资的规模在发展中国家一直处于领先地位。同时，为适应经济全球化的需要和中国经济崛起的趋势，我国政府出台了一系列旨在鼓励企业“走出去”的优惠政策，我国对外直接投资规模也在迅速扩大。

（一）我国吸收外商投资情况

如图5－20所示，我国吸收外商投资从20世纪90年代以来迅速扩大。2022年，全年新设外商投资企业38497家，实际使用外资1891.3亿美元。其中，对中国内地投资前15位国家或地区是中国香港、新加坡、英属维尔京群岛、韩国、日本、荷兰、德国、开曼群岛、美国、英国、中国澳门、马来西亚、阿联酋、法国和萨摩亚。新设外商投资企业数合计25413家，占当年我国新设外商投资企业总数的66%。实际投资金额合计1838.1亿美元，占当年我国实际使用外资总额的97.2%。

随着我国吸收外商投资规模的不断扩大，外商投资企业对我国的税收贡献也不断增加。如图5－21所示，自1999年起，外商投资企业在我国缴纳的税收总额占全国税收收入的比重就超过了15%。2006年占比达到峰值，为22.9%。近年来，受新冠疫情和国际经济政治形势的影响，外商投资企业在我国缴纳的税收虽然有所回落，但依然占据重要的位置。2020年，全国税收收入为154310.1亿元，其中外商投资企业缴纳税收总额为26679.3亿元（不含关税、船舶吨税），占全国税收收入的17.3%。

（二）我国对外投资情况

近年来，我国对外直接投资规模迅速扩大，如图5－22所示，从2002年的27亿美元最高增长到2016年的1961.5亿美元。近年来，受国际复杂的经济政

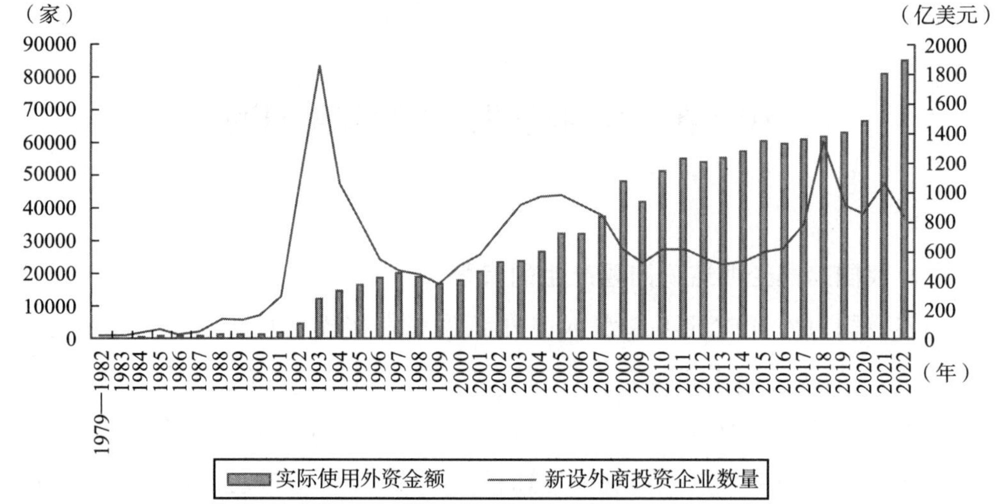

图 5－20　1979—2022 年中国吸收外资情况

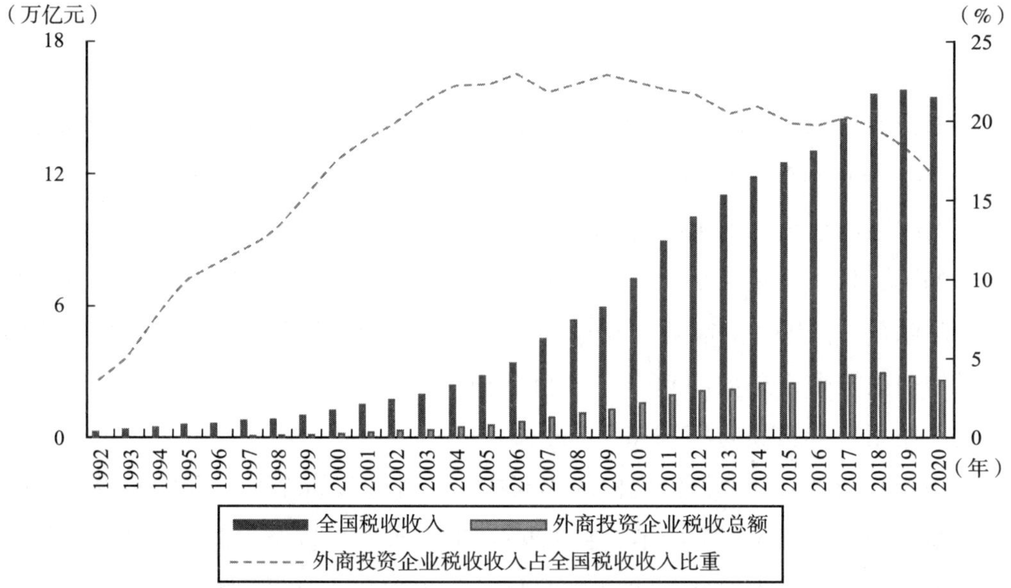

图 5－21　1992—2020 年中国外商投资企业税收情况

治形势和新冠疫情的影响，我国对外直接投资规模虽然有所回落，但 2020 年却实现逆势增长，并首次跃居世界第一。联合国贸易和发展会议 2023 世界投资报告披露的数据显示，截至 2022 年，我国对外直接投资分别占全球当年对外直接投资净额（以下简称流量）和对外直接投资累计净额（以下简称存量）的 10.9% 和 6.9%。流量列按全球国家或地区排名的第一位，存量列第三位。

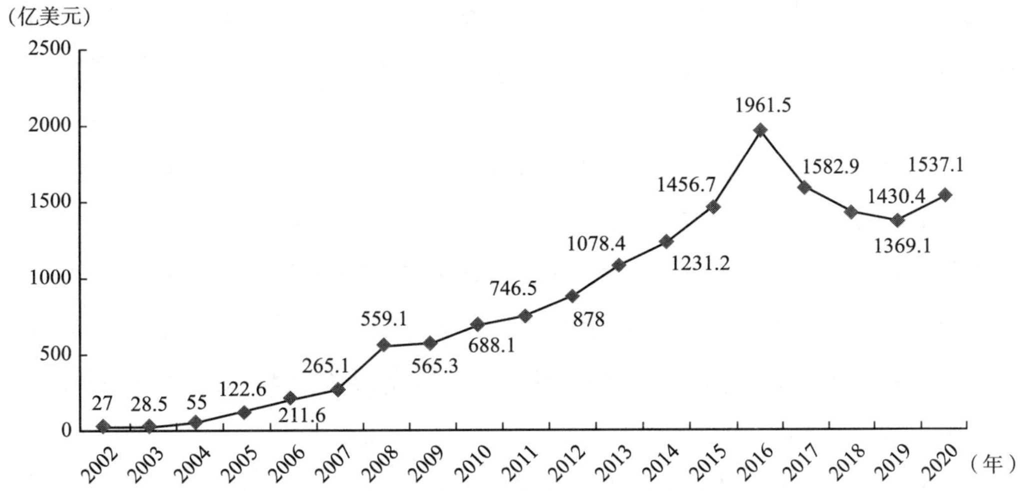

图 5－22　2002—2020 年中国对外直接投资流量情况

具体而言，2022 年我国对外直接投资流量为 1631. 2 亿美元，其中，新增股权投资 611. 3 亿美元，当期收益再投资 803. 8 亿美元，债务工具投资 216. 1 亿美元。截至 2022 年底，我国 2. 9 万家境内投资者在国（境）外共设立对外直接投资企业（以下简称境外企业）① 4. 66 万家，分布在全球 190 个国家或地区。年末境外企业资产总额为 8. 4 万亿美元。对外直接投资存量为 27548. 1 亿美元，其中，股权投资 14845. 6 亿美元，收益再投资 9626. 4 亿美元，债务工具投资 3076. 1 亿美元。

我国规模庞大的对外直接投资，对东道国的税收和就业也做出了重要的贡献。以 2022 年为例，境外企业向投资者所在国家或地区缴纳各种税金总额为 750 亿美元；年末境外企业从业员工总数超 410 万人，其中，雇用外方员工近 250 万人，占员工总数的 60%。

二、外商投资企业的避税问题

外商投资企业规避在我国的纳税义务，有的符合跨国公司进行国际避税的一般规律，但也有的是将利润从我国低税区向境外高税区转移，让利润在高税区的关联公司实现。外商投资企业在我国避税的主要手段包括以下几种。

一是通过转让定价逃避纳税。第一，与海外关联公司进行关联交易。跨国

① 对外直接投资企业指境内投资者直接拥有或控制 10% 或以上股权、投票权或其他等价利益的境外企业。

公司在中国成立的合资企业，往往与境外关联方发生大量关联交易。第二，向境外关联公司支付巨额特许权使用费和名目繁多的服务费，或提高设备价格，虚增投资成本。

二是通过“资本弱化”向海外支付巨额利息逃避纳税。我国税法规定，企业申报企业所得税时，其支付的利息，一般允许作为费用抵扣，而支付的股息则不得扣除，需计入应税所得总额中。于是许多跨国纳税人为在华投资而筹措资金时，常常刻意设计资金来源结构，有意增加债权投资金额，向母公司或境外银行大量借贷，加大借入资金比例，扩大债务与产权的比率，增加利息支出，减少账面盈利。

三是通过在国际避税地注册公司逃避纳税。跨国公司通过在维尔京群岛、西萨摩亚、开曼群岛等实行低税负政策的国家或地区设立基地公司，再通过其与中国子公司的商业、财务运作，帮助子公司将销售设备、收取费用所获得的利润从设在我国的合资公司转入基地公司，逃避高纳税。或将在避税地设立的公司作为国际贸易中转地，实现“低进高出”，也就是从中国子公司以低价买进产品，然后加高价格卖到目的地同一企业下的销售公司，从而使大部分利润被留在了避税地。

四是隐瞒业务范围或改变收入来源地逃避纳税。许多从事经营活动的外国企业在华代表处，在办理登记时，故意注明其业务范围仅限于为母公司搜集信息或从事其他准备性、辅助性的活动，从而避免被税务机关认定为常设机构，逃避纳税。有些境外咨询机构则通过有意改变收入来源地，将在境内从事咨询业务所取得的收入转化作境外所得。

三、“走出去”企业的避税问题

2008年国际金融危机之后，特别是2014年以后，中国政府加强对外投资管理体制改革力度，加快完成从核准制向备案制的转变，提升了中国企业对外投资的便利化，大大推动了中国企业“走出去”步伐，尤其在共建“一带一路”构想背景下，中国企业对外投资持续增加。同时，民营企业对外投资活动频繁，涉及领域广泛。从2014年的数据看，中国民营企业已成为“走出去”的主力。中国企业“走出去”既面临风险，同时其寻找避税机会也有一定的空间。“走出去”企业在我国常用的避税手段有以下几种。

一是利用境外壳公司返程投回境内。所称“返程投资”，是指境内居民通过特殊目的公司（SPV）对境内开展的直接投资活动。即通过新设、并购等方式在境内设立外商投资企业或项目，并取得所有权、控制权、经营管理权等权益的行为。其中，“特殊目的公司（SPV）”是指境内居民（含境内机构和境内居民个人）以投融资为目的，以其合法持有的境内企业资产或权益，或者以其合法持有的境外资产或权益，在境外直接设立或间接控制的境外企业。

二是通过在国际避税地或税率低于我国的国家或地区注册公司逃避纳税。我国居民企业在这些低税的国家或地区投资设立子公司，只要将利润留在这些子公司不做分配，按照我国现行税法的规定就不必在我国缴纳企业所得税。《企业所得税法实施条例》第十七条规定：“股息、红利等权益性投资收益，除国务院财政、税务主管部门另有规定外，按照被投资方作出利润分配决定的日期确认收入的实现。”值得指出的是，我国“走出去”企业在避税地注册公司也不仅仅是出于避税的目的，还包括剥离不良资产、曲线海外上市、规避外汇管制等诸多目的。

三是利用转让定价、资本弱化、滥用税收协定等常见手段避税。无论是通过返程投资还是直接在境外投资设立子公司，都会与境内企业构成紧密的关联关系。与在中国入境经营的跨国企业类似，可以在集团公司之间利用转让定价、资本弱化等传统避税手段开展避税行为。同时，由于中国与新加坡、中国内地与中国香港（中国澳门）等签订或续签的税收协定，在股息、利息、特许权使用费、财产收益等条款方面比其他国家或地区享有更多税收优惠，大多“走出去”企业会有意识地选择在这些国家或地区搭建投资架构来达到避税的目的。

本章思考题

1. 逃税、避税和税收筹划的区别和联系是什么？
2. 跨国企业比仅在一国境内开展经营活动的企业逃避税的机会更多吗？为什么？
3. 试比较分析 OECD 和欧盟避税地识别标准的区别与联系。OECD 和欧盟推出的避税地“黑名单”对主要的国际避税地产生了怎样的影响？试举例说明。

4. 经济数字化对国际避税带来了哪些影响?
5. 什么是税收倒置?它会带来怎样的税收影响?
6. 试分析具备哪些主要特征的国家或地区可能成为跨国企业设立控股实体、持权实体、金融实体、贸易实体等不同类型低税实体的理想地点?
7. 试分析滥用税收协定的主要表现。
8. 外商投资企业和“走出去”企业在避税手段方面有何主要区别?

第六章　转让定价法规与措施

【学习目标】本章主要讲述税务机关对企业与其关联方之间的业务往来是否符合独立交易原则进行审核评估和调查调整的相关法规和措施。通过学习本章，可以了解转让定价税务管理法规的起源及发展；理解关联关系认定和同期资料管理；掌握转让定价调整的原则和方法；熟悉转让定价调整中国际重复征税问题的产生和解决方法，包括相互协商程序以及预约定价安排等相关规定及程序。

第一节　转让定价税务管理法规

本书第五章第三节“国际避税的主要手段”明确了转让定价的定义和概念形式，知晓转让定价是跨国公司进行避税的常用手段及相关方式。转让定价的税务管理就是各国通过立法采取的一种抑制跨国企业转移利润和侵蚀本国税基的有效措施。各国税务机关和相关国际组织致力于打击企业不合理的转让定价避税行为，维护各国税基和税收主权，促进企业公平竞争，在税务实践中形成了一系列转让定价管理的税务法规。

一、国际转让定价税务管理法规发展

转让定价法规最早可以追溯到1915年。当时英国政府出台一条法规，主要是禁止跨国公司通过跨境关联交易将利润转移到境外，否则本国税务机关有权进行调整。第二次世界大战后，随着社会稳定和全球化发展，越来越多跨国公司进行跨境交易，引起了各国关注。自20世纪70年代以来，OECD开始关注跨国经济活动中的转让定价税务问题，并陆续发表转让定价相关文章。1979年OECD批准并通过了《转让定价与跨国企业》，1995年OECD发表的《跨国企业与税务机关转让定价指南》（以下简称《指南》），明确了转让定价中的基本

原则——独立交易原则（The Arm's Length Principle）。《指南》还介绍了转让定价基本方法和相关文档，是对转让定价税务研究的一个里程碑式的总结。随着跨国企业跨境关联交易的发展，OECD还在《指南》中加入无形资产、金融交易转让定价、成本分摊等相关内容。OECD官网显示，截至2023年底，包括我国在内的69个国家在本国转让定价税制设计原则上遵循或部分遵循《指南》。

二、我国转让定价税务管理法规发展

我国的转让定价法规发展历程大致可以分为以下几个主要阶段。

第一阶段（1978年至2000年）是起步发展阶段。在1991年以前，我国没有一部全国通用的转让定价相关的税收法律法规，只在深圳地区有地方性文件规定如何调整外资企业关联货物销售价格。我国最早提及转让定价的法律是1991年通过的《外商投资企业和外国企业所得税法》，其中第十三条明确了外商投资企业或者外国企业在中国境内设立的从事生产、经营的机构场所与其关联企业之间的业务往来，应当按照独立企业之间的业务往来收取或者支付价款、费用，不按照独立企业之间的业务往来收取或者支付价款、费用，而减少其应纳税所得额的，税务机关有权进行合理调整。随后在1992年通过的《税收征收管理法》第二十四条提出，企业或者外国企业在中国境内设立的从事生产、经营的机构、场所与其关联企业之间的业务往来，应当按照独立企业之间的业务往来收取或者支付价款、费用；不按照独立企业之间的业务往来收取或者支付价款、费用，而减少其应纳税的收入或者所得额的，税务机关有权进行合理调整。国家税务总局1992年出台了相关税收法规作为我国转让定价管理参考，如《关联企业间业务往来税务管理实施办法》（国税发〔1992〕237号），较为详细地规定了关联关系认定方式。国家税务总局1998年制定了《关联企业间业务往来税务管理规程》（国税发〔1998〕59号印发），其内容不仅包括关联关系认定、调查审计步骤、调整方法选用介绍、后续跟踪管理，还首次引入了预约定价方法，是我国早期对转让定价规定较为完备的一个总结。

第二阶段（2001年至2007年）是提升发展阶段。随着我国加入世界贸易组织（WTO），2001年新修订的《税收征收管理法》将关联交易条款由原来的第二十四条改为第三十六条，2002年颁布的《税收征收管理法实施细则》对转让定价税务管理制度进一步细化，规定了税务机关有权在自业务往来发生的纳税年度起3年内对未按照独立企业之间业务往来作价支付价款费用的进行调整，特殊情况可延长至10年。2004年国家税务总局颁布了《关联企业间业务往来预约定价实施规则（试行）》（国税发〔2004〕118号）并修订了《关联企业间业务往来税务管理规程》（国税发〔2004〕143号），对预约定价和关联业务往来税务管理进行了补充和更新。2008年《企业所得税法》单设了“特别纳税调整”一章，标志着我国的反避税立法由单一转让定价税制拓展形成了较为全面的反避税法律体系。

第三阶段（2008年至今）是转让定价法规与国际接轨的阶段。2009年1月，国家税务总局颁布了《特别纳税调整实施办法（试行）》（2号文）。2号文对新《企业所得税法》及其实施条例的原则性规定作了进一步细化，替代了原《关联企业间业务往来税务管理规程》《关联企业间业务往来预约定价实施规则（试行）》等制度规范。在BEPS行动计划落地后，我国更加注重与转让定价国际规则接轨，国家税务总局于2016年出台了《关于完善关联申报和同期资料管理有关事项的公告》（国家税务总局公告2016年第42号，以下简称42号公告）和《关于完善预约定价安排管理有关事项的公告》（国家税务总局公告2016年第64号，以下简称64号公告），2017年出台了6号公告，同时在2018年修正并公布的《个人所得税法》第八条加入了个人转让定价调整相关条款，填补了我国个人所得税的反避税法条空白。

第二节 关联关系认定和同期资料

关联关系存在是转让定价的前置条件。在转让定价管理实践中，首先需要判断发生交易的企业间是否存在关联关系，从多维度出发，本着实质重于形式原则对关联关系进行认定。而同期资料是企业提供的关于转让定价的重要文档，为税务机关了解企业具体转让定价交易模式、交易产品和金额、定价方式和企业功能风险定位等提供了较为详细的数据，是税务机关开展转让定价管理必不可少的基础信息。

一、关联关系认定

转让定价法规针对的是跨国关联企业之间的交易作价，所以正确运用转让定价法规，首先要准确判定关联关系。企业同第三方发生的独立交易行为一般按照公允价格进行，而关联关系存在可能会导致关联企业间通过转让定价方式转移利润。世界上大部分国家把《联合国范本》和《OECD 范本》中对关联关系的认定作为判定准则。《联合国范本》和《OECD 范本》都把管理、控制和资本作为认定关联企业的依据，其对关联关系的认定表述如下：①缔约国一方企业直接或间接参与缔约国另一方企业的管理、控制或资本；②同一人直接或间接参与缔约国一方企业和缔约国另一方企业的管理、控制或资本。也有部分学者认为关联关系的判定应大多遵循两个标准：存在控制关系和重大影响关系。现行国际上各国对关联关系基本从以上原则出发，根据各国实际情况再进行调整。一般来说，各国均从控股或者参股角度进行相关规定。美国认为任何两个或两个以上的经营团体、贸易团体或组织隶属于同一利益主体的，或者直接或间接受控制于此同一利益主体，就被看作是具有关联关系。文献资料显示，美国认为持股超过 50% 的控股关系可认定为关联关系。此外，美国税务部门规定，外国投资者持有美国企业超过 25% 以上股份要申报《外国纳税人持有 25% 以上股份的美国公司或境外公司在美国开展经营活动的信息申报表》，资本弱化关联关系要求关联方持股比例超过 50%。日本要求持股比例超过 50% 或者存在控制关系时认定为关联关系。韩国规定一方直接或间接持有另一方股份总和达到 50% 以上；双方直接或间接为第三方所持有的股份达到 50% 以上或者存在其他控制关系时认定为关联关系。我国台湾地区则是规定持股比例超过 1/3 或者存在控制关系时认定为关联关系。

我国对关联关系的认定原则上同大部分国家一致，税务部门对关联关系认定基于实质重于形式原则，并有相关兜底条款。我国对关联关系的认定原则主要来源于《企业所得税法实施条例》，并且由 42 号公告规定具体细则。如企业与其他企业组织或个人直接或间接持股达到一定比例，或持股比例虽未达标准但资金融通达到一定标准，或在经营、购销、高管人员委任等方面具有一定控制等。由于我国国有企业的特殊性，仅因国家持股或者由国有资产管理部门委派董事、高级管理人员而达到规定情形的，不构成关联关系。

延伸阅读

我国税法对关联关系的认定原则

税法中对关联关系认定原则主要是《企业所得税法实施条例》第一百零九

条，该条规定："企业所得税法第四十一条所称关联方，是指与企业有下列关联关系之一的企业、其他组织或者个人：（一）在资金、经营、购销等方面存在直接或者间接的控制关系；（二）直接或者间接地同为第三者控制；（三）在利益上具有相关联的其他关系。"我国税务机关主要以国家税务总局公告2016年第42号第二条及第三条作为关联关系判定细则参考。具体内容如下：

"二、企业与其他企业、组织或者个人具有下列关系之一的，构成本公告所称关联关系：

"（一）一方直接或者间接持有另一方的股份总和达到25%以上；双方直接或者间接同为第三方所持有的股份达到25%以上。

"如果一方通过中间方对另一方间接持有股份，只要其对中间方持股比例达到25%以上，则其对另一方的持股比例按照中间方对另一方的持股比例计算。

"两个以上具有夫妻、直系血亲、兄弟姐妹以及其他抚养、赡养关系的自然人共同持股同一企业，在判定关联关系时持股比例合并计算。

"（二）双方存在持股关系或者同为第三方持股，虽持股比例未达到本条第（一）项规定，但双方之间借贷资金总额占任一方实收资本比例达到50%以上，或者一方全部借贷资金总额的10%以上由另一方担保（与独立金融机构之间的借贷或者担保除外）。

"借贷资金总额占实收资本比例＝年度加权平均借贷资金/年度加权平均实收资本，其中：

"年度加权平均借贷资金＝i笔借入或者贷出资金账面金额×i笔借入或者贷出资金年度实际占用天数/365

"年度加权平均实收资本＝i笔实收资本账面金额×i笔实收资本年度实际占用天数/365

"（三）双方存在持股关系或者同为第三方持股，虽持股比例未达到本条第（一）项规定，但一方的生产经营活动必须由另一方提供专利权、非专利技术、商标权、著作权等特许权才能正常进行。

"（四）双方存在持股关系或者同为第三方持股，虽持股比例未达到本条第（一）项规定，但一方的购买、销售、接受劳务、提供劳务等经营活动由另一方控制。

"上述控制是指一方有权决定另一方的财务和经营政策，并能据以从另一方的经营活动中获取利益。

“(五)一方半数以上董事或者半数以上高级管理人员(包括上市公司董事会秘书、经理、副经理、财务负责人和公司章程规定的其他人员)由另一方任命或者委派,或者同时担任另一方的董事或者高级管理人员;或者双方各自半数以上董事或者半数以上高级管理人员同为第三方任命或者委派。

“(六)具有夫妻、直系血亲、兄弟姐妹以及其他抚养、赡养关系的两个自然人分别与双方具有本条第(一)至(五)项关系之一。

“(七)双方在实质上具有其他共同利益。

“除本条第(二)项规定外,上述关联关系年度内发生变化的,关联关系按照实际存续期间认定。

“三、仅因国家持股或者由国有资产管理部门委派董事、高级管理人员而存在本公告第二条第(一)至(五)项关系的,不构成本公告所称关联关系。”

为更好地理解我国对关联关系认定的规定,下面结合案例进一步说明。

【案例6-1】股权控制类型关联关系认定

A企业持有B企业股份达到25%,B企业持有C企业股份达到30%,A企业直接持有C企业20%股份。请问A企业和C企业是否构成关联关系?

分析:因为A企业持有B企业股份达到25%,根据42号公告规定,A企业对C企业的持股比例直接按中间层B企业对C企业的持股比例计算,即为30%,因此无须叠加A企业直接持有C企业的20%股份部分,就可以直接判定A企业和C企业构成关联关系。

【案例6-2】借贷资金控制类型关联关系认定

A企业持有B企业15%的股份,B企业2021年初实收资本为1500万元,11月1日实收资本增加500万元,A企业持股比例不变。A企业年初向B企业发生借款500万元,3月31日又发生借款500万元,请问A企业和B企业是否构成关联关系?

分析:A企业对B企业年度加权平均借贷资金为876.71万元($500\times365/365+500\times275/365$),B企业的年度加权平均实收资本为1583.56万元($1500\times365/365+500\times61/365$),那么B企业的借贷资金总额占实收资本的比例为

55.36%（876.71/1583.56×100%），大于50%，虽然A企业对B企业的持股比例未达25%，但是仍可判定A企业和B企业构成关联关系。

【案例6－3】VIE架构控制类型关联关系认定

A企业为中国香港公司，B企业为A企业的境内全资子公司，B企业通过合同“协议控制”C企业，并向C企业按C企业销售收入和盈利情况收取技术咨询等相关费用。B企业不持有C企业任何股份。请问B企业和C企业是否构成关联关系？

分析：A企业、B企业、C企业架构为典型的VIE架构，B企业虽然不持有C企业任何股份，但根据国家税务总局2021年发布的《关于进一步深化税务领域“放管服”改革　培育和激发市场主体活力若干措施的通知》（税总征科发〔2021〕69号），企业与其他企业、组织或者个人之间，一方通过合同或其他形式能够控制另一方的相关活动并因此享有回报的，双方构成关联关系。该公告也进一步明确了VIE架构协议控制构成关联关系。

二、同期资料

转让定价同期资料是G20/OECD税基侵蚀和利润转移（BEPS）行动计划的第13个项目中的重要内容。税务机关进行转让定价风险审核和调查的关键是掌握相关信息，而其中企业提供的转让定价文档尤其重要。引用《指南》对转让定价文档所应实现目标的描述：一是确保纳税人在制定受控交易价格和其他交易条款时，以及在纳税人申报中披露上述交易所得时，能够合理考虑转让定价的要求；二是为税务机关进行有效的转让定价风险评估提供必要信息；三是当税务机关对其管辖范围内企业的转让定价行为进行合理的全面调查时，为税务机关提供有用的信息。

许多国家的税务部门都对转让定价文档有一定的规定。在文档准备条件上，美国税务部门规定，若企业适用联邦税法合格商业收入扣除规定则需要准备转让定价文档，若企业是跨国企业的最终母公司，且该企业上一年度的合并年总收入达到8.5亿美元以上，则需要提交国别报告；新加坡税务部门规定，不同关联交易类型的价值限额，若超过一定限额则企业需要准备转让定价文档；加拿大税务部门规定，若企业上一会计年度集团合并财务报表中的收入金额超过7.5亿欧元，需要填报国别报告。在文档内容上，BEPS第13项行动计划制定了转让定价文档规则，提出了主体文档、本地文档和国别报告的三层标准结构。其中，主体文档旨在提供跨国企业集团全球业务的基本情况；本地文档提供跨国企业集团内部具体某一子公司有关关联交易的详细信息，也可作为主体文档的补充；国别报告提供跨国企业集团运营所在的所有税收管辖地范围内与全球收入分配、纳税情况以及相关税收管辖地经济活动指标相关的信息。同时，第 13 项行动计划制定了《关于国别报告信息交换的多边主管税务机关协议》，大大提高了各成员国的税收透明度。

在 BEPS 行动计划下，我国接轨国际规则提高转让定价文档信息质量，加入转让定价国别报告多边主管当局间协议，截至 2024 年 7 月底，已与 88 个国家（地区）建立国别信息交换关系，不断深化国际税收合作。

我国在实践中，42 号公告第十条明确规定：企业应当依据《企业所得税法实施条例》第一百一十四条的规定，按纳税年度准备并按税务机关要求提供其关联交易的同期资料。同期资料包括主体文档、本地文档和特殊事项文档。

（一）主体文档

1. 准备条件：年度发生跨境关联交易，且合并该企业财务报表的最终控股企业所属企业集团已准备主体文档；或年度关联交易总额超过 10 亿元。

2. 文档内容：包括组织架构、企业集团业务、无形资产、融资活动、财务与税务状况。

（二）本地文档

1. 准备条件：有形资产所有权转让金额（来料加工业务按照年度进出口报关价格计算）超过 2 亿元；或金融资产转让金额超过 1 亿元；或无形资产所有权转让金额超过 1 亿元；或其他关联交易金额合计超过 4000 万元。

2. 文档内容：

（1）企业组织结构、管理架构、业务描述、经营策略、财务数据、涉及本企业或者对本企业产生影响的重组或者无形资产转让情况等信息。

（2）关联方基本信息和关联关系变化情况。

（3）关联交易明细、流程和定价影响要素等信息。

（4）关联交易相关价值链的业务流、物流、资金流，地域特殊因素对企业创造价值贡献的计量，以及全环节利润的分配原则及分配结果等信息。

（5）对外投资、关联股权转让和关联劳务交易情况。

（6）与企业关联交易直接相关的，中国以外其他国家税务主管当局签订的预约定价安排和作出的其他税收裁定。

（7）可比性分析考虑的因素，可比企业执行的功能、承担的风险以及使用的资产等信息。

（8）转让定价方法的选择和使用。

（三）成本分摊协议特殊事项文档

1. 准备条件：企业签订或者执行成本分摊协议。

2. 文档内容：

（1）成本分摊协议副本。

（2）各参与方之间达成的为实施成本分摊协议的其他协议。

（3）非参与方使用协议成果的情况、支付的金额和形式，以及支付金额在参与方之间的分配方式。

（4）协议参与方加入或者退出情况、协议变更或者终止情况。

（5）本年度按照成本分摊协议发生的成本总额及构成情况。

（6）本年度各参与方成本分摊的情况。

（7）本年度协议预期收益与实际收益的比较以及由此作出的调整。

（8）预期收益的计算。

（四）资本弱化特殊事项文档

准备条件：企业关联债资比超过标准比例［具体比例参考《财政部 国家税务总局关于企业关联方利息支出税前扣除标准有关税收政策问题的通知》（财税〔2008〕121号）要求］需要说明符合独立交易原则。

文档内容：

（1）企业偿债能力和举债能力分析。

（2）企业集团举债能力及融资结构情况分析。

（3）企业注册资本等权益投资的变动情况说明。

（4）关联债权投资的性质、目的及取得时的市场状况。

（5）关联债权投资的货币种类、金额、利率、期限及融资条件。

（6）非关联方是否能够并且愿意接受上述融资条件、融资金额及利率。

（7）企业为取得债权性投资而提供的抵押品情况及条件。

（8）担保人状况及担保条件。

（9）同类同期贷款的利率情况及融资条件。

（10）可转换公司债券的转换条件。

（11）其他能够证明符合独立交易原则的资料。

（五）其他规定

企业执行预约定价安排的，可以不准备预约定价安排涉及关联交易的本地文档和特殊事项文档，且关联交易金额不计入计算本地文档准备条件的关联交易金额中。

企业仅与境内关联方发生关联交易的，可以不准备主体文档、本地文档和特殊事项文档。

三、国别报告

国别报告是 BEPS 第 13 项行动计划中的一项具体措施。42 号公告要求符合条件的中国居民企业填报国别报告。

1. 准备条件：该居民企业为跨国企业集团的最终控股企业，且其上一会计年度合并财务报表中的各类收入金额合计超过 55 亿元；或被跨国企业集团指定为国别报告的报送企业。

2. 文档内容：企业通过《国别报告—所得、税收和业务活动国别分布表》（中英文）、《国别报告—跨国企业集团成员实体名单》（中英文）和《国别报告—附加说明表》（中英文）披露最终控股企业所属企业集团所有成员实体的全球所得、税收和业务活动的国别分布情况。

第三节　转让定价调整的原则与方法

关联企业转让定价的确定，关系到关联企业在价值链中的利润分配，也关系着各国直接入库的税款，是转让定价管理的重中之重。如何确认转让定价合理价格，并让税企双方都能接受，是转让定价的热点和难点。对于转让定价原则，目前绝大部分国家和 OECD 均认同转让定价调整应秉持独立交易原则，在可比性分析的基础上，选择合理的转让定价方法，对企业关联交易进行评估分析。

一、转让定价调整原则

独立交易原则是转让定价中最为重要的原则。引用《指南》的描述，独立交易原则是国际性的转让定价原则。OECD 各成员国认为企业和税务机关均应将独立交易原则用于税收目的。独立交易原则能被广泛运用，是因为当独立企业之间进行交易时，其商业和财务关系的条件（如转让的商品或提供的劳务的价格及交易条件等）通常是由市场力量来决定的，这也是市场认可的公允价格。而当税务机关认为企业转让定价不合理时，也应该依据独立交易原则进行调整。独立交易原则在国际上更加受到广泛认同的主要原因是其使跨国企业集团和独立企业享有广泛平等的税收待遇。《OECD 范本》第 9 条第 1 款表述为："当两个关联企业之间商业或财务关系达成或施加交易条件不同于独立企业之间商业或财务关系达成或施加交易的条件，并且由于这些的存在，导致其中一个企业没有取得其本应取得的利润，则可以将这部分利润计入该企业的所得，并据以征税。"在转让定价调整中，《指南》指出独立交易原则通过参照类似情况下进行可比交易（如在可比非受控交易下）的独立企业之间的条件，对关联企业的利润进行调整。当然，独立交易原则也有一定缺陷，《指南》也指出独立实体法往往不能完全解释一体化业务产生的规模经济和各种不同活动之间的相互关系。同时也有部分特殊关联交易类型，独立企业之间不会发生类似交易而导致难以进行对比。

二、转让定价调整方法

（一）常见的转让定价调整方法

各国对转让定价审核调整时，由于转让定价形式多样性，无法使用单一方法进行直接套用，一般会根据转让定价交易具体情况选择合理调整方法进行调整。根据《指南》，转让定价调整方法包括传统交易法和交易利润法，这两类方法均可以用来判定在关联企业之间商业或财务关系中的定价情况是否符合独立交易原则。传统交易法是确定关联企业之间的商业关系和财务关系是否符合独立交易原则的最直接的方法，包括可比非受控价格法、再销售价格法和成本加成法。交易利润法则包括交易净利润法和利润分割法，在某些情况下，其比传统交易法更为合适。例如，当受控交易各方做出独特且有价值的贡献或者参与高度整合性的业务活动的时候，利润分割法可能比只看单项方法更为合适。又如，当第三方可靠毛利率数据无法获得或有限的情况下，传统交易法可能较难运用。鉴于信息的可获取性，交易利润法可能最为合适。当然除了 OECD 提到的这些方法，还有其他方法进行调整，如成本法、市场法和收益法等资产评估方法，以及其他能够反映利润与经济活动发生地和价值创造地相匹配原则的方法。

转让定价方法的选择旨在根据实际情况选择最适当的方法。为此，在选择过程中要考虑 OECD 确定的转让定价方法各自的优缺点；鉴于受控交易的性质，对于所选择的方法是否合适，尤其要考虑功能分析；需要考虑所选的方法是否能够取得可靠的信息（尤其是可比的非受控交易的可靠信息）；需要考虑受控与非受控交易之间的可比程度，包括用来消除两者之间重大差异的可比性调整的可靠性。没有一种方法是“万金油”，适用任何情况。

同时，国际上通常认为无论采用传统交易法还是交易利润法，税务机关均需要将纳税人的关联交易与所要参照的非关联交易进行可比性分析。可比性分析指受控交易（关联交易）与非受控交易（非关联交易）之间的比较。如果双方的差异，对在某一方法中所考虑的因素（利润、价格、利润率等）不产生实质性影响，或者可以通过合理而准确的调整来消除这些影响，那么则认为受控交易与非受控交易是可比的。在可比的情况下，税务机关才能将非关联交易的价格、加成率、利润率等相关指标应用到关联交易上。可比性分析是转让定价调整方法的基础。

（二）我国的转让定价调整方法

我国现阶段以独立交易原则作为转让定价调整原则，转让定价调整方法以 6 号公告为主要参考依据。转让定价调整方法包括可比非受控价格法、再销售价格法、成本加成法、交易净利润法、利润分割法及其他符合独立交易原则的方法。值得注意的是，6 号公告要求在进行特别纳税调整时，税务机关必须进行可比性分析，一般包括以下五个方面：交易资产或者劳务特性，交易各方执行的功能、承担的风险和使用的资产，合同条款，经济环境和经营策略。同时，6 号公告还规范了税务机关进行可比性分析的步骤和方法。下面对几种转让定价调整方法作具体介绍。

1. 可比非受控价格法。

可比非受控价格法以非关联方之间进行的与关联交易相同或者类似业务活动所收取的价格作为关联交易的公平成交价格。这一方法将受控交易中所转让的资产或服务的定价与其在可比情况下进行的可比非受控交易中所转让的资产或服务的定价相比较，若二者存在差异，就可能表明关联企业在其商业和财务关系中设定的条件不符合独立交易原则，可能需要用非受控交易的价格来替代受控交易的价格。这一方法可以适用于所有类型的关联交易。

通常情况下，下列两个条件满足其一，一项非受控交易与一项受控交易即为可比（即该项非受控交易就是可比非受控交易），可以适用可比非受控价格法。一是进行比较的交易之间不存在差异，或进行交易的企业之间存在差异但对公开市场的价格没有实质性影响；二是在存在差异的情况下，能够通过合理准确的调整来消除这些差异产生的实质性影响。

可比非受控价格法的可比性分析，应当按照不同交易类型，特别考察关联交易与非关联交易中交易资产或者劳务的特性、合同条款、经济环境和经营策略上的差异。

（1）有形资产使用权或者所有权的转让，包括：

①转让过程，包括交易时间与地点、交货条件、交货手续、支付条件、交易数量、售后服务等；

②转让环节，包括出厂环节、批发环节、零售环节、出口环节等；

③转让环境，包括民族风俗、消费者偏好、政局稳定程度以及财政、税收、外汇政策等；

④有形资产的性能、规格、型号、结构、类型、折旧方法等；

⑤提供使用权的时间、期限、地点、费用收取标准等；

⑥资产所有者对资产的投资支出、维修费用等。

（2）金融资产的转让，包括金融资产的实际持有期限、流动性、安全性、收益性。其中，股权转让交易的分析内容包括公司性质、业务结构、资产构成、所属行业、行业周期、经营模式、企业规模、资产配置和使用情况、企业所处经营阶段、成长性、经营风险、财务风险、交易时间、地理区域、股权关系、历史与未来经营情况、商誉、税收利益、流动性、经济趋势、宏观政策、企业收入和成本结构及其他因素。

（3）无形资产使用权或者所有权的转让，包括：

①无形资产的类别、用途、适用行业、预期收益；

②无形资产的开发投资、转让条件、独占程度、可替代性、受有关国家法律保护的程度及期限、地理位置、使用年限、研发阶段、维护改良及更新的权利、受让成本和费用、功能风险情况、摊销方法以及其他影响其价值发生实质变动的特殊因素等。

（4）资金融通，包括融资的金额、币种、期限、担保、融资人的资信、还款方式、计息方法等。

（5）劳务交易，包括劳务性质、技术要求、专业水准、承担责任、付款条件和方式、直接和间接成本等。

关联交易与非关联交易在以上方面存在重大差异的，应当就该差异对价格的影响进行合理调整，无法合理调整的，应当选择其他合理的转让定价方法。

可比非受控价格法的优点是，在可能找到可比非受控交易的情况下，这一方法是应用独立交易原则最直接、最可靠的方法。这一方法的主要缺点是有时可能很难找到与受控交易足够类似的非关联企业之间进行的交易，且两种交易间的差异不会对价格产生实质性影响。

【案例6－4】可比非受控价格法

A企业为中国居民企业，B企业为设立在韩国的企业，且A企业持有B企业75%的股份。A企业研发成功一款人力管理软件，并采用按年收取使用费的方式。A企业向非关联C企业收取的年度使用费为50万元，A企业向B企业收取的使用费为30万元（B、C企业使用该软件的功能一致）。转让定价调整可以采用可比非受控价格法，将A企业向B企业收取的使用费调整为50万元。

2. 再销售价格法。

再销售价格法以关联方购进商品再销售给非关联方的价格减去可比非关联交易毛利后的金额作为关联方购进商品的公平成交价格。其计算公式如下：

$$\text{公平成交价格} = \text{再销售给非关联方的价格} \times (1 - \text{可比非关联交易毛利率})$$

$$\text{可比非关联交易毛利率} = \frac{\text{可比非关联交易毛利}}{\text{可比非关联交易收入净额}} \times 100\%$$

再销售价格法一般适用于再销售者未对商品进行改变外形、性能、结构或者更换商标等实质性增值加工的简单加工或者单纯购销业务。

一项非受控交易与一项受控交易为可比（即该项非受控交易是可比非受控交易），可以适用再销售价格法，通常情况下需满足下列两个条件之一：一是进行比较的交易之间不存在差异，或进行交易的企业之间存在差异但对公开市场的再销售价格没有实质性影响；二是在存在差异的情况下，能够通过合理准确的调整来消除这些差异产生的实质性影响。运用再销售价格法做比较时，相比可比非受控价格法，为消除产品差异而需要做的调整较少，因为小的产品差异对毛利产生实质性影响的可能性较其对价格产生实质性影响的可能性要小。

再销售价格法的可比性分析，应当特别考察关联交易与非关联交易中企业执行的功能、承担的风险、使用的资产和合同条款上的差异，以及影响毛利率的其他因素，具体包括营销、分销、产品保障及服务功能，存货风险，机器、设备的价值及使用年限，无形资产的使用及价值，有价值的营销型无形资产，批发或者零售环节，商业经验，会计处理及管理效率等。

关联交易与非关联交易在以上方面存在重大差异的，应当就该差异对毛利率的影响进行合理调整，无法合理调整的，应当选择其他合理的转让定价方法。

再销售价格法的主要优点是，可允许产品间存在较大差异，但受控交易中所转让的资产仍需与非受控交易中所转让的资产相比较。这一方法的缺点是当受控交易和非受控交易之间以及交易各方之间存在差异，且这些差异对用以衡量独立交易条件的属性（这里指所实现的再销售利润率）存在实质性影响时，再销售价格法的可靠性可能会受到影响。此外，受控交易与非受控交易的会计处理方法若有不同，就应该在计算再销售利润率的参考数据时进行合理调整，以确保各例中推算毛利的成本一致。例如研发费用可以反映在营业费用或销售成本中。若不进行适当的调整，就不能将各自的毛利做比较。

【案例 6-5】再销售价格法

美国 A 公司以 17 万美元的价格销售一台设备给设在中国境内的深圳 B 子公司，该子公司以 18 万美元的价格将其转售给无关联关系的 C 公司。经调查，税务机关认为 B 公司合理的销售毛利率为 10%，则该母子公司之间的设备销售价格是否合理？

此时，可以按其转售给 C 公司的价格减去市场上公认的合理的销售毛利来调整母子公司之间的产品价格。则母子公司之间合理价格应为：18 ×（1 - 10%）= 16.2（万美元）。

3. 成本加成法。

成本加成法以关联交易发生的合理成本加上可比非关联交易毛利后的金额作为关联交易的公平成交价格。其计算公式如下：

$$公平成交价格 = 关联交易发生的合理成本 \times (1 + 可比非关联交易成本加成率)$$

$$可比非关联交易成本加成率 = \frac{可比非关联交易毛利}{可比非关联交易成本} \times 100\%$$

成本加成法一般适用于有形资产使用权或者所有权的转让、资金融通、劳务交易等关联交易。在下列情况下此种方法可能最为适用：关联企业之间销售半成品，关联企业之间签订合作协议或长期购销合同，或者受控交易为提供服务的交易。

一项非受控交易与一项受控交易可比（即界定为可比非受控交易），可以使用成本加成法，通常情况下需满足下列两个条件之一：一是进行比较的交易之间不存在差异，或进行这些交易的企业之间存在差异，但对公开市场的成本加成额没有实质性影响；二是能够进行合理准确的调整来消除这些差异产生的实质性影响。相对可比非受控价格法而言，在成本加成法中为消除产品差异所需做的调整较少。与再销售价格法一样，若存在的差异对受控交易与非受控交易中获得的成本加成额有实质性影响（如交易各方所执行功能的性质上的差异），通常就需要进行调整以消除这些差异。这些调整的范围和可靠性将会影响在具体个例中按照成本加成法所做分析的相对可靠性。

成本加成法的可比性分析，应当特别考察关联交易与非关联交易中企业执行的功能、承担的风险、使用的资产和合同条款上的差异，以及影响成本加成率的其他因素，具体包括制造、加工、安装及测试功能，市场及汇兑风险，机器、设备的价值及使用年限，无形资产的使用及价值，商业经验，会计处理，生产及管理效率等。

成本加成法的合理运用面临的困难主要是在成本的确定上。尽管企业必须在一段时间内通过弥补成本来维持经营，而在特定的情况下这些成本或许不一定是该企业在某一年内取得合理利润的决定性因素。在多数情况下，企业都受竞争所驱，参照生产相关货物或提供相关劳务的成本来降低价格。同时也存在其他一些情况，所发生的成本与市场价格之间没有明显的关系（如做出了一项有价值的发现，而其所有者在开发的过程中只花费了很少的研发费）。

此外，在运用成本加成法时，需要注意在可比成本的基础上加上可比的加成额。例如，在使用成本加成法时，用作参考的供应商使用租赁的商业资产进行业务活动，若受控交易中的供应方拥有商业资产，那么未经其调整的成本基础是不可比的。成本加成法依赖于受控交易中所取得的成本加成额与一项或多项可比非受控交易所取得的成本加成额之间的比较。因此，必须对受控交易与非受控交易之间对加成额的大小有影响的差异加以分析，以确定如何对非受控交易的加成额做调整。

关联交易与非关联交易在以上方面存在重大差异的，应当就该差异对成本加成率的影响进行合理调整，无法合理调整的，应当选择其他合理的转让定价方法。

【案例6-6】成本加成法

A集团公司是一家在境外证券交易所上市的综合性企业。A（中国）有限公司（以下简称A中国公司）是一家由A集团公司投资兴建的外商独资企业。B公司是一家在美国生产同类产品的关联公司。A中国公司与B公司同属于A集团公司。为保证产品质量，目前A中国公司所需的产品原材料皆由美国B公司供应，生产完成以后，所有的产成品全部销往美国B公司。经B公司认可质量后，再销往客户。该产品的原材料由B公司按市场价提供，A中国公司与B公司签订了进料加工生产协议。

B公司卖给A中国公司的材料价格为500万美元，A中国公司销售价格为525万美元，价格偏低，根据同行业非关联公司的盈利水平确定成本加成率为20%（适用税率为25%）。

用成本加成法对A中国公司的销售价格进行调整，其公平成交价格应是：500×(1+20%)=600（万美元）。

4. 交易净利润法。

交易净利润法以可比非关联交易的利润指标确定关联交易的利润。利润指标包括息税前利润率、完全成本加成率、资产收益率、贝里比率等。具体计算公式如下：

（1）息税前利润率=息税前利润/营业收入×100%

（2）完全成本加成率=息税前利润/完全成本×100%

（3）资产收益率=息税前利润/[(年初资产总额+年末资产总额)/2]×100%

（4）贝里比率=毛利/(营业费用+管理费用)×100%

利润指标的选取应当反映交易各方执行的功能、承担的风险和使用的资产。利润指标的计算以企业会计处理为基础，必要时可以对指标口径进行合理调整。

交易净利润法一般适用于不拥有重大价值无形资产企业的有形资产使用权或者所有权的转让和受让、无形资产使用权受让以及劳务交易等关联交易。

交易净利润法的可比性分析，应当特别考察关联交易与非关联交易中企业执行的功能、承担的风险和使用的资产，经济环境上的差异，以及影响利润的其他因素，具体包括行业和市场情况，经营规模，经济周期和产品生命周期，收入、成本、费用和资产在各交易间的分配，会计处理及经营管理效率等。

关联交易与非关联交易在以上方面存在重大差异的，应当就该差异对利润的影响进行合理调整，无法合理调整的，应当选择其他合理的转让定价方法。

交易净利润法的优点之一是净利润指标与可比非受控价格法中运用的价格相比，受交易差异的影响较小。相比毛利而言，净利润更能包容受控和非受控交易之间某些功能的差别。此种方法另一个优点是，仅需考察一方关联企业财务指标（即受测企业）。经营活动参与方无须依据相同的准则进行账簿核算，或者如在利润分割法下，将成本在所有参与方之间分摊。当交易一方情况复杂并有许多相互联系的活动，或者难以获得交易一方的可靠信息时，交易净利润法具有实际操作方面的优势。

但交易净利润法也存在一些不足。纳税人的净利润指标会受自身战略、管理效率、竞争力水平等因素的影响，而这些因素对独立企业之间交易的价格或毛利润没有影响，或者只有较少实质性影响或直接影响。这使得准确可靠地确定符合独立交易原则的净利润指标变得困难。

【案例 6-7】交易净利润法

中国A公司从事电池的制造，主要原材料从国内第三方采购，产品全部向海外母公司销售。基于该交易模式，可以选择交易净利润法，利润指标为完全成本加成率，并通过详尽的经济分析，选择合理的完全成本加成率，确定应调整的利润额。

5. 利润分割法。

利润分割法，是指根据企业与其关联方对关联交易合并利润（实际或者预计）的贡献计算各自应当分配的利润额。利润分割法主要包括一般利润分割法和剩余利润分割法。

一般利润分割法，通常根据关联交易各方所执行的功能、承担的风险和使用的资产，采用符合独立交易原则的利润分割方式，确定各方应当取得的合理利润；当难以获取可比交易信息但能合理确定合并利润时，可以结合实际情况考虑与价值贡献相关的收入、成本、费用、资产、雇员人数等因素，分析关联交易各方对价值做出的贡献，将利润在各方之间进行分配。

剩余利润分割法，是将关联交易各方的合并利润减去分配给各方的常规利润后的余额作为剩余利润，再根据各方对剩余利润的贡献程度进行分配。

利润分割法一般适用于企业及其关联方均对利润创造具有独特贡献，业务高度整合且难以单独评估各方交易结果的关联交易。利润分割法的适用应当体现利润应在经济活动发生地和价值创造地征税的基本原则。

利润分割法的可比性分析，应当特别考察关联交易各方执行的功能、承担的风险和使用的资产，收入、成本、费用和资产在各方之间的分配，成本节约、市场溢价等地域特殊因素，以及其他价值贡献因素，确定各方对剩余利润贡献所使用的信息和假设条件的可靠性等。

利润分割法的最主要优点是，它可以解决在经营高度整合时单向测试方法难以适用的问题。在交易双方都做出了独特且有价值的贡献（如提供了独特的无形资产）的情况下，利润分割法也是恰当的。因为在这种情况下，独立企业可能希望根据它们各自在交易中所做的贡献比例来分割利润，那么双向测试的方法将比单向测试的方法更加适用。利润分割法的另一个优点是考虑了独立企业之间可能不存在的、关联企业之间具体甚至独特的事实和情形，因而具有一定的灵活性。同时，利润分割法还反映了独立企业在面临同样情形时可能采取的合理做法，所以仍可作为一种独立交易方法。此外，因为利润分割法对交易双方都做了评估，所以受控交易的任一方面临极端、不可能的利润结果的可能性减少。在分析受控交易中，交易双方通过提供无形资产做出贡献时，这一点尤为重要。这种双向测试方法，也可用来划分由于规模经济或其他联合效率经济产生的利润，以使其结果令纳税人和税务机关都能满意。

利润分割法的不足之处是其应用上的困难。关联企业和税务机关同样难以获取国外关联企业的信息。另外，难以衡量参与受控交易的所有关联企业的合并收入和成本，它要求在共同准则下簿记核算（包括会计账簿和记录），并对会计处理办法和货币进行调整。最后，当利润分割法用于营业利润时，可能会难以确认与这些交易有关的适当的营业费用，并在该交易和关联企业的其他经济活动之间分配这些成本费用。

【案例6－8】利润分割法

美国甲贸易公司将一批货物销售给中国关联方乙经销商，取得利润100万元；乙经销商将这批货物销售后取得利润250万元。经过税务部门的调查，发现甲、乙同属于某跨国集团，甲负责全球范围内的品牌开发、提升和保护，乙经销商负责开发、维护中国地区的经销网络并配合甲公司进行品牌宣传。基于前期分析，甲、乙两方均对利润创造做出独特贡献，拟就350万元的利润按照4:6的贡献程度在两企业之间进行重新分配，则甲公司的利润应为140万元（$350\div10\times4$），乙经销商的利润应为210万元（$350\div10\times6$）。

6. 其他符合独立交易原则的方法。

其他符合独立交易原则的方法包括成本法、市场法和收益法等资产评估方法，以及其他能够反映利润与经济活动发生地和价值创造地相匹配原则的方法。

（1）成本法，是以替代或者重置原则为基础，通过在当前市场价格下创造一项相似资产所发生的支出确定评估标的价值的评估方法。成本法适用于能够被替代的资产价值评估。

（2）市场法，是利用市场上相同或者相似资产的近期交易价格，经过直接比较或者类比分析以确定评估标的价值的评估方法。市场法适用于在市场上能找到与评估标的相同或者相似的非关联可比交易信息时的资产价值评估。

（3）收益法，是通过评估标的未来预期收益现值来确定其价值的评估方法。收益法适用于企业整体资产和可预期未来收益的单项资产评估。在运用收益法评估无形资产价值时，应当合理确定无形资产的经济年限。

在实践中，没有特定的方法准则可以适用于所有案例。对于较小或是不重要的调整，税务机关须三思而后行。一般而言，各方应该尝试达成一个合理的共识，知晓各种方法存在的不精确性，并倾向于选择与受控交易具有更高可比性、更直接和更密切关系的方法。对于某些有用的信息，比如从与受控交易并不完全相同的非受控交易中获得的信息，不能简单地因为其无法完全满足某些严格的可比性标准而放弃。同样地，从与关联企业进行受控交易的企业处获得的信息或许有助于理解所审查的交易或为进一步调查指明方向。此外，若任一方法在一项或多项受控交易中的运用得到了参与交易的跨国企业集团成员的一致认可，且得到了所有这些成员企业主管税务机关的认可，该方法就可以加以运用。

（三）使用顺序

在使用顺序上，OECD 曾要求优先使用传统交易法（即可比非受控价格法、再销售价格法和成本加成法），只有在传统方法均不适用时，才可以选择交易利润法（包括交易净利润法和利润分割法）。而在后续发布的《指南》中，上述顺序不再被强调，转而强调使用最合适的方法。不同国家对调整方法的使用顺序规定不尽相同，我国最初也要求依照可比非受控价格法、再销售价格法、成本加成法以及其他合理方法的顺序进行选择，后续也不再强调这种先后顺序，逐渐改为“选用相应的调整方法”等表述。例如，2 号文仅要求“选用合理的转让定价方法”，对先后顺序未作要求，6 号公告同样强调了税务机关在对企业关联交易进行分析评估时要“选择合理的转让定价方法”。

第四节　转让定价调整中国际重复征税问题的解决

当两个或多个税务机关在确定独立交易条件时持有不同立场，就可能产生双重征税问题。双重征税对国际贸易和资本流动的发展构成一定障碍，因此应尽可能消除。解决国际重复征税问题的机制包括相互协商程序、双（多）边预约定价安排、税收仲裁和国际诉讼等。相互协商程序是最主要、最为广泛使用的方式，而预约定价安排是在交易发生前与税务机关达成的协议，可有效避免或消除国际重复征税。

一、相互协商程序

（一）相互协商程序概述

相互协商程序（Mutual Agreement Procedure，MAP），是指国际税收协定的缔约国双方税务主管机关之间在处理国际税收争议问题时应遵循的规范化程序，是由双方税务主管机关直接进行沟通协商解决国际税收争议的程序。

如果一国税务机关根据独立交易原则就某企业与其在第二国的关联企业交易调增其应税利润（即作出初次调整），而该部分利润已在第二国征税，就会产生双重征税。为了消除转让定价案件中的双重征税，《OECD 范本》第9条第2款提出相应调整。通过相互协商，由第二国的税务机关所作出的相应调整将调减该关联企业的应纳税额。这样一来，应税利润在这两国间的分配就与初次调整相一致，且不会产生双重征税情况。第二种可能是，第一国的税务机关同意降低（或取消）初次调整，此时相应调整的金额将变小（或者是没有必要进行相应调整）。作为相互协商程序的一部分，相应调整在实践中能够减少或者消除上述双重征税。第三种可能是，双方税务主管机关无法达成一致，不能解决双重征税。

相互协商程序是伴随着国际税收协定而出现的。第二次世界大战结束后，国际的经济交往更加深入，国际税收的争端也逐渐涌现。为了试图解决这些争端，相互协商程序应运而生。1927 年，国际联盟财政委员会的一个工作组起草了一份《关于在征税方面进行相互协助的条约范本》（Model Treaty for Mutual Assistance in Tax Matters），其中规定了相互协商程序。正式的国际法律文本中出现相互协商程序是1977年发布的《OECD范本》第25条“相互协商程序”，用4款条文规定了相互协商程序的启动方式、受理机关、适用范围、协议效力及协商方式。2008年修订后的范本增加强制仲裁作为第5款。1979年联合国经济与社会理事会通过的《联合国范本》也引入了类似的相互协商程序条款。随着上述两个范本被世界各国广泛接受，用以作为税收协定的参考，相互协商程序作为一种全新的国际税收争议解决协调机制，逐渐被世界大多数国家所认可。

（二）我国相互协商程序的规定

我国在1983年签署的第一份税收协定中引入相互协商程序。截至2023年12月，我国已与114个国家（地区）正式签署了避免双重征税协定（协议或安排），其中的相互协商程序条款主要参照《OECD范本》。为了落实税收协定中的相互协商程序，国家税务总局曾于2005年7月发布《关于印发〈中国居民（国民）申请启动税务相互协商程序暂行办法〉的通知》（国税发〔2005〕115号），规定了中国居民（国民）向国家税务总局启动相互协商程序的申请及其受理等事项。2013年9月，国家税务总局发布了56号公告，规定了涉及税收协定条款解释或者执行的相互协商程序。2014年12月发布《一般反避税管理办法（试行）》（国家税务总局令第32号），规定了在一般反避税调整中的被调查企业，在认为主管税务机关的相关处理会导致国际双重征税或者不符合税收协定规定征税时，可以按照税收协定及其相关规定申请启动相互协商程序。2017年3月发布的6号公告规定，为避免或者消除由特别纳税调整事项引起的国际双重征税，国家税务总局可以依据相关企业申请或者税收协定缔约对方税务主管当局请求启动相互协商程序。进一步规定了相互协商的内容，企业或缔约对方税务主管当局提出相关申请的条件，相互协商过程中的资料补充，相互协商程序的拒绝启动、暂停和终止以及所达成的相互协商协议的执行等问题。

二、预约定价安排

启动特别纳税调查调整相互协商程序是事后的解决机制，而预约定价安排则是事先的预防性措施，能为纳税人和税收协定缔约双方提供税收确定性。

（一）预约定价安排概述

预约定价安排（Advance Pricing Arrangement，APA），是指企业就其未来年度关联交易的定价原则和计算方法，向税务机关提出申请，与税务机关按照独立交易原则协商、确认后达成的协议。预约定价安排适用于主管税务机关向企业送达接收其谈签意向的《税务事项通知书》之日所属纳税年度起3至5个年度的关联交易，追溯期最长为10年。

预约定价安排按照参与的国家（地区）税务主管当局的数量，可以分为单边、双边和多边三种类型。企业与一个国家（地区）的税务主管当局签署的预约定价安排为单边预约定价安排。单边预约定价安排只能为企业提供一个国家（地区）内关联交易定价原则和计算方法的确定性，而不能有效规避企业境外关联方被其所在国家（地区）的税务主管当局进行转让定价调查调整的风险。因此，单边预约定价安排无法避免或消除国际重复征税。企业与两个或两个以上国家（地区）税务主管当局签署的预约定价安排为双边或多边预约定价安排，需要税务主管当局之间就企业跨境关联交易的定价原则和计算方法达成一致，可以有效避免或消除国际重复征税，为企业转让定价提供确定性。

预约定价安排是税务机关和企业通过合作的方式处理企业转让定价问题以及潜在转让定价争议的有效手段，是在税企双方自愿、平等、互信的基础上达成的协议，是税务机关为企业提供的服务，为税企双方增进理解、加强合作、减少对抗提供了有效途径。预约定价安排具有如下优势：

（1）为企业未来年度的转让定价问题提供确定性，从而带来企业经营及税收的确定性，也为税务机关带来稳定的收入预期；

（2）降低税务机关转让定价管理及调查的成本，有效避免企业被税务机关转让定价调查的风险，降低企业的税收遵从成本；

（3）有助于提高税务机关的纳税服务水平，促进税收管理与服务的均衡发展，保障纳税人相关权益的实现。

双边或者多边预约定价安排还特别具备以下优势：

（1）促进各国税务主管当局之间的交流与合作。

（2）使企业可以在两个或两个以上国家（地区）避免被转让定价调整的风险，并有效避免或消除国际重复征税。

（二）预约定价安排的产生与发展

为了防止转让定价所产生的争议以及减少纳税人和税务主管当局的管理成本，预约定价制度在近年来得到迅猛发展，越来越多国家建立了预约定价制度。日本是世界上最早实行双边预约定价安排的国家。1987年，日本率先提出预先确定制度（Pre－Comfirmation System，PCS）的概念，其颁布的《计算独立交易价格的方针》规定，只要日本纳税人与外国公司的交易价格被税务当局确认为独立交易价格，将不会受到检查，这是预约定价安排的雏形。但预约定价制度在日本的发展相当缓慢，真正的兴起出现在美国。受到日本预先确定制度的启发，美国开始对预约定价制度进行积极探索。1990 年美国税务部门出台了一部有关预约定价的预先确定裁决程序草案（Draft Procedure on Advance Determination Ruling），该草案经过修订后，于 1991 年 3 月以《税收收入程序 91 – 22》的形式公布，被称为预约定价安排的官方程序，即纳税人与税务部门可以事先就跨国关联交易的转让定价问题达成协议。如果本国企业与境外关联企业从事业务往来所使用的交易定价方法与预约定价协议一致，则税务部门就给予认可；否则，税务部门就要对转让定价进行调整。该程序将预约定价安排作为税务部门与纳税人之间转让定价纠纷的一种解决办法，以补充传统的转让定价争端在行政和司法方面的解决程序。该程序的颁布标志着美国进入了预约定价税制的新纪元。此后，美国税务部门对该程序进行了多次的修订和细化，预约定价安排作为一种税收争端事先解决机制得到了广泛的应用。由于该制度在美国的成功运用，许多国家也纷纷引进预约定价安排，日本、加拿大、墨西哥、澳大利亚、德国、荷兰、韩国等也相继都实行和发展了预约定价制度。OECD 也对预约定价制度的发展进行了探讨。1995 年，OECD 的《指南》将预约定价协议作为几种解决转让定价纠纷管理办法中的一种具体途径提出。《指南》建议在可能的情况下，有关国家可以谈签双边或多边的预约定价安排。1999 年 10 月，OECD 颁布了预约定价安排指南。该指南对预约定价安排的广泛运用起到了促进作用。BEPS 第 14 项行动计划最佳实践（不具备约束力）中鼓励各国，为确保税收协定相关的争端得到及时、高效地解决，应尽其所能地实施双边预约定价安排项目，并应认识到预约定价安排增强了税收协定缔约双方的税收确定性，降低了双重征税的可能性，可有效预防转让定价争端。

（三）我国预约定价安排的规定

1. 我国预约定价安排的发展历程。

中国自 20 世纪 90 年代末开始预约定价安排的实践。1998 年，预约定价安排作为转让定价调整方法中的“其他合理的方法”写入《国家税务总局关于印发〈关联企业间业务往来税务管理规程〉的通知》（国税发〔1998〕59 号）第二十八条。2002 年，《税收征收管理法实施细则》第五十三条正式引入预约定价制度，预约定价由转让定价的调整方法上升为一种制度。2004 年，国家税务总局发布了《关联企业间业务往来预约定价实施规则（试行）》（国税发

〔2004〕118 号发布），对预约定价安排谈签步骤、要求及后续监控执行等具体操作程序做出详细规定，从而规范了中国的预约定价安排管理。2005 年，国家税务总局实施了预约定价监控管理制度，促进了全国预约定价管理工作的规范发展。2005 年 4 月 19 日，中日两国税务机关在北京正式签署了我国第一个双边预约定价协议，这是中日两国税务机关历时一年经过三轮谈判的成果。它开创了我国转让定价税收管理的先例。2006 年 12 月 22 日中美两国达成了双边预约定价协议。该协议是美国沃尔玛公司 2006 年 6 月正式提出申请后，两国税务主管部门经过北京和华盛顿两轮磋商之后最终签订的。2009 年，为配合新修订的《企业所得税法》及其实施条例的实施，国家税务总局颁布实施了 2 号文，其中第六章进一步明确了中国预约定价安排制度及操作规范，并首次制定了双边预约定价安排的谈签程序及具体规定。2016 年，为落实税基侵蚀和利润转移（BEPS）行动计划成果、完善预约定价安排工作流程，国家税务总局颁布实施了 64 号公告。2017 年 3 月，为践行 BEPS 第 14 项行动计划争端解决机制最低标准的相关要求，提高相互协商程序结案效率，积极为纳税人消除国际重复征税，国家税务总局颁布实施了 6 号公告。2021 年 7 月，为便利企业获得转让定价税收确定性，助力其在华持续经营，国家税务总局颁布《关于单边预约定价安排适用简易程序有关事项的公告》（国家税务总局公告 2021 年第 24 号，以下简称 24 号公告）。

2. 预约定价安排程序。

根据 64 号公告，预约定价安排一般适用于主管税务机关向企业送达接收其谈签意向的《税务事项通知书》之日所属纳税年度前 3 个年度每年度发生的关联交易金额 4000 万元人民币以上的企业。

预约定价安排适用于主管税务机关向企业送达接收其谈签意向的《税务事项通知书》之日所属纳税年度起 3 至 5 个年度的关联交易。企业以前年度的关联交易与预约定价安排适用年度相同或者类似的，经企业申请，税务机关可以将预约定价安排确定的定价原则和计算方法追溯适用于以前年度该关联交易的评估和调整。

预约定价安排的谈签与执行需经过预备会谈、谈签意向、分析评估、正式申请、协商签署和监控执行 6 个阶段。

（1）预备会谈。企业有谈签预约定价安排意向的，应当向税务机关书面提出预备会谈申请，提交《预约定价安排预备会谈申请书》。企业申请单边预约定价安排的，主管税务机关组织与企业开展预备会谈。企业申请双边或者多边预约定价安排的，应当同时向国家税务总局和主管税务机关书面提出预备会谈申请，国家税务总局统一组织与企业开展预备会谈。

（2）谈签意向。税务机关和企业在预备会谈期间达成一致意见的，主管税务机关向企业送达同意其提交谈签意向的《税务事项通知书》。企业收到《税务事项通知书》后向税务机关提出谈签意向。企业申请单边预约定价安排的，应当向主管税务机关提交《预约定价安排谈签意向书》，并附送单边预约定价安排申请草案。企业申请双边或者多边预约定价安排的，应当同时向国家税务总局和主管税务机关提交《预约定价安排谈签意向书》，并附送双边或者多边预约定价安排申请草案。

（3）分析评估。企业提交谈签意向后，税务机关应当分析预约定价安排申请草案内容，评估其是否符合独立交易原则。根据分析评估的具体情况可以要求企业补充提供有关资料。税务机关可以从功能和风险状况、可比交易信息、关联交易数据、定价原则和计算方法、价值链分析和贡献分析、交易价格或者利润水平以及假设条件等方面进行分析评估。

（4）正式申请。税务机关认为预约定价安排申请草案符合独立交易原则的，主管税务机关向企业送达同意其提交正式申请的《税务事项通知书》，企业收到通知后，可以向税务机关提交《预约定价安排正式申请书》，并附送预约定价安排正式申请报告。企业申请单边预约定价安排的，应当向主管税务机关提交上述资料。企业申请双边或者多边预约定价安排的，应当同时向国家税务总局和主管税务机关提交上述资料，并按照6号公告的有关规定，向国家税务总局书面提交《启动特别纳税调整相互协商程序申请表》和特别纳税调整事项的有关说明。

（5）协商签署。税务机关应当在分析评估的基础上形成协商方案，并据此开展协商工作。主管税务机关与企业开展单边预约定价安排协商，协商达成一致的，拟定单边预约定价安排文本。国家税务总局与税收协定缔约对方税务主管当局开展双边或者多边预约定价安排协商，协商达成一致的，拟定双边或者多边预约定价安排文本。主管税务机关与企业就单边预约定价安排文本达成一致后，双方的法定代表人或者法定代表人授权的代表签署单边预约定价安排。国家税务总局与税收协定缔约对方税务主管当局就双边或者多边预约定价安排文本达成一致后，双方或者多方税务主管当局授权的代表签署双边或者多边预约定价安排，国家税务总局将预约定价安排转发主管税务机关后，由主管税务机关向企业送达。在预约定价安排签署前，税务机关和企业均可暂停、终止预约定价安排程序。

（6）监控执行。税务机关应当监控预约定价安排的执行情况。预约定价安排执行期间，企业应当完整保存与预约定价安排有关的文件和资料，包括账簿和有关记录等，不得丢失、销毁和转移。企业应当在纳税年度终了后 6 个月内，向主管税务机关报送执行预约定价安排情况的纸质版和电子版年度报告。主管税务机关应当每年监控企业执行预约定价安排的情况。监控内容主要包括：企业是否遵守预约定价安排条款及要求；年度报告是否反映企业的实际经营情况；预约定价安排所描述的假设条件是否仍然有效；等等。在安排执行期间，企业发生影响预约定价安排的实质性变化，应当及时书面报告主管税务机关，详细说明该变化对执行预约定价安排的影响，并附送相关资料。预约定价安排执行期满后自动失效。企业可在期满之前申请续签。

3. 单边预约定价安排的简易程序。

虽然单边预约定价安排不能有效规避企业境外关联方被其所在国家（地区）的税务机关进行转让定价调查调整的风险，但能为企业提供所在国跨境关联交易定价原则和计算方法的确定性。为进一步提升单边预约定价安排的谈签效率，国家税务总局制定了 24 号公告。

24 号公告是对符合一定条件的企业申请单边预约定价安排，在适用程序上的特殊规定，将程序简化为申请评估、协商签署和监控执行 3 个阶段。简易程序免去了预备会谈的阶段，将一般预约定价安排程序中的谈签意向、分析评估和正式申请 3 个阶段，合并为 1 个申请评估阶段。在企业申请预约定价安排适用的条件、追溯期、申请资料应包含的信息、预约定价安排文本的内容等方面都基本沿用了 64 号公告的规定。因此，24 号公告中未作具体规定的事项应按 64 号公告的规定执行。简易程序和一般程序二者同时存在，符合条件的企业可以根据自身情况选择，达成的单边预约定价安排法律效力相同。

本章思考题

1. 可比性分析包括哪几个方面？
2. 转让定价调整方法有哪几种？
3. 转让定价调整方法的使用是否有先后顺序？

第七章　其他国际反避税规则与措施

【学习目标】除转让定价规则外，针对纳税人的国际避税活动可采取的反避税规则还包括一般反避税规则、应对设立外国低税子公司避税的规则、应对利用大额费用支付避税的规则、应对转变税收居民身份避税的规则、应对滥用税收协定避税的规则等。通过本章学习，应能够了解上述其他反国际避税规则的含义、目标、基本要素、典型模式、各国实践等主要内容。

第一节　一般反避税规则

一、一般反避税规则的含义和特点

一般反避税规则（General Anti-avoidance Rules，GAAR），是指对于纳税人采取的不具有合理商业目的或不具有经济实质而减少税收负担或获取税收利益的安排，税务机关可予以调整并补征税款。

一般反避税规则是相对于特别反避税规则而言的，是为规制各类税收规避行为而制定的一般防范性规定。特别反避税规则一般针对的是转让定价、资本弱化或利用受控外国企业等特定的避税行为，而一般反避税规则涵盖了除特别反避税规则列举的行为之外的其他避税行为。

从法理的角度看，由于法律的相对固定性，制定应对所有避税行为的反避税规则是不现实的，因为特别反避税规则出台后，纳税人往往会设计出新的避税方案以应对。为了防止税法陷入“制定特别反避税措施—纳税人利用税法漏洞避税—制定新的反避税措施”的恶性循环，有必要在特别反避税规则之外，制定针对更广范围避税行为的“兜底”规则，即一般反避税规则。

相对于特别反避税规则，一般反避税规则具有如下特征。①概括性。以概括性的规定对避税行为予以立法上的否定。②内容宽泛。旨在遏制特别反避税措施无法制约的其他避税行为，扩大了反避税调查的外延范围。③不确定性。由于一般反避税规则相对原则性、基础性，与特别反避税规定相比，执行中更多依赖于执法者的主观判断，从而具有一定的不确定性。

二、一般反避税规则与特别反避税规则的关系

一般而言，特别反避税规则优先于一般反避税规则，即如果纳税人的某种避税行为符合特别反避税规则的相关规定，就应该应用特别反避税规则来审查。比如我国《一般反避税管理办法（试行）》第六条规定："企业的安排属于转让定价、成本分摊、受控外国企业、资本弱化等其他特别纳税调整范围的，应当首先适用其他特别纳税调整相关规定。企业的安排属于受益所有人、利益限制等税收协定执行范围的，应当首先适用税收协定执行的相关规定。"但这并不意味着如果纳税人的行为通过特别反避税规则测试，税务机关就不能应用"一般反避税规则"对其进行避税行为的认定。在现有各国的反避税实践中，纳税人只有同时通过特别反避税规则和一般反避税规则的测试，才会保证其行为不被税务机关认定为避税行为而进行调整。

同时，特别反避税规则不断缩小一般反避税规则的适用范围。许多国家正不断补充增加特别反避税规则，如印度已将"受益所有人"等防止滥用税收协定的规定列入特别反避税规则。

三、主要国家一般反避税规则的比较

随着经济全球化和跨境经营活动的不断发展，特别反避税规则无法应对日趋灵活的避税形式，越来越多的国家开始利用一般反避税规则打击避税行为。澳大利亚 1981 年便将一般反避税规则引入所得税法。加拿大、新西兰、德国等也先后制定了一般反避税规则。美国、英国对一般反避税规则较为谨慎，美国在 2010 年、英国在 2013 年才引入一般反避税规则，但在之前的税收案例法院裁决中，美国多次引入了"经济实质""商业目的""分步交易"等原则理念。近年来，发展中国家如我国和印度也开始引入一般反避税规则。

综观各个国家的一般反避税规则，其针对的避税安排一般有三个要件：①交易、行动或计划；②纳税人从这种交易中获得了税收利益；③交易的主要目的是为了获得税收利益。在相关程序规定上，举证责任是一个重要的方面。

（一）避税安排的界定

各国对于避税安排的界定一般均依据“目的”标准，部分国家还在判定避税安排上引入经济实质规则。

我国《一般反避税管理办法（试行）》第四条规定，避税安排具有以下特征：第一，以获取税收利益为唯一目的或者主要目的；第二，以形式符合税法规定，但与其经济实质不符的方式获取税收利益。即除了考量商业安排的目的以外，还要看经济实质，强调实质重于形式。

澳大利亚对“避税安排”的界定如下：如果考虑相关情况，可合理地得出某项安排制定或实施的目的（不论是否为主要目的，但不包括附带目的）是使纳税人获得税收利益，并且如果没有一般反避税条款，该安排是纳税人在相关情况下可能采取的合理行动，则该安排将被视为避税安排。

加拿大采用“商业目的”标准界定“避税交易”，即任何没有一般反避税规则适用时可能导致直接或间接的税收利益的交易，或者是一系列可能产生税收利益的交易中的一部分。

印度采用商业目的和经济实质的双重标准界定所谓“不允许的避税安排”，该安排的主要目的或主要目的之一是获取税收利益，并满足以下条件之一：①该安排导致了不符合独立交易原则的权利和义务；②该安排直接或间接地导致了税法条款的滥用；③该安排部分或全部缺乏商业实质；④基于“真实目的”通常不会实施该安排。

如果某个步骤、部分或整个安排被认为“缺乏商业实质性”，则需要满足以下条件之一：①除了没有一般反避税规则时可能获得税收利益之外，该步骤或安排对任何参与方的经营风险或净现金流没有重大影响；②整个安排的法律实质或效果与其各个单独步骤的法律形式不一致或差异显著。

（二）税收利益的确定

我国《一般反避税管理办法（试行）》第三条将税收利益界定为“减少、免除或者推迟缴纳企业所得税应纳税额”。我国香港地区将税收利益界定为“对纳税法律责任的规避和延期，或税额的减少”。澳大利亚将税收利益界定为：因实施安排而减少收入或所得，增加税前扣除，未缴预提所得税，获得股息税抵免，产生资本损失，获得境外税收抵免，等等。印度税法规定，税收利益包括减少收入、增加扣除、获得税收优惠或退税。加拿大将税收利益界定为“减少、避免或推迟缴纳税款，包括增加退税”。可见，澳大利亚对税收利益的界定较为具体，其他国家或地区对税收利益的界定较为一般化，其中加拿大把推迟缴纳税款也纳入了税收利益的范畴。

在税收利益的衡量上，澳大利亚采用替代假设的方法，在相关安排不存在的假设下预测纳税义务，并与实施安排产生的纳税义务相比，若前者高于后者，则可以确定存在税收利益。

（三）举证责任

民法的一般原则是原告若指控被告有罪，则原告负有举证责任。但是，税务当局很难了解纳税人的经营情况，跨国交易进一步增加了取证的复杂性，因此大部分国家在税收立法中背离了民法的这一原则，将举证责任归于纳税人。如我国《一般反避税管理办法（试行）》规定：主管税务机关实施一般反避税调查时，应当向被调查企业送达《税务检查通知书》；企业应当自收到《税务检查通知书》之日起60日内提供资料证明其安排具有合理的商业目的；企业拒绝提供资料的，主管税务机关可以按照税收征管法的规定进行核定。但也有部分国家进行举证责任分摊。例如，加拿大规定由纳税人负主要举证责任，但纳税人是否存在误用或滥用税收规定则由税务机关负举证责任。

第二节　应对设立外国低税子公司避税

一、受控外国企业规则

（一）受控外国企业规则的目标

受控外国企业（Controlled Foreign Company，CFC），是指由本国居民企业或居民个人控制的设立在低税率地区、并非出于合理经营需要对利润不作分配或少作分配的外国企业。如图7－1所示，对于跨国集团，若母公司居民国所得税税率较高，则可能在所得税税率较低的地区设立子公司。由于通常情况下，只有母公司收到了子公司汇回的股息才需就该部分所得纳税，因此若子公司当期不对股息进行分配，将利润截留于低税的子公司，即可规避母公司居民国较高的所得税税负；即使日后子公司将股息分配汇回至母公司，也可获得税收递延的收益。

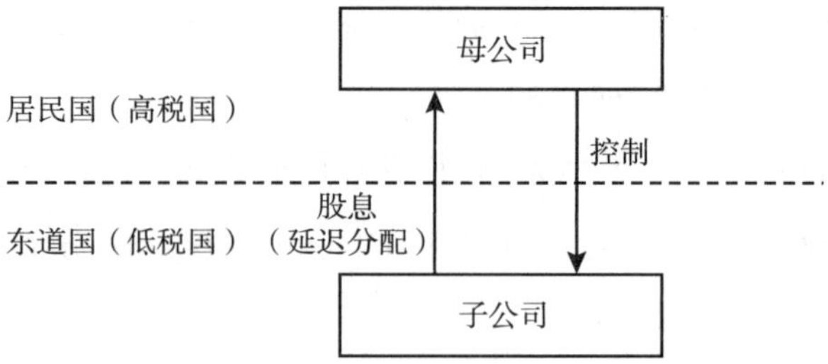

图7－1　设立低税子公司避税模式

为了应对企业在国外低税地区设立子公司进行避税，受控外国企业规则应运而生。受控外国企业规则，是指将受控外国企业人为留存在海外不汇回的股息也计入本国居民母公司的应纳税所得额中。受控外国企业规则的目标就是遏制本国居民企业或个人利用建立在低税区或避税天堂的受控外国企业，将大量集团收益留存在海外不汇回，以实现避税或延迟纳税的目的。

（二）受控外国企业规则的基本要素

尽管各国的具体规定有所不同，受控外国企业规则的逻辑大体一致，即首先判断外国企业是否为受控外国企业，其次认定并计算受控外国企业应视同已分配的应纳税所得额，同时规则通常附带防止双重征税的相关规定与豁免条款。因此，可将受控外国企业规则总结为六大要素：受控外国企业的认定，应税所得的认定，应税所得的计算，纳税主体的认定，防止或消除双重征税的规则以及豁免条款。以下具体介绍四个较具有共性的要素。

1. 受控外国企业的认定。

认定外国子公司实体是否为受控外国企业，主要可从是否构成控制、企业设立地两个方面进行判断。

首先，"构成控制"通常可分为股份控制和事实控制，即居民公司通过持有股份或资产对海外公司构成法律层面的控制，或在经营、财务、管理等方面对其形成实质上的控制。其中，股份控制的门槛值通常为50%；而实质控制标准可以防止企业通过股权安排规避被认定为受控外国企业。现实中，股份控制和事实控制标准可同时使用、相互补充，也有国家采用双重标准，即股份控制与事实控制满足一个即可。

其次，判断企业所在地是否为低税辖区可采取税率标准或名单标准。税率标准，指的是对设立在实际税率低于一定标准的国家或地区的企业适用CFC规则；名单标准，指将是否适用CFC规则的国家和地区以名单形式列出，比如将实际税负率高、与本国签有税收协定的国家或地区列入“白名单”，把国际常见的低税辖区列入“黑名单”。

2. 应税所得的认定。

确认外国实体为受控外国企业后，下一步应当判断该受控外国企业取得的所得哪一部分应该归属于汇给母公司的股息，从而在居民国纳税。各国通常按照收入的法定分类，结合关联方之间的交易关系、受控外国企业的经营实质来规定应税所得的范畴。

常见的做法是区分积极所得与消极所得，将受控外国企业的利息、股息、租金和特许权使用费等消极所得列为应税所得，对受控外国企业的积极所得予以豁免。此外，也存在对受控外国企业的全部所得，或者具体规定对某几类所得进行征税的做法。

3. 防止或消除双重征税的规则。

由于母公司的居民国与受控外国企业所在国的税务机关对受控外国企业所得的征税范畴有所重叠，或者在多重持股情况下多国的受控外国企业规则适用于同一受控外国企业的所得，可能会产生双重征税问题。因此受控外国企业规则通常包含消除双重征税的规则。

常见做法是，因未分配股息计入母公司居民国当期所得而缴纳的所得税税款，在股息正式汇回时可予以抵免或者免于再次征税；而对于多层的企业架构，可按照受控外国企业所有权的持股链条的层级进行协调，确定各国征税与抵免的优先顺序。

4. 豁免条款。

判定受控外国企业时，多数国家制定了豁免条款，即满足一定申报条件要求的企业可豁免被认定为受控外国企业，可免于将不作分配的利润视同股息分配予以计税。常见的豁免条款标准：可归属的所得额低于某一数额，受控外国企业取得积极经营活动所得，受控外国企业在东道国公开上市，受控外国企业无避税动机等。

二、受控外国企业规则在主要经济体的实践模式

（一）受控外国企业规则的典型实践模式

在经济全球化和国际税收竞争的背景下，各国政府为了提高本国对跨国企业的吸引力，允许居民股东投资于外国企业产生的投资所得延迟纳税，但此种

措施也使得延迟纳税成为避税的重要手段。针对这种情况，美国于1962年通过了肯尼迪法案，在《国内收入法典》（Internal Revenue Code）的F分部（subpart F）最早制定了受控外国企业规则（CFC规则），防止纳税人将利润转移至低税国受控外国企业从而递延或逃避美国的公司所得税。此后，德国、日本、法国、英国等国家相继出台了CFC规则，我国于2008年正式在《企业所得税法》中引入受控外国企业反避税措施，即受控外国企业规则。

随着经济数字化的深入发展，知识产权、服务和数字交易产生的流动性所得对现有CFC规则带来了挑战，OECD发起了税基侵蚀和利润转移（BEPS）行动计划。2015年发布的行动计划成果中，第3项行动计划强调CFC规则作为弥补转让定价和其他相关反避税规则缺陷的一道重要防御线，并针对强化CFC规则推荐了最佳实践方法。

1. 受控外国企业的认定。

（1）是否构成“控制”。

就居民企业是否对外国公司构成“控制”，典型的实践模式包括股份控制与事实控制两种判断标准。

其中，股份控制一般采用50%的持股比例标准。例如，美国的《国内收入法典》规定，美国股东在一个纳税年度中的任何一天持有某外国企业的股权超过50%，该外国企业就属于受控外国企业，个人、合伙企业、公司、信托或遗产财团直接或间接持有股份总数至少10%时，才予以计入上述持股比例。在德国CFC规则中，只要若干居民共同拥有外国企业50%以上的股权资本（Share Capital），即使单个居民不能实际控制外国企业，也认为该外国企业是德国居民的受控企业。

澳大利亚同时采用客观的事实控制测试和主观的事实控制测试进行判定，规定5个或5个以下居民股东拥有50%或以上的股份，或者一个单个居民股东持有外国企业40%及以上的具有控制权的股份，这样的外国企业即符合“控制”的条件；对于既不满足50%股份比例又不满足40%控制权的情况，则要进行主观的事实控制测试，考虑影响股利政策、控制董事任命、日常管理、改变法律权利的能力等因素，确定5个或5个以下澳大利亚实体连同其关联方能否有效控制外国企业。

英国同时适用法律控制、经济控制和会计控制三个标准进行认定，即使一个英国居民企业持有的外国企业股份未达到标准，但是仍可通过其从外国企业获取股息的权益、清算或处置该外国企业的受益权判断是否达成控制。

BEPS 第 3 项行动计划成果建议各国至少应同时采用法律控制和经济控制两种测试，满足二者中的一种就会形成控制。各国也可采用事实控制测试，以确保法律和经济控制测试无法被规避。此外，对于持股方分散的情况，推荐采取汇总居民国各股东利益的方法进行判断，具体而言可采取考查持股方之间的关系、一致行动测试、汇总集中持股的居民股东的股权（如将每个持股超过 10% 的居民国股东的持股比例进行加总）三种方法任一种。

（2）东道国是否税率过低。

在确认外国企业由居民母公司"控制"后，通常还需要判断该外国企业所在国适用的税率水平，若税率水平明显偏低，则可推断该集团利用低税实体获取税收利益，应当就其适用 CFC 规则。现实中，除了加拿大、美国等国家对受控外国企业的判定不考虑是否处于避税地外，大部分国家都规定只有设立在特定区域的外国企业才会被认定为受控外国企业。判定标准通常包括税率标准和名单标准。

税率标准，指的是对实际税率低于一定标准的国家或地区适用 CFC 规则。我国规定设立在实际税负低于 12.5% 的国家或地区的外国企业被认定为受控外国企业；而德国规定的实际税率标准为 25%；日本则规定，如果外国企业并未从事积极的商业活动、至少不满足一项经济活动测试且位于税率低于 20% 的地区，或外国企业属于空壳公司（Paper Company）、资金盒公司（Cashbox Company）与"黑名单"公司（CFCs Resident in "Black List Countries"）且位于税率低于 30% 的地区，应当适用 CFC 规则。

此外，一些国家为简化 CFC 规则的现实应用会设置豁免名单。比如英国在受控外国企业规则中规定了排除区域列表，具体包括欧盟成员国以及冰岛、列支敦士登和挪威、瑞士、英联邦成员国（除了指定领土之外）、马恩岛（Isle of Man）、根西岛（Guernsey）和泽西岛（Jersey）等。我国将美国、英国、法国等 12 个国家列入"白名单"，设立在以上国家的外国企业免于将该外国企业不作分配或者减少分配的利润视同股息分配额，计入我国居民企业的当期所得。

2. 应税所得认定。

现实中，不同国家的 CFC 应税所得范畴有所不同，大部分国家都将企业的消极所得认定为应税所得，而 BEPS 行动计划认为各个国家可以结合自身法律框架，考虑本国的税基侵蚀和利润转移程度，灵活地确定 CFC 应税所得范围。

美国规定的 CFC 应税所得主要包括基地公司所得（The Foreign Base Company Income）、保险业务所得（Insurance Income）和美国资产投资收益（Earnings of Investment in United States Property）。日本针对不同公司规定了不同的应税所得范围，对于实际税率低于 30% 的空壳公司、资金盒公司与“黑名单”公司以及实际税率低于 20% 的不满足至少一项经济活动测试的公司，将其所有的所得视作 CFC 应税所得，而对于满足了所有经济活动测试的实际税率低于 20% 的受控外国企业，仅需就消极所得纳税。德国对来自受控外国企业的因从事积极营业活动而取得的所得，免于适用该规则。我国也规定受控外国企业主要取得积极经营活动所得时，可免于适用该规则。然而，英国将资本利得以外的全部所得均纳入了受控外国企业规则的应税范围。

3. 豁免条款。

根据各国实践与 BEPS 行动计划的建议，CFC 规则的豁免条款通常包括以下几种：

（1）微量所得。

美国税法规定，如果某一受控外国企业一个纳税年度内的基地公司所得和保险业务所得[①]之和（未扣除成本费用）小于该受控外国企业总所得（未扣除成本费用）的 5% 和 100 万美元之中的较小数，那么可对该部分所得免于适用受控外国企业规则。英国税法规定，如果受控外国企业的会计利润或应税所得不超过 5 万英镑，或者会计利润或应税所得不超过 50 万英镑，且其非贸易所得（Non－Trading Income）不超过 5 万英镑，即可豁免其 CFC 纳税义务。

（2）积极营业所得。

德国在豁免条款里将积极营业所得排除在受控外国企业规则的适用范围之外。

（3）无避税动机。

美国规定，如果受控外国企业在境外拥有固定经营场所，从事正常的营业活动，并且其所在地的实际税率比最高的美国税率高 90%，该企业就可以被认为无避税动机而获得相应的豁免。英国规定，如果受控外国企业缴纳的税收超

① 基地公司所得和保险业务所得是需要计入美国股东的应纳税所得额并当年在美国缴纳所得税的受控外国企业所得的主要内容，其中的基地公司所得一般指受控外国企业在设立地国家以外开展的销售或服务活动取得的所得。

过同等收入条件在英国应纳税额的75%，即可证明其设立不是出于规避英国税收的动机，那么该受控外国企业的所得就可以不适用受控外国企业规则。

（二）受控外国企业规则的拓展：美国的全球低税无形收入税制

2017年12月，美国国会通过《减税与就业法案》（Tax Cuts and Jobs Act），税改方案中针对“全球无形资产低税所得”相关的规定随之生效。“全球无形资产低税所得”税制（Global Intangible Low - Taxed Income，GILTI）是一种反避税措施，可理解为受控外国企业规则的拓展。GILTI税制规定受控外国企业取得的全球无形资产低税所得应按比例计入其美国股东当年的应税所得，在美国缴纳所得税。

1. GILTI的定义。

GILTI被定义为CFC核定净收入（Net CFC Tested Income）与其核定有形资产所得（Net Deemed Tangible Income Return）之间的差额。核定有形资产所得等于CFC的合格商业资产投资（Qualified Business Assets Investments，QBAI）的10%减去合理利息支出。换言之，美国立法者假定CFC的有形资产回报率应该为10%，超出这一水平的所得就被认为是该公司无形资产的所得，应当适用GILTI税制纳税。

2. GILTI的计算。

根据美国税法规定，GILTI在2018年至2025年间可以享有50%的扣除，2026年以后可以享有37.5%的扣除；由于美国公司所得税的法定税率在税改后降低为21%，在扣除相应比例后，全球无形资产低税所得税的有效税率在2018年至2025年间为10.5%，2026年以后为13.125%。

举例来说，若某美国公司100%控股的所有海外子公司2022年全球无形资产低税所得为10亿美元，则该公司当年应缴纳的全球无形资产低税所得税为：

$$10 \times 21\% \times 50\% = 10 \times 10.5\% = 1.05 \text{（亿美元）}$$

此外，美国为了避免重复纳税，对于可归属于全球无形资产低税所得的CFC在东道国缴纳的税收，可以给予已纳税额80%的税收抵免。因此在2018年至2025年间，如果企业的GILTI在东道国纳税未满13.125%（10.5% ÷ 80%），在2026年后未满16.41%（13.125% ÷ 80%），则应当就该部分所得在美国补税。

3. GILTI税制的意义与影响。

美国本次税改降低了所得税税率，并引入了参股免税制度，即规定美国母公司在2017年12月31日以后从持股比例在10%以上、持股时间超过1年的海外子公司取得的股息予以免税，从而鼓励美国企业将滞留在海外的利润汇回，这意味着改动了美国原有的CFC规则，将股息从CFC的应税所得中进行了剔除，而利息、特许权使用费等其他消极所得仍需按CFC规则在美国纳税。

为了防止这一税收优惠被滥用，税改同步推出了GILTI税制，对海外企业超出常规利润（10%）的部分征税。由于GILTI税制规定美国公司通过海外子公司取得的无形资产所得在当年就要在美国纳税，并不考虑该所得是否汇回，所以并不会扭曲海外子公司利润汇回的决定，在维持减税效果的同时也限制了企业的避税行为。

另外，从资源配置的角度考虑，GILTI税制的引入能有效地制约美国企业将无形资产转移到海外子公司并利用当地的低税率避税的行为。举例来说，一个美国企业在海外低税辖区设立了子公司，该子公司未承担较大商业功能，也未配备较多有形资产，而美国企业可能将商标或专利等无形资产授予该子公司，使得该子公司获得不菲的特许权使用费等收益，该公司可选择不汇回该部分收益，从而规避美国的高额所得税。针对这种情况，GILTI税制将这一部分超出常规利润的收益视为无形资产所得并对其征税，从而降低跨国企业将知识产权等无形资产分配至海外、将利润滞留海外的避税动机。

三、我国的受控外国企业规则

（一）我国企业所得税制中的受控外国企业规则

我国在2007年颁布的《企业所得税法》及其实施条例中明确了我国的受控外国企业规则，规定由居民企业，或者由居民企业和中国居民控制的设立在实际税负明显低于25%的国家（地区）的企业，并非由于合理的经营需要而对利润不作分配或者减少分配的，上述利润中应归属于该居民企业的部分，应当计入该居民企业的当期收入。

根据现行有效的《企业所得税法》及其实施条例、《特别纳税调整实施办法（试行）》与《国家税务总局关于简化判定中国居民股东控制外国企业所在国实际税负的通知》（国税函〔2009〕37号），可梳理出我国受控外国企业规则的全貌。

1. 受控外国企业的认定。

该外国企业是否“由居民企业控制”根据股份控制与实质控制两重标准判

断：居民企业或者中国居民在纳税年度任何一天直接或者间接单一持有外国企业10%以上有表决权股份，且由其共同持有该外国企业50%以上股份，即构成控制；当存在多层持股架构时，其间接持有股份按各层持股比例相乘计算，中间层持有股份超过50%的，按100%计算。如果没有达到上述持股比例标准，但在资金、经营、购销等方面对该外国企业构成实质控制，也可视该外国企业“由居民企业控制”。

判断企业是否位于低税辖区，我国采用了税率标准与名单标准。首先，当企业位于实际税负低于我国税率50%（即低于12.5%）的国家或地区时，则属于我国受控外国企业规则定义中所说的“设立在实际税负明显低于25%的国家（地区）的企业”；其次，我国根据税收辖区的综合税负水平，确定了“白名单”标准，即中国居民企业或居民个人能够提供资料证明其控制的外国企业设立在美国、英国、法国、德国、日本、意大利、加拿大、澳大利亚、印度、南非、新西兰和挪威的，可免于将该外国企业不作分配或者减少分配的利润视同股息分配额，计入中国居民企业的当期所得。

2. 应税所得的认定与计算。

计入中国居民企业股东当期的视同受控外国企业股息分配的所得，按以下公式计算：

$$\begin{matrix}\text{中国居民企业}\\\text{股东当期所得}\end{matrix}=\begin{matrix}\text{视同股息}\\\text{分配额}\end{matrix}\times\begin{matrix}\text{实际持}\\\text{股天数}\end{matrix}\div\begin{matrix}\text{受控外国企业}\\\text{纳税年度天数}\end{matrix}\times\begin{matrix}\text{股东持}\\\text{股比例}\end{matrix}$$

中国居民股东多层间接持有股份的，股东持股比例按各层持股比例相乘计算。

3. 防止或消除双重征税的规则。

为避免双重征税，我国法律规定，计入中国居民企业股东当期所得已在境外缴纳的企业所得税税款，可按照所得税法或税收协定的有关规定抵免；受控外国企业实际分配的利润已根据《企业所得税法》第四十五条规定征税的，不再计入中国居民企业股东的当期所得。

4. 豁免条款。

如果中国居民企业股东能够提供资料证明其控制的外国企业满足以下条件之一的，可免于将外国企业不作分配或减少分配的利润视同股息分配额，计入中国居民企业股东的当期所得：①设立在国家税务总局指定的非低税率国家（地区），包括美国、英国、法国、日本、意大利、加拿大、澳大利亚、印度、南非、新西兰和挪威；②主要取得积极经营活动所得；③年度利润总额低于

500 万元人民币。

（二）我国个人所得税制中的受控外国企业规则

我国 2018 年修订的《个人所得税法》新增了受控外国企业规则，体现在第八条，该条规定，居民个人控制的，或者居民个人和居民企业共同控制的设立在实际税负明显偏低的国家（地区）的企业，无合理经营需要，对应当归属于居民个人的利润不作分配或者减少分配，税务机关有权按照合理方法进行纳税调整。这一规定使我国在个人层面也引入了受控外国企业规则，进一步完善了我国的反避税规则体系。

第三节 应对利用大额费用支付避税

一、限制资本弱化规则

（一）限制资本弱化规则的目标

前面的章节已经简要介绍过跨国企业进行资本弱化的一些主要手段以及相关案例。如前所述，资本弱化（Thin Capitalization）指企业的资金来源结构中负债远大于所有者权益（即资本）的现象。由于采用债权融资需要支付大量的税前债务利息，资本弱化往往使债权人和消费者面临较高的偿付能力风险。同时，资本弱化常常被跨国公司所滥用。这严重侵蚀了东道国的税基，为此许多国家采取了限制资本弱化规则。

限制资本弱化规则即为了防止企业以避税为目的增加债务融资比重，对于企业债务利息支出的扣除予以限制的规定。根据该规则，对于超出一定比例的债务利息，或不符合独立交易原则的债务利息支出在计算应纳税所得额时不允许扣除。

（二）限制资本弱化规则的典型实践模式

综观各国限制资本弱化的方式，可以分为安全港模式和独立交易模式。

1. 安全港模式。

在安全港模式下，对于企业向关联方（股东）借债，如果负债/股权的比率超出了规定的标准，那么超出部分的利息支出将不予税前扣除，或视同股息分配。大部分国家的限制资本弱化规则都采用安全港模式。

（1）基于负债/股权比率的安全港。

在该种安全港模式下，各国一般规定一个负债/股权比率标准，对于超出该标准而发生的利息支出不予扣除。具体的比例标准各国的规定不尽相同，加拿大规定的比率为1.5∶1，日本为3∶1，韩国对一般企业和部分金融机构规定的比率分别为2∶1和6∶1，澳大利亚对一般企业和金融实体规定的比率分别为1.5∶1和15∶1。

除了比率标准不同外，各国对于负债/股权比率的计算方法也不完全一致。一种方法是以向单个特定股东的借款比该股东的股权投资进行计算，超出比例的向该股东的借款利息不予扣除，加拿大等国采用这种计算方法。另一种方法是以公司整体的负债/股权比进行计算，澳大利亚等国采用这种方法。日本允许企业自行申请选择其中的一种计算方法。

限制资本弱化规则通常针对的是企业纳税人与其股东之间利用关联关系以债权融资取代股权融资进行避税的行为，如中国。但也有的国家对于不存在特定关联关系的借款，如纳税人向银行、独立企业等第三方进行的借款，同样纳入限制资本弱化规则的适用范围内，如澳大利亚。

有的国家限制资本弱化规则仅适用于向非居民股东的借款，如加拿大、日本等；而有的国家的限制资本弱化规则同样适用于向居民股东的借款，如美国、英国、中国等。

目前各个国家的限制资本弱化规则针对的企业借债，既包括直接借款，也包括关联方通过第三方给予企业的间接贷款。因为如果只包括直接借款，那么纳税人很容易利用第三方进行规避。比如，我国对债权性投资的定义包括直接或者间接从关联方获得的负债性质的投资，间接的债权性投资既包括关联方通过无关联第三方提供的债权性投资，也包括无关联第三方提供的、由关联方担保且负有连带责任的债权性投资。

（2）基于应税所得比率的安全港。

BEPS第4项行动计划为限制利用利息扣除和其他金融支付侵蚀税基，其目标与传统资本弱化规则一致，但该计划未采用债务/股权比率标准限制利息扣除，而是采用了息税折旧及摊销前利润（Earnings Before Interest, Taxes, Depreciation and Amortization, EBITDA）的一定比例作为利息扣除的限额。

受到该项行动计划的影响，不少国家调整了传统的资本弱化规则，也引入了基于EBITDA的安全港。例如，欧盟2016年发布的反避税指令（Anti – Tax

Avoidance Directive，ATAD）中包含了可扣除净利息不能超过 EBITDA 的 30% 的规则，德国、法国、荷兰、葡萄牙等很多欧洲国家已经将该规则引入了国内税法。

2. 独立交易模式。

独立交易模式指参照独立交易原则下借款方和独立银行间的借贷，对存在特殊关系借贷方之间的借贷条款和条件进行调整。这种方法的优点在于考虑了每个个案的特别因素和环境，排除了关联关系对借贷的影响。尽管 OECD 倾向于该方法，但是该方法需要考虑每个个案的金融市场条件等因素，在实践中成本较高，其调整的结果对纳税人来说也增加了不确定性，因此该方法的应用多与安全港模式相结合。例如，德国的安全港规则规定了例外情况，如纳税人能证明贷款符合独立企业间的“独立交易原则”，其利息仍视为合法利息，可以从税前扣除。即如果公司能够证明，超过安全港的债务按相同条件可以从与公司无关联的第三者（即非股东）那里获得，或者通过典型银行交易方式获得，则其支付的利息不作为股息分配。美国没有明确规定安全港比例，主要基于经济实质考察利息是否允许扣除。英国的限制资本弱化规则包括两个方面。一方面，如果利息支付发生在具有 75% 控股关系的跨国集团公司之间，且利息的支付是基于这种关系的，则将被视为股息分配。另一方面，在非控制的融资交易中，为确定借贷方之间是否存在特殊关系，英国税务当局需要逐一确认以下四个问题：①英国公司全部债务的适当水平或程度；②该公司从关联贷款处获得债务的水平或程度；③如果没有特殊关系，是否能取得与预期相差无几的贷款；④贷款是否以与市场利率相同的条件取得。但是税务部门在认定是否符合该正常交易原则时，将 1∶1 的负债/股权比率作为判定的标准。

（三）中国的限制资本弱化规则

对企业的资本弱化行为，我国采取的是以“安全港”规则为主、独立交易原则为辅的管理模式。2 号文第九章“资本弱化管理”详细阐释了我国限制资本弱化规则的概念。2 号文明确了债券型投资和股权型投资的定义，同时指出受条款限制的利息支出范围不仅包括直接或间接关联债权投资实际支付的利息，还包括担保费、抵押费和其他具有利息性质的费用。根据 2 号文，不得在计算应纳税所得额时扣除的利息支出应按以下公式计算：

不得扣除利息支出 = 年度实际支付的全部关联方利息 ×（1 − 标准比例/关联债资比例）

其中，标准比例是指《财政部 国家税务总局关于企业关联方利息支出税前扣除标准有关税收政策问题的通知》（财税〔2008〕121号）规定的比例（金融企业为5∶1，其他企业为2∶1）。关联债资比例，是指企业从其全部关联方接受的债权性投资（以下简称关联债权投资）占企业接受的权益性投资（以下简称权益投资）的比例，关联债权投资包括关联方以各种形式提供担保的债权性投资，具体计算方法如下：

$$关联债资比例=\frac{年度各月平均关联债权投资之和}{年度各月平均权益投资之和}$$

$$各月平均关联债权投资=(关联债权投资月初账面余额+月末账面余额)/2$$

$$各月平均权益投资=(权益投资月初账面余额+月末账面余额)/2$$

企业支付的关联方利息应按照实际支付给各关联方利息占关联方利息总额的比例，在各关联方之间进行分配。其中：分配给实际税负高于企业的境内关联方的利息准予扣除；直接或间接实际支付给境外关联方的利息应视同分配的股息，按照股息和利息分别适用的所得税税率差补征企业所得税，多出的部分不予退税。企业未按规定准备、保存和提供同期资料证明关联债权投资金额、利率、期限、融资条件以及债资比例等符合独立交易原则的，其超过标准比例的关联方利息支出，不得在计算应纳税所得额时扣除。

此外，税务部门还强调了企业关联债资比例超过标准比例的利息支出如要在计算应纳税所得额时扣除，需按规定准备、保存和提供同期资料证明关联债权投资金额、利率、期限、融资条件以及债资比例等符合独立交易原则，可见独立交易原则是我国限制资本弱化规则中的重要辅助方法。

二、其他针对大额费用支付的反避税规则

（一）美国的税基侵蚀和反滥用税制

为了应对税基侵蚀支付的影响，美国2017年税改中设立了税基侵蚀和反滥用税（Base Erosion and Anti-abuse Tax，BEAT，中文简称税基侵蚀税），并于2018年起开始征收。税基侵蚀税应纳税额的计算公式是：

$$\begin{aligned}税基侵蚀税额&=修正应纳税额-常规应纳税额\\&=修正应税收入\times 税基侵蚀税率-常规应纳税额\end{aligned}$$

修正应税收入（Modified Taxable Income），是指不包含任何税基侵蚀支付引起的税收扣除的应税收入。如果修正应纳税额大于常规应纳税额，公司则需

缴纳税基侵蚀税，应纳税额等于修正应纳税额和常规应纳税额的差额（如表7-1所示）。美国公司因向外国关联公司进行税基侵蚀支付产生的扣除越多，美国的税基损失就越大，将征收的税基侵蚀税就越多。同时，由于税基侵蚀税的课征，纳税人的纳税义务最后取决于修正应纳税额，所以修正应纳税额相当于对向外国关联实体进行税基侵蚀支付的美国公司征收的最低公司所得税。

表7-1　　美国2018年以后征收的税基侵蚀税的计算方法

常规应纳税额的计算		税基侵蚀税的计算	
销售收入	\$1000	销售收入	\$1000
货物成本	\$500	货物成本	\$500
非关联方费用	\$200	非关联方费用	\$200
向外国关联方支付的利息和特许权使用费	\$200		
常规应税收入	\$100	修正应税收入	\$300
常规公司所得税税率	21%	税基侵蚀税率	10%
常规应纳税额	\$21	修正应纳税额	\$30
		税基侵蚀税	\$9

税基侵蚀税仅适用于同时符合以下两个条件的公司：①前三个纳税年度的年平均销售收入或营业收入大于5亿美元；②当年的税基侵蚀率大于3%（对于某些银行和注册的证券交易商，该比例调整为2%）。税收上视为透明体的经营实体不适用该税收。

上述条件中的税基侵蚀率为税基侵蚀扣除占全部扣除的比率。在表7-1中，总扣除额为900美元（500+200+200），税基侵蚀扣除为200美元，税基侵蚀率为22.2%（200÷900）。税基侵蚀税率在2018纳税年度[①]为5%，2019—2025纳税年度为10%，2026纳税年度以后为12.5%。

确定“修正应税收入”是计算税基侵蚀税的应纳税额的一个关键环节，其基本方法是在常规应税收入的基础上加上税基侵蚀支付引发的扣除（Base Erosion Benefits），一般为向外国关联方支出利息的扣除、支出再保险费的扣除

① 美国的纳税年度为每年的1月1日至当年的12月31日。2018纳税年度指开始于2018年的纳税年度，下同。

以及向外国关联方购买资产的折旧和摊销等，但货物成本和服务费支出不作为税基侵蚀支付。其中的外国关联方指至少持有美国公司25%的投票权或资本的外国实体（Foreign Person）。

美国拜登政府上台执政后，认为BEAT在实际应用过程中并没有真正起到反税基侵蚀的作用，故提议使用新的更严厉的反税基侵蚀政策（Stopping Harmful Inversions and Ending Low Tax，SHIELD）来替代BEAT。在SHIELD新政下，接受支付的集团成员如果位于不接受全球最低税规则的国家或地区，且其适用的税率低于全球最低税税率，则对外支付的费用（包括货物成本）不能在美国企业成本中扣除，全球合并财务报表年销售收入超过5亿美元都将受到该规则的限制。拜登政府呼吁G20和OECD成员统一“全球最低企业税率”，通过同美国签订合约约定最低税率，以消除大型跨国公司远赴海外投资的动机。

（二）德国应对跨境关联方特许权使用费支付的税制安排

为了应对跨国企业通过特许权使用费转移税基的情况，德国制定了特许权使用费扣除限制规则（Royalty Barrier Rule）。该规则于2018年1月1日起生效，主要针对对象为受益于不符合BEPS标准的知识产权税收制度的集团内部或关联企业间支付的特许权使用费。根据特许权使用费扣除限制规则，如果外国接收方适用的税率是偏离标准税率（25%）的低税地区，并且接收者是付款企业的关联方，则费用支付方所支付的特许权使用费不可扣除或只能部分扣除。如果适用于费用接收方的优惠税收制度符合OECD的判定方法（即与纳税人的实质性活动挂钩），则特许权使用费扣除限制规则不再适用。

特许权使用费扣除限制规则对费用扣除的限制取决于费用接收国对特许权使用费适用的有效税率的高低，特许权持有方所在辖区的有效税率越低，位于德国的费用接收方能够就特许权使用费进行扣除就越少。如果德国企业在向国外关联方支付特许权使用费时无法被此项规则豁免，则其不得在税前扣除部分的计算公式如下：

特许权使用费不得扣除部分＝支付的特许权使用费×(25%－关联方所在辖区适用的实际税率)/25%

（三）中国针对境外关联方费用支付的反避税措施

2014年3月，中国国家税务总局就集团内劳务和管理费问题向联合国提交了声明，重申了对于关联劳务的服务费收支必须符合独立交易原则，并明确了企业之间支付的管理费一般与股东活动有关，因此在计算所得税时不得扣除。

为积极应用 BEPS 行动计划成果，2017 年国家税务总局出台 6 号公告，进一步完善了企业向境外关联方支付费用的转让定价管理问题。6 号公告废止了《国家税务总局关于企业向境外关联方支付费用有关企业所得税问题的公告》（国家税务总局公告 2015 年第 16 号，以下简称 16 号公告），吸收合并了多个相关文件。其中，6 号公告第三十条至第三十七条将 16 号公告的相关内容进一步完善和细化，规定了企业与其关联方进行无形资产收益分配，以及企业与其关联方发生劳务交易支付或者收取价款等应遵循的基本原则。

应特别关注的是，6 号公告明确了以下情形，如果不符合独立交易原则，税务机关可以按照已税前扣除的金额全额实施特别纳税调整：

（1）企业与其关联方转让或者受让未带来经济利益的无形资产使用权而收取或者支付特许权使用费的；

（2）企业向仅拥有无形资产所有权而未对其价值做出贡献的关联方支付特许权使用费的；

（3）企业以融资上市为主要目的在境外成立控股公司或者融资公司，仅因融资上市活动所产生的附带利益向境外关联方支付特许权使用费的；

（4）企业向其关联方支付非受益性劳务价款的；

（5）企业向未执行功能、承担风险，无实质性经营活动的境外关联方支付费用的。

同时，6 号公告增加了无形资产、劳务关联交易的相关规定：对于无形资产交易，强调无形资产的收益分配应当与关联交易各方对无形资产价值的贡献程度相匹配。对于关联劳务交易，明确符合独立交易原则的关联劳务交易应当是受益性劳务交易，并且按照非关联方在相同或者类似情形下的营业常规和公平成交价格进行定价。明确受益性劳务内容，对非受益性劳务的具体情形进行说明。

第四节　应对转变税收居民身份避税

一、应对自然人转变居民身份避税

（一）基本原则和典型模式

应对自然人转变居民身份进行避税，税务部门应当考察自然人国际迁移的合理目的，根据实质重于形式的原则进行判断，对于以避税为目的的自然人转变居民身份的行为，税务部门采取一系列措施对其进行限制。

1. 限制自然人避税性移居。

有些国家针对以避税为动机的自然人的国际迁移，采取了使移居出境者在移居后的很长一段时间内，规定其原居民国仍负有纳税义务，以达到反避税目的。

根据国际公法的一般原则，一国政府不应禁止其公民或居民外侨移居出境。联合国于1966年制定了关于民事和政治权利的盟约，其中包括个人自由流动。许多国家参加了这一盟约，但它并没有被所有签字国纳入各自的法律体系中。例如，美国实行对移居他国的居民纳税人保留追索征税权的制度，即如果一个高净值的美国税收居民以逃避美国联邦所得税为主要目的，而放弃美国国籍或绿卡移居他国，美国在该居民移居后的10年内保留征税权，其实现的全部来源于美国的所得和来源于外国但与美国的贸易或经营存在有效联系的所得，仍需在美国按累进税率承担纳税义务。出售位于美国的财产以及出售由美国居民发行的股票或债券所实现的收益，均被视为来源于美国的所得，美国税务当局通过对该居民滞留在美国境内的银行存款、房地产等财产的留置权，实行有效的征管。

2. 限制自然人假移居和临时离境。

对自然人以避税为目的假移居和临时离境，居民国往往采用不予承认的方法加以约束，以达到反避税目的。

例如，英国曾有一个对移居出境的自然人仍保持3年居民身份的非正式规定，该规定明确，一个自然人要放弃在英国的居民身份，必须为此提供证据，比如卖掉在英国的房子，并在国外建立一个永久住宅，才能于其离境之日，暂时批准其要求。等该人在国外居留至少一个完整的纳税年度，并且在这段时间内对英国的任何访问天数全年累计不超过3个月，英国才正式认定其移居。

（二）退籍税

退籍税（Expatriation Tax），是针对因移居他国或退出国籍等行为使纳税人身份发生变化，导致其应税财产及所得脱离本国税收管辖范围的纳税人群的特殊税收规定。通行做法是，在纳税人申请移民或移居时，由税务部门清算其所得及财产，令其补缴未缴税款，并对已孳生但尚未变现的资本收益提前征收所得税、对未来通过继承及赠与行为转让的财产保留遗产和赠与税的课税权。

退籍税并非独立税种，而是所得税（资本利得税或个人所得税）或财产税（遗产和赠与税）的组成部分，故可统称为“退籍税制度”。这项制度是高税国为打击逃避税行为、防范资产外逃而制定的特别税收政策，对于维护国家税收主权、规范非正常移民移居行为发挥了一定作用。

例如，美国2008年起针对放弃国籍的美国公民以及放弃绿卡的美国长期永久居民（指过去15年中的8年以上为美国永久居民）中的高净值人士，征收退籍税。根据美国《国内收入法典》第877节和第877A节，高净值人士指的是符合以下条件之一者：

（1）净资产超过200万美元；

（2）在放弃国籍之日前的5年内，年平均所得税应纳税额超过了经通货膨胀调整后的指定数额（2022年为17.8万美元）；

（3）无法证明自己在过去5年已经根据法律要求申报了所有应纳税额。

上述人士所有暂未缴税的财产需要按照离境或者退籍当日市场价结算，视同已经转让，就其资本利得，缴纳所得税。其中短期资本利得（持有期间1年或1年以下）适用普通的累进所得税率，而长期资本利得（如表7－2所示）根据金额以及申报情况按照0、15%、20%适用差别税率（2022年）。此外，收入超过特定门槛（单身人士和户主为20万美元，已婚夫妇联合申报或有受抚养子女的合格单亲家庭为25万美元，已婚夫妇分别申报为12.5万美元）的纳税人，还需要承担税率为3.8%的净投资所得税。针对退籍税纳税义务发生时相关财产并未实际处置，纳税人可能缺乏足够现金缴税的情形，经申请，纳税人可选择将缴纳退籍税的时间递延至财产实际处置的纳税年度。

表7－2　2022年美国长期资本利得差别税率

申报状态以及每年收入					长期资本所得税率
单身（美元）	夫妇联合申报或符合条件的单亲家庭（美元）	夫妻分别申报（美元）	户主（美元）	信托或遗产（美元）	
0～41675	0～83350	0～41675	0～55800	0～2700	0
41676～459750	83351～517200	41676～258600	55801～488500	2701～13250	15%
超过459750	超过517200	超过258600	超过488500	超过13250	20%

二、应对法人转变居民身份避税

（一）基本原则和典型模式

对于法律上承认形式合法而实质上违背立法意图的行为和安排，运用“实质重于形式”的原则，对于符合法律要求，但却以避税为主要目的，没有充分商业理由的法人居民身份的转变行为，将不被税务机关承认。

针对法人转换居民身份进行避税，各国措施有所不同，主要有以下几种方法。

1. 限制迁移出境。

英国在税法中规定，在没有得到财政部允许的情况下，英国公司不能向避税地迁移和转移部分营业，或建立一个避税地子公司。违反者将受到严厉处罚，包括对当事人处以 2 年监禁、总额为应纳税额 3 倍的罚款。

2. 限制转移营业和资产。

英国在税法中除了约束法人的直接迁移外，还规定居民公司将贸易或经营转让给非居民，居民母公司允许非居民子公司发行股票或出售债券，以及居民母公司售出子公司等行为，也必须事先得到财政部的批准，否则将受到处罚。

3. 限制利用公司组建、改组、兼并或清理避税。

在法国，当改组涉及法国公司被外国公司合并，或者法国公司以其资产缴付换取外国公司的股份时，应按适用于合并的一系列税务规定，并须经法国财政部批准。本期应纳税利润仍由被合并公司承担纳税义务，对合并前的亏损也准予核销。但是，所转让的资产必须保留在法国境内，且必须列入外国公司在法国的分支机构的资产负债表中。

4. 限制改变经营形式。

美国规定，对本国公司在国外以分公司形式从事经营的初期损失，允许从美国公司的盈利中予以扣除；但国外分公司如有盈利且改变为子公司，则须责令美国公司退还以前的扣除额，以防止通过改变经营形式，在损失扣除和延期纳税两方面获得税收利益。

（二）美国应对税收倒置税制

在 2017 年《减税与就业法案》颁布之前，美国的联邦公司所得税实行“全球税制”，即由于美国实行居民税收管辖权，注册在美国的公司作为美国的居民公司需就其全球所得在美国缴纳 35% 的联邦公司所得税。虽然美国公司在海外经营取得的所得在来源国已经缴纳的税款可以获得抵免，但由于美国的所得税税率高于世界上大多数国家，最终公司在美国以及加拿大、墨西哥、爱尔兰乃至百慕大和开曼群岛等非居民国取得的所得都需要承担35%的所得税税负。然而，如果公司在加拿大注册成立，由于加拿大的所得税税率较低，公司最终将承担的所得税为美国所得的35%，加拿大所得的15%，墨西哥所得的30%和爱尔兰所得的12.5%。因此，通过采取税收倒置等手段，将注册地或总部迁至所得税税率低的国家，将居民国由美国转换为其他低税国，公司可获得实质性的税收利益。

针对愈演愈烈的税收倒置，美国采取了一系列应对措施。

美国国会于2004年增加了《国内收入法典》第7874节作为主要的反倒置条款。根据第7874（a）节，如果满足以下三个条件将认定该倒置行为以避税为目的：

（1）倒置公司（即倒置交易后成立的境外公司）实质上直接或间接收购了原美国公司的所有资产；

（2）并购交易后，原美国公司的股东持有大于60%的倒置公司的股份（所有权测试）；

（3）合并交易后，境外倒置公司在其所在国无实质性的商业活动，员工、资产和收入低于并购后形成的企业集团员工、资产和收入总量的10%（实质性商业活动测试）。

如果满足上述三个条件，那么并购后丧失美国税收居民身份的倒置公司在10年的该条款适用期内[①]在美国的应税所得应不低于所谓的倒置收益。倒置收益具体包括实施期内倒置公司股权或其他资产的转让收益，以及倒置公司资产的特许收益。为进一步限制税收倒置，第7874（b）节要求，如果原美国公司持有80%以上的倒置公司的股份，该新成立的境外倒置公司在税收上将被视为美国公司。

2014年9月，美国财政部发布规章进一步提高了应对税收倒置的力度，主要修订如下：

（1）将倒置交易后，海外公司利用跳板贷款（Hopscotch Loans）将收益输送给美国而形成的借款视为“美国财产”，使其转让收益需要缴纳相应的所

① 该适用期从一系列收购交易中第一项收购交易的当天开始，到最后一项收购交易结束后的10年为止。

得税。

（2）限制美国公司增大倒置公司的规模，如规定现金及有价证券等消极资产不计入公司规模，防止美国公司进行税收倒置交易前通过分红而减小公司规模。

（3）如果新成立的公司其主营业务仍位于美国境内，则此项交易将被认定为“税收倒置”交易，同时将第7874节中的“实质性商业活动”安全港豁免门槛从10%提高到25%。

2017年12月，美国总统特朗普签署了《减税与就业法案》，该法案采取了多项改革措施力图吸引海外资金回流美国，包括将美国联邦公司所得税税率从35%降至21%，对美国母公司从持股超过10%、持股时间超过1年的海外子公司取得的股息予以免税，对美国母公司的海外子公司在1986年以后产生并囤积在海外的利润，强制性并入美国母公司的利润按照较低的税率征收一次性过渡税[①]，等等。这些措施对于遏制美国公司的税收倒置交易发挥了一定的作用。

【案例7-1】美国财政部立法提议限制辉瑞-爱力根并购

辉瑞-爱力根（Allergan Plc）并购计划曾是2015年全球最受瞩目的商业焦点，这项并购也影响了美国阻止税收倒置的相关立法。

Allergan Plc原本是1984年成立于美国伊利诺伊的阿特维斯生物制药公司。出于避税目的，2013年10月，美国阿特维斯公司以85亿美元并购了爱尔兰制药公司Warner Chilcott，借此机会将其税收居民身份转移至低税国爱尔兰。2014年7月，阿特维斯以280亿美元并购了纽约的森林实验室（Forest Lab）（资产成本为250亿美元）。继而，2015年，阿特维斯再以705亿美元并购了1948年成立于美国加州的最大的肉毒杆菌制造商-Allergan Inc.（资产成本为660亿美元）。并购后的公司延用Allergan名称，同时，由于阿特维斯在2013年已经并购了爱尔兰公司Warner Chilcott，爱力根（Allergan Plc）的总部“顺理成章”地设在了爱尔兰。

根据当时的法律规定，辉瑞在合并后占有56%的股权，低于第7874节设置的60%门槛要求，所以辉瑞-爱力根（Allergan Plc）并购不在第7874节的

---

① 其中，对于由海外现金资产形成的子公司的利润按15.5%的税率征税，对于其他资产（如厂房、设备等）形成的利润按8%的税率征税。为了缓解一次性汇回利润给企业造成资金流压力，税改法案允许企业在8个纳税年度内分期缴纳上述税款，前5年缴纳净纳税义务的8%，第6年缴纳15%，第7年缴纳20%，第8年缴纳25%。

适用范围内。税收倒置后的辉瑞不会受到第7874节增设的倒置税负的限制，相反，可以享受到作为爱尔兰母公司子公司的很多避税利益。

然而，针对辉瑞-爱力根（Allergan Plc）此项大规模的倒置事件，美国财政部于2016年4月4日公开宣布了应对公司倒置避税现象的立法提议，即针对公司倒置的连续性交易在第7874节基础上设置一项“3年规划”测试：

在判定一个外国公司是否能成为一个美国公司的倒置伙伴时，即在计算外国公司的规模大小时，此外国倒置伙伴连续3年内通过并购美国公司而取得的资产都将排除在外。

应用此项“3年规划”测试提议，在适用第7874节时，爱力根（Allergan Plc）在2013—2016年所有因合并美国公司获取的资产都将排除在外。也就是说，阿特维斯并购森林实验室带来的250亿美元资产，以及阿特维斯与Allergan Inc.合并带来的660亿美元资产，当辉瑞向美国申报判定其是否需适用第7874节时，将全部排除在爱力根（Allergan Plc）的总资产之外。因此，根据第7874节，由于辉瑞持有新成立境外倒置公司的股权大于80%，新成立的境外倒置公司依然将被视为美国公司，须向美国税务部门报税。

由于失去了避税利益，在美国财政部公开了此项提议后，辉瑞决策层决定终止其谋划已久的合并方案，虽然为此需要向Allergan支付1.5亿元的终止合并费。

第五节　应对滥用税收协定避税

税收协定的主要目的在于协调缔约国间的税收权益，避免重复征税和防止纳税人逃避税。但税收协定却也成为一些纳税人逃避纳税义务、实现双重不征税的工具，导致国家税收收入流失，侵犯了各国税收主权。这显然与各国签订税收协定的初衷相悖，因此各国都采取了措施来预防和打击滥用税收协定避税的行为。除了国内法中的一般反避税规则、合理商业目的原则、经济实质原则等兜底性反避税措施，大多数国家都在税收协定中引入了特别反避税规则（Specific Anti-Avoidance Rule，SAAR），下面将主要介绍反滥用的特别条款和概念。

一、应对择协避税

（一）应对择协避税的主要方法

根据2014年《OECD范本》第1条的注释，缔约国可以采取以下不同的方法在税收协定中引入针对择协避税的反滥用条款。

1. 透视法。

税收协定中可规定“缔约国一方的居民公司如果被非缔约国居民的人直接或间接拥有或控制，则不应基于此协定享有针对任何收入、所得或利润的税收优惠”，同时缔约国双方对于居民公司直接或间接被非居民拥有或控制的判定标准需进一步做出规定。

2. 对方国家征税法。

税收协定中可引入以下规定：若来自缔约国一方的所得由缔约国另一方的居民公司所获取，且至少一个该缔约国另一方的非居民①直接或间接地以参股或其他方式持有该公司相当数量的利益（substantial interests），或②直接或间接地对该公司实施管理或控制，则此协定给予的免税或减税只适用于在该缔约国另一方需依照税法的一般规则纳税的所得。“相当数量的利益”也需要做出规定，比如一定比例的股权或投票权。

3. 渠道法。

渠道法是仅有的能有效应对间接导管公司滥用税收协定活动的方法。该方法的目的是以更直接的方式在协定中引入针对择协避税（treaty shopping）安排的条款，即规定“若来自缔约国一方的所得由缔约国另一方的居民公司所获取，且至少一个该缔约国另一方的非居民公司①直接或间接地以参股或其他方式持有该公司相当数量的利益，或②直接或间接地对该公司实施管理或控制，则此协定给予的免税或减税不适用于该项所得的50%需以各种方式支付给该缔约国另一方非居民的情况。”

4. 真实经济活动条款。

该条款的目的是确保真实的经济活动可以享受到协定的优惠待遇，包括以下内容。

（1）一般真实经济活动条款。

该条款规定，若能证明该缔约国另一方公司的设立主要是出于良好的商业上的原因，其主要目的不是为了获取税收协定的利益，则前述反滥用条款可以不适用，该公司可以享受协定优惠。

（2）实质商业活动条款。

该条款规定，若该缔约国另一方公司从事的是实质上的商业运作，且其所主张的税收协定优惠是针对与该商业运作相关的收益时，前述反滥用条款可以不适用。

（3）上市公司条款。

该条款规定，若该公司为上市公司，或者该公司由本国的一家上市公司全资控股，前述反滥用条款可以不适用。

（4）可选税收优惠条款。

若反滥用条款所涉及的缔约国另一方的非居民（如导管公司的母公司）是第三国居民，该第三国与缔约国一方（即该项所得来源国）也签有税收协定，该协定已生效，且所提供的税收减免与本协定相同或更优惠，则前述反滥用条款可以不适用。

（二）税收协定中的利益限制（LOB）条款

在税收协定中加入综合性的利益限制（Limitation on Benefits，LOB）条款是应对择协避税的重要手段之一，旨在通过一系列的客观测试规则，判断纳税人是否应当享有税收协定缔约国的居民身份。“利益”是指双边税收协定中赋予缔约国居民的税收利益。“利益限制”，是对某些利益的授予设置一定的约束。“利益限制”的主体是国际税收关系中的跨国纳税人，尤其指采取某种方式利用两国的税收协定，进而享受协定中的优惠政策的跨国纳税人。

LOB 条款最早为美国设计并采用，美国首先将 LOB 条款引入了《国内收入法典》，而后于 1981 年正式引入《美国所得税协定范本》中，此后，美国将 LOB 条款加入大部分对外签署的税收协定中，并不断对其进行更新和完善。自引入 LOB 条款以来，美国在打击择协避税方面取得了良好的成效。由此，OECD 也开始加强相关的研究。2003 年，《OECD 范本》注释中首次加入了 LOB 相关规定，供签署税收协定的国家参考选用；2015 年，OECD 在 BEPS 第 6 项行动计划中提供了 LOB 条款的文本，并建议各国将其纳入双边税收协定；2017 年新修订的《OECD 范本》首次在正文中加入了 LOB 条款，并为此增加了第 29 条“利益的授予”，使得更多国家将这一条款加入税收协定中。

下面介绍 2017 年版的《OECD 范本》中 LOB 条款主要包含的内容。

1. 基本原则。

该条款规定只有符合下述“有资格的人”定义的缔约国一方居民，即利益限制条款的客观测试规则，才能获得协定给予的税收利益。

2. “有资格的人”。

“有资格的人”主要有五种类型。

（1）个人。

（2）合格的政府机构。

（3）公司。

公司要求符合以下条件之一：①主要股票在缔约国双方批准的证券交易所上市并经常进行交易；②50%以上的投票权或股票价值直接或间接由至多5个符合条件①的公司所拥有，并且在间接拥有的情况下，每个中间公司都是缔约国一方或另一方的居民。

（4）合格的慈善机构或其他免税实体。

（5）其他实体。

其他实体要求符合以下条件：①在纳税年度内至少一半的天数中，上述个人、合格的政府机构、合格的慈善机构以及符合上述条件的公司直接或间接地持有该实体至少50%的表决权及股票价值；②在纳税年度内，该实体直接或间接支付或计提给第三国居民并在其居民国（为缔约国一方）可就协定涉及的税种获得税前扣除的款项低于总所得的50%（不包括按照营业常规为获得服务、有形财产或银行贷款而进行的正常支付）。

3. 积极营业活动测试。

该条款允许上述“有资格的人”以外的缔约国一方居民就特定收入获取协定利益，条件是该个人或实体在其居民国从事实质性的积极营业活动，且这些收入与实质性积极营业活动相关联。

4. 不成比例收入条款。

虽有上述积极营业活动测试的规定，对于下述部分股东获得公司“不成比例的收入”（Disproportionate Income）的情况，仍不能获得相应的协定待遇：①一个居民公司或控制该公司的股东可基于某些特殊的条款或安排取得与其资本不成比例的收入；②大于50%的公司投票权或资本由“有资格的人”以外的人持有。

5. 税务当局自由裁量条款。

该条款规定“如果缔约国一方的居民在本条上述规定下无资格享受本协定下的所有优惠，缔约国一方税务主管机关可在考量了协定缔结的目的，并认定该居民的设立、收购或维持以及经营行为的主要目的之一并非是取得本协定的优惠的情况下，仍将该居民视为有资格享受这些优惠，或允许其针对特定项目所得或财产享受优惠。如果缔约国一方主管当局接到缔约国另一方居民根据本款提出的请求，应在接受或拒绝之前与缔约国另一方的主管当局进行商议”。

该条款授予了主管当局宽泛的自由裁量权。因为 LOB 条款本身比较复杂，对于纳税人而言合规难度比较大，并且涵盖的内容不全，所以需要这样一个兜底条款给予税务当局一个自由裁量权，用以对特殊情况下的纳税人提供一个享有协定优惠的最后途径。这是 LOB 规则中唯一的一个主观测试，用以辅助其他的客观测试。

（三）税收协定中的主要目的测试（PPT）规则

对于应对择协避税来说，主要目的测试（Principal Purpose Test，PPT）是一个十分重要的概念，因为择协避税往往体现在第三国居民通过某些人为的安排来获得税收协定的好处。如能对交易的主要目的作出判断，规定只有交易目的符合协定宗旨才能享受到税收协定的优惠待遇，那么就有助于从根本上解决择协避税的问题。BEPS 第 6 项行动计划规定了防止协定滥用的最低标准，在最低标准提供的多种方案中，反滥用的 PPT 规则，主要针对的是 LOB 条款可能有所疏漏的情况。

PPT 规则，是指虽有协定中其他条款的规定，如果在考虑了所有相关的事实与情况后，可以合理地认为获取某项协定优惠是直接或间接产生该优惠的任何安排或交易的主要目的之一，则不能授予协定中关于所得或财产的优惠，除非能够证明，在此种情况下授予该优惠符合协定相关条款的宗旨和目的。

可见，PPT 规则提出了两个测试来决定是否应当授予协定优惠：①主观测试，即获得优惠是否是直接或间接产生该优惠的任何交易或安排的主要目的之一；②客观测试，即授予该优惠是否符合相关协定条款的宗旨和目的。如果通过了主观测试，即获得协定优惠不是直接或间接产生该优惠的任何交易或安排的主要目的之一，那么可以授予该优惠。如果没有通过主观测试，则不能授予该优惠，但此时若满足了客观测试，即授予该优惠符合相关协定条款的宗旨和目的，也可授予该优惠。

1. 主观测试。

主观测试是指获得优惠是否是直接或间接产生该优惠的任何交易或安排的主要目的之一。

（1）优惠。

包括了《OECD 范本》第 6 条至第 22 条中所有对来源国征税权的限制、第 23 条中消除双重征税以及第 24 条中对缔约国居民和国民提供的保护，或其他类似的限制，但并不是所有关于所得或财产的优惠都在 PPT 规则的适用范围内。根据“本协定”这一措辞，国内单方面规定或其他税收协定（对欧盟成员国而言，还包括欧盟立法）的优惠，都无法援引 PPT 规则拒绝税收优惠的适用。

（2）交易或安排。

包括合约、协议、方案、交易或一系列交易，而无论其在法律上是否具有可行性。所有与课税对象（收入或相关资产）或纳税主体（缔约国的税收居民）相关的安排或交易都应被考虑在内。

（3）直接或间接。

主观测试将交易或安排而不是纳税人作为测试内容，表明了 PPT 规则适用的人的范围是开放的。因此，即便主张协定优惠的纳税人只是作为第三方间接地参与另一个纳税人涉嫌滥用协定的安排或交易，也属于 PPT 规则的适用范围。

（4）主要目的之一。

取得协定优惠并不必须是一个特定安排或交易的唯一目的，只要至少主要目的之一是为了取得优惠即可。即，安排或交易可以由一个或多个与获得协定优惠无关的原因引起，但是如果此时取得协定优惠也是主要目的之一，那么 PPT 规则可以适用。对一个安排或交易目的的判定，要对所有围绕该安排或交易的情况进行具体分析，不应轻易地假定。当只有以享受相关协定优惠为目的才能解释一个安排时，则可以得出该安排的主要目的之一是为取得协定优惠这项结论。

2. 客观测试。

客观测试是指授予该优惠是否符合相关协定条款的宗旨和目的。BEPS 第 6 项行动计划没有对协定及其相关条款的宗旨和目的作出明确解释和说明，但其提出的最低标准要求，各国应同意在他们的税收协定中加入一项明确声明，阐明各国的共同目标是避免双重征税，同时防止为包括择协避税安排在内的逃避税行为创造条件或不征税或少征税。可见，防止逃避税为税收协定目的之一。

另外，根据第6项行动计划最终报告（以下简称《报告》）对诸多示例的评论，可以认为税收协定的一般宗旨是“为真实的商品和服务交易以及资本和人员流通提供优惠”与“鼓励双边跨境投资”，《报告》举出的不适用PPT规则的两个例子也体现了这一宗旨。一个例子是一国公司为了扩张业务和降低生产成本，考虑在另一国设立制造基地。通过初步审核的几个国家具有相似的政治环境。考虑到税收因素，该公司最终选择了这几个国家中唯一与本国有税收协定的国家。另一个例子是为给诸多子公司提供服务而建立一个区域性公司，因为构成了一项“真正的业务”而不适用主要目的测试规则。该区域性公司“有实质性的经济功能，利用真正的资产，承担真实的风险”，且通过该公司的“自有人员”开展活动。《报告》认为这两例中均存在真实的商业活动，获得税收优惠符合协定鼓励双边跨境投资的宗旨。因此，在BEPS项目语境下，税收协定的宗旨和目的是消除双重征税以促进真实的商品和服务交易以及资本和人员流通，鼓励跨境投资和防止逃避税。

二、应对其他税收协定滥用的方法

（一）主要目的测试（PPT）规则

前文已经提到，在2017年更新的《OECD范本》和《联合国范本》第29条中，PPT规则，是指如果在考虑了所有相关事实与情况后，可以合理地认为获取某项协定优惠是直接或间接产生该优惠的任何安排或交易的主要目的之一，则缔约国可以拒绝该项协定利益的授予。根据“任何交易或安排”和“直接或间接”措辞的使用，PPT规则不仅可针对择协避税，也可以针对其他形式的税收协定滥用，弥补了LOB条款等其他反滥用规则的空缺。

LOB条款仅针对择协避税的情形，无法应对特定形式的择协避税，如导管融资安排。在导管融资安排中，没有资格获得优惠的人将可获得协定优惠的缔约国居民作为导管，利用导管的中间方作用获得协定优惠。此种情形下，作为导管的缔约国居民可能通过上市公司测试，从而避开LOB条款的适用。OECD在协定范本的数次更新工作中，审视到了其他反滥用规则应对不同择协避税问题的局限性。因此，BEPS第6项行动计划提出加入一个以交易或安排的主要目的为基础的、更为概括性的反滥用规则，即PPT规则。作为一般反滥用规则，主要目的测试规则的包容性使其将几乎所有协定滥用的行为都纳入打击范围，对各种无法预料的协定滥用行为进行概括性否认。

（二）受益所有人规则

受益所有人（Beneficial Owner）的概念起源于英国的信托法。信托财产有两种所有权：一种是信托财产原本的财产所有权即法律所有权；另一种是信托财产带来的受益财产的所有权，即受益所有权。特定财产的所有权人可同时存在法律上的所有人和受益所有人。

1977 年的《OECD 范本》在第 10 条（股息）、第 11 条（利息）和第 12 条（特许权使用费）首次引入了“受益所有人”概念，规定必须是以上三种消极收入的“受益所有人”才可享受税收协定的优惠待遇，但该版本并未给出“受益所有人”的定义或判断依据，而仅仅以反面举例的方式指出代理人（Agent）和被提名人（Nominees）不是“受益所有人”。在 2003 年版和 2010 年版的范本注释中，OECD 又指出“受益所有人”一词不应从狭义的技术层面来理解，而是应当根据相关背景和具体协定的目的、宗旨（如避免双重征税和防止偷漏税）来进行理解。2003 年版注释还特别指出，如果导管公司在实质上对所得只具有很小的支配权，即只担当一个纯粹的受托人或管理人的角色，该导管公司就不是“受益所有人”。在上述版本的基础上，OECD 在 2014 年版的税收协定范本注释中，对范本第 10 条“受益所有人”做了更详尽的解释和修订。

第一，对于“受益所有人”一词的理解，不应参照特定国家的国内法（实际上，该术语在许多国家的法律中并没有确切的含义），而是应当根据其背景和协定的目的、宗旨来进行理解。例如，信托受托人在特定期间未派发股息，依据税收协定范本第 10 条规定，该受托人则可能构成该收入的“受益所有人”，尽管其可能并不是相关信托法规定下的“受益所有人”。

第二，在代理人、被提名人或导管公司等作为受托人（Fiduciary）或管理人（Administrator）的许多案例中，由于这些直接收到股息的人必须基于合约或法律义务，将股息再支付给其他人，因此他们不是股息的“受益所有人”（特殊情况除外，如支付给他人的行为是基于法律义务——如偿还债务，则不影响其“受益所有人”资格）。若直接收到股息的人有权使用及享有该股息，即不受合同或法律义务的约束就可将该股息再支付给他人，则该直接收到股息的人就是该股息的“受益所有人”。

第三，税收协定中的受益所有人概念应区别于反洗钱国际标准等其他制度中的相关概念，不应理解为“对实体或资产实施最终有效控制”的“个人”。

第四，即使股息的受领人被认定为“受益所有人”，也并不能保证受领人一定可以享受税收协定待遇。在税收协定被滥用的情形下，应该适用防止税收协定滥用的相关规定，包括特别反避税规则、一般反避税规则、实质重于形式原则以及对经济实质的判断。虽然“受益所有人”的概念引入可以处理某些避税行为，如代理人有义务将股息支付给第三方的情况，但可能无法应对其他滥用税收协定的情况，此时不能仅仅局限于使用“受益所有人”的概念处理，而限制其他可以应对这些情形的处理方式的使用。

本章思考题

1. 一般反避税规则和特别反避税规则的区别和联系是什么？
2. 为什么说美国的 GILTI 规则是受控外国企业规则的拓展？
3. BEPS 第 4 项行动计划提出基于息税折旧及摊销前利润（EBITDA）的一定比例限制利息费用扣除，试分析这种方法和基于负债/股权比率的传统限制资本弱化规则相比的优缺点。
4. 美国反税收倒置规则的内容是什么？这种方法可以有效解决税收倒置的问题吗？为什么？
5. 对于利用直接导管公司和间接导管公司的不同择协避税模式，反税收协定滥用的适当方法有哪些区别？

第八章　BEPS行动计划与国际反避税新趋势

【学习目标】 本章主要介绍关于BEPS行动计划的相关概念以及国际上反避税举措的最新动态。通过本章的学习，了解BEPS行动计划产生的背景及发展过程；熟悉BEPS行动计划的主要内容和可能影响；掌握应对经济数字化的国际税收新规则；理解全球反税基侵蚀（GloBE）规则。

第一节　BEPS行动计划的产生及发展

一、BEPS行动计划的背景

随着经济全球化和数字经济新业态的发展，原有以消除双重征税为目的的国际税收治理体系，容易产生双重不征税的情况，从而导致跨国公司将利润转移至避税地，造成应税利润的消失，并严重侵蚀国家税基。在此背景下G20领导人于2013年圣彼得堡峰会委托OECD启动实施税基侵蚀和利润转移（BEPS）国际税收改革项目，旨在修改国际税收规则，遏制跨国企业规避全球纳税义务、侵蚀各国税基的行为。

现行国际税收制度中的漏洞和错配会导致应税利润“消失”，或者使利润转移到没有或几乎没有实际经营活动的低税地，这些行为就是BEPS。企业或者个人可能会为了单纯降低税负，扭曲原有的经济投资行为，从而导致资源的不合理分配。同时，当公众知道有些人可以合法避税的时候，那么他们对税制公平性的信心也会变得岌岌可危。这一问题特别是在那些正在进行财政整顿和面临经济困难的国家，显得尤为重要。此外，BEPS造成了大量的财政收入的流失，据2013年开始的BEPS危害研究表明，全球企业所得税因此流失4%～10%，每年损失为1000亿～2400亿美元。而政府原本可以将这些收入用于经济复苏和可持续发展，由此BEPS产生的潜在危害可能要比账面金额更加严重。

同时，相比较发达国家而言，由于发展中国家在财政收入方面对企业所得税的依赖更为严重，因此受到的影响也更为显著。

OECD 在其最初的报告《应对税基侵蚀和利润转移》（OECD，2013）中已经指出，BEPS 问题根源不在于某一规则或条款，而是由于不同规则的交互作用造成的：一是国内法律法规方面对纳税人跨国经营的情况欠缺考虑；二是国际准则未能与国际经营环境变化同步更新；三是数据和信息也存在缺失。《税基侵蚀和利润转移行动计划》（OECD，2013）共 15 项内容，主要包括三个方面：一是协同跨境交易相关国内法规；二是强化现有国际标准中对实质活动的要求并提高税收透明度；三是为正常经营活动增加税收方面的确定性。

在 BEPS 项目合作背景下，所有 G20 及 OECD 成员首次以平等身份共同参与重塑国际税收规则体系基本架构的相关工作。许多国家最初并不看好这个项目，但是现在这个项目已取得成功。在尊重各国观点及风险共担的前提下，G20 及 OECD 成员已就一系列复杂的技术问题达成一致意见。值得注意的是，欧盟委员会自始至终全面地参与了行动计划的制定。欧盟委员会同期的相关工作，特别是 2015 年 6 月公布的《企业税收行动计划》，不仅帮助 BEPS 行动计划填补了欧盟规则中的漏洞，而且提供了在欧盟各国通过灵活机制解决执行问题的借鉴。通过不同的征询机制，发展中国家从一开始就深度参与了新规则的讨论与制定。发展中国家通过参加 OECD 财政事务委员会会议及工作小组会议，通过非洲、亚太、拉丁美洲及东欧中亚区域性会议，直接参与规则的制定。这些磋商会由区域税收组织联合举办，非洲税收征管论坛、税务部门负责人会晤与研究中心、欧洲税收管理组织、美洲税收管理组织，以及联合国、国际货币基金组织、世界银行等国际组织在其中扮演重要角色。发展中国家就其关心领域提出的重要观点帮助了整个规则制定。

BEPS 行动计划的制定广泛征求了利益相关方的意见。OECD 收集到来自各行业、专家、非政府组织及学术机构共 1400 份建议，合计 12000 页。OECD 还召开了 11 次公众咨询会，通过开放性讨论收集各方意见和建议。为保证该过程公开透明，公共咨询会通过网络在线播放，同时，OECD 秘书处在多个公共媒体定期发布问答集锦。相关方的意见对于行动计划快速有效地产出至关重要。这不仅使得 BEPS 行动计划在不额外增加企业负担的基础上确保了措施的针对性，同时也很好地顾及了公众在政策方面的关切。利益相关者意见的提供也有效地避免了“次生伤害”的产生，如鉴于中小企业并不会提出与大型跨国企业类似的问题，这些中小企业的参与可以避免很多规则为大企业量身定做，而将其他企业排除在外。

2014 年 9 月 BEPS 项目首批 7 项成果报告发布并由 G20 领导人背书后，2015 年 10 月的最终产出成果形成了一个全面的 BEPS 成果包。该成果包含有 BEPS 项目所有 15 项行动计划成果，并取代 2014 年 9 月发布的成果，那些成果当时虽已达成共识，但仍以草稿形式出现，其与其他行动计划之间相互产生的影响可以在终稿中得到体现。当新的措施生效后，可以预期的是利润将在产生该利润的经济活动发生地和价值创造地申报纳税，那些公众熟悉的、利用过时且缺少协调的国内法律法规漏洞的 BEPS 结构已经失效。

二、BEPS 问题的严重性

根据 BEPS 项目 2015 年最终报告，BEPS 导致的全球企业所得税流失每年可能占到全球企业所得税（Corporate Income Tax，CIT）总额的 4% ~10%，即每年达到 1000 亿 ~2400 亿美元。由于发展中国家对企业所得税收入有更强的依赖性，因此就 CIT 收入占国内生产总值（Gross Domestic Product，GDP）的比重来看，BEPS 对发展中国家的影响比发达国家更为深远。除造成巨额的税收流失外，BEPS 还引发了其他负面的经济影响，包括导致跨国企业采用激进的税收策略，加剧了集团债务安排的错误倾向，误导了外商直接投资，以及减少了对所需公共基础设施的资金支持等。

BEPS 项目 2015 年最终报告第 11 项行动计划《衡量和监测 BEPS》报告，衡量了 BEPS 活动的六项指标，通过运用不同来源的数据，采用不同的标准以及评估 BEPS 产生的不同途径，来衡量和监测 BEPS 行为。将这些指标进行组合并呈现为指标模板时，可以确认 BEPS 活动的存在，且近年来其规模持续扩大。报告中的指标显示：

第一，跨国企业位于低税率国家的关联公司的利润率水平高于其集团的全球平均利润率水平。例如，某跨国企业位于低税率国家的关联公司所申报的利润率高达该跨国企业集团全球平均利润率的 2 倍。

第二，大型跨国企业成员公司所承担的实际税率，相比从事类似业务但仅在国内运营的企业要低 4% ~8.5%，尽管上述情形有可能部分源于跨国企业更好地利用了各国的税收优惠政策，这仍然部分反映了本土企业以及没有采取激进税收策略的跨国企业在竞争中可能处于不利地位。

第三，外商直接投资（Foreign Direct Investment，FDI）日益集中。以 FDI 净额相对 GDP 的比率作为衡量 FDI 集中度的指标，反映了外商直接投资相较于经济活动产出的集聚程度。在该指标超过 200% 的国家中，该指标相较于其他所有国家的均值，从 2005 年的 39 倍飙升至 2012 年的高达 100 倍之多。

第四，应税利润与创造价值的活动发生地相分离。这一现象在无形资产领域尤其明显，且已呈快速增长态势。例如，低税率国家的特许权使用费收入相对其研发支出的比率是所有其他国家平均值的 6 倍，并且这一比例在 2009 年至 2012 年间已经增长了 3 倍。尽管该指标不能直接代表 BEPS 的规模，但仍然为 BEPS 的存在提供了证据。

第五，关联方和第三方借款更多地集中于法定税率较高国家的跨国企业关联公司。对于位于高税率国家的那些全球最大跨国企业，其关联公司的利息支出相对收入的比率几乎比这些企业全球范围内对第三方的相同指标高出 3 倍。

随着对 BEPS 在财政和经济影响方面新的实证分析的展开，数以百计的现有实证研究查证了通过一系列税收筹划——包括不恰当的转让定价、无形资产和债务的策略性人为地域安排以及滥用税收协定等方式——来实现利润转移的问题的确存在。与此同时，第 11 项行动计划提出的上述 BEPS 指标又证实了利润转移的确正在发生、规模巨大并可能持续增长，且可能造成对经济不利的扭曲。此外，实证分析表明 BEPS 对企业间的竞争、债务水平和地域安排、无形资产投资的地域安排、国家间的财政溢出效应（Spillovers）以及税收筹划导致的浪费和低效的资源支出等都产生了不利影响。报告中针对那些已经执行该规则的国家的实证分析以及许多学术研究均证实，强有力的反避税规则可以有效减少利润转移行为。

三、BEPS 行动计划的发展

在 BEPS 问题引发全球高度关注的背景下，2012 年 6 月，G20 财长和央行行长同意通过国际合作应对 BEPS 问题，并委托 OECD 开展研究。2013 年 9 月，由 G20 委托 OECD 开展的国际税收改革项目——BEPS 行动计划在圣彼得堡峰会上得到各国领导人背书，BEPS 项目正式启动，国际税收事务在政治议程上被提升到了前所未有的高度。

2015 年 10 月 5 日，BEPS 15 项行动计划最终成果发布。10 月 8 日，这些成果由 G20 财长与央行行长会议审议通过，并于当年 11 月提交 G20 安塔利亚峰会由各国领导人背书，一个世纪以来的国际税收规则体系发生根本性变革。2016 年起，BEPS 项目进入实施阶段，其成果在各国（地区）相继落地，国际税收治理进入后 BEPS 时代。

为了更好实施 BEPS 行动计划以及保障行动计划实施的广泛性和一致性，2016 年 6 月，BEPS 包容性框架成立，促进各国平等参与、共同监督 BEPS 行动计划的实施成果。截至 2021 年 11 月，141 个国家和司法管辖区在包容性框架下实施 BEPS 行动计划，共同合作打击国际避税。

在此次新的一轮国际税收改革中，中国以 OECD 合作伙伴身份积极参与 BEPS 行动计划，与 OECD 成员国享有同等权利和义务。2013—2015 年，中国国家税务总局共参加 BEPS 项目相关会议 86 次，向 OECD 提交我国立场声明和建议 1000 多条，其中许多意见得到采纳并体现在最终成果中，为 BEPS 总原则的确立和各项成果的顺利完成做出了重要贡献。同时，我国积极推动 BEPS 项目成果在国内转化落实，先后出台了一般反避税管理办法、非居民企业间接转让财产管理办法等一系列强化反避税管理的规章和规范性文件，借鉴 BEPS 研究成果，结合我国实际全面修订了《特别纳税调整实施办法（试行）》，形成完整的反避税法律框架和管理指南。

四、“双支柱”方案的发展历程

OECD 于 2015 年发布的第 1 项行动计划最终报告《应对数字经济的税收挑战》虽然进行了诸多探索，但未提出建议各国实施的数字经济跨境征税方案。2017 年，G20 再次委托 OECD 通过 BEPS 包容性框架，开展应对经济数字化税收挑战共识性解决方案的研究。2018 年，多国向 OECD 提交了建议提案。2019 年 2 月，OECD 发布《应对经济数字化税收挑战的政策说明》，提出“双支柱”方案的设想；5 月又发布了相关工作计划，明确“双支柱”方案后续技术研究工作的路线图。2020 年 1 月，OECD 发布《关于“双支柱”方案应对经济数字化税收挑战的声明》，介绍支柱一框架设想和支柱二工作进展；10 月 12 日 BEPS 包容性框架第 10 次会议后，OECD 发布了“双支柱”方案蓝图报告，就“双支柱”方案技术要求设计进行公众咨询。2021 年 7 月，BEPS 包容性框架下 130 个成员就“双支柱”方案达成初步共识；10 月，136 个包容性框架成员进一步就“双支柱”方案技术要素和核心参数达成框架性共识，并发布了《关于应对经济数字化税收挑战“双支柱”方案的声明》，声明获 G20 领导人罗马峰会核准通过。2021 年 12 月 20 日，OECD 发布了关于应对经济数字化税收挑战的全球反税基侵蚀（Global Anti – Base Erosion，GloBE）立法模板（支柱二），从立法设计层面对支柱二的主体规则——收入纳入规则（Income Inclusion Rule，IIR）和低税支付规则（Undertaxed Payment Rule，UTPR）进行了进一步的详细阐述。2022 年，OECD 继续推进“双支柱”方案技术研究，先后发布了《支柱二全球反税基侵蚀规则立法模板注释》《支柱一金额 A 进展报告》《支柱一金额 A 征管和税收确定性进展报告》等一系列技术成果文件。面对经济数字化、保护主义抬头和新冠疫情等带来的税收和财政问题，“双支柱”方案将重塑国际税收规则，促进税收领域的深度共治，优化全球营商环境，开启全球税收治理的新篇章。

第二节　BEPS 行动计划的内容及影响

一、BEPS 行动计划的主要内容

BEPS 项目成果包括所有 15 项行动计划报告和一份解释性声明，主要包括三方面的内容：一是保持跨境交易相关国内法规的协调一致；二是突出强调实质经营活动并提高税收透明度；三是提高税收确定性。本部分主要从以下几个方面概括介绍这 15 项行动计划。

（一）应对数字经济带来的挑战

本部分主要介绍第 1 项行动计划——《应对数字经济的税收挑战》。

第 1 项行动计划旨在明确数字经济对现有国际税收体系的应用造成的挑战，并提出同时考虑直接税和间接税的全面解决这些困难的具体措施，涉及的问题包括以下两方面。一方面，一个公司在另一税收管辖区具有账面意义上的存在但是不具有实体存在，按照现行国际税收规则无法课税。另一方面，数字经济带来了一系列新的挑战，例如：如何确认通过数字化产品或服务创造的与地理位置相关的可交易数据的价值；如何定性数字经济商业模式下的所得；如何适用相关的来源地规则；如何确保有效征收跨境提供数字化商品或服务的增值税等。

第 1 项行动计划得出的主要结论有以下几点。一是由于数字经济的迅速拓

展并与各产业部门相互渗透、相互交织，难以针对数字经济产业单独制定一套税收政策，但考虑到数字经济的发展对商业模式的创新以及跨国企业在全球价值链整合中的关键地位，必须动态监测和评估数字经济对税收制度的影响。二是解决数字经济产业税基侵蚀和利润转移风险的关键在于：将征税与产生利润的经济活动及价值创造相联系；审查数字经济框架下传统的常设机构标准存在的问题、无形资产的重要性、数据的使用和全球价值链的拓展对转让定价的影响；优化受控外国企业税收规则以适应数字经济发展的需要以及如何解决企业跨境提供数字化产品或服务过程中通过税收筹划规避增值税纳税义务。报告指出，在数字化经济的 B2C 模式下，增值税的纳税地点应设置为商品或服务的消费地。三是报告否定了现行基于功能、资产和风险确定经济活动发生地和价值创造地的实践模式，并从常设机构条款、转让定价规则及国内税收政策等方面提出了可能的解决方案，报告主张通过“实质经济存在测试”检验经济活动的主体是否在另一辖区形成关联。

（二）协调各国企业所得税税制

本部分主要包括第 2 项、第 3 项、第 4 项和第 5 项行动计划。

1. 第 2 项行动计划——《消除混合错配安排的影响》。

混合错配安排是利用两个或者多个税收管辖区对一个实体或者载体的税务处理的差异，通过包括长期延迟纳税在内的多种手段，达到双重不征税的目的。这种安排十分普遍，导致相关国家税收利益受到严重侵蚀，并进一步对竞争、效率、透明度和公平性有着整体性的负面影响。

从结果上看，混合错配会产生三个常见的情况：一是产生一方扣除、另一方不计收入的结果，即按照支付方税收管辖区规则可从利润中扣除但不包含在收款方计入营业利润的一般收入的支付；二是产生双重扣除结果，即针对相同支付产生两个扣除的支付；三是产生间接一方扣除、一方不计收入的结果，即按照支付方税收管辖区规则可扣除的支付，而且由收款方以混合错配安排进行筹划以另一种形式（如股权投资等）也被扣除。从筹划手段上看，混合错配可分为混合金融工具、混合体支付、反向混合与引入错配等类型。

为了加强国际层面上对企业所得税收管理的一致性，OECD/G20 的 BEPS 项目呼吁各方，就为消除混合错配安排的税务影响而进行的国内法规设计和税收协定范本的改进提出建议。OECD 在针对该行动计划出具的报告中提出了对国内法的修改建议（见表 8 －1），同时也对已有的税收协定范本提出了修改意见。

表 8-1　　OECD 针对混合错配所提出的建议

错配	安排	改善国内法律的具体建议	建议的混合错配规则		
			反应	防御性规则	范围
一方扣除、一方不计收入（D/NI）	混合金融工具	可扣除支付没有股息豁免或预扣税抵免按比例加以限制	拒绝支付方扣除	计入一般收入	关联方和筹划安排
	混合支付的豁免款项	—	拒绝支付方扣除	计入一般收入	控制集团和筹划安排
	向反向混合做出的支付	改善离岸投资制度 在非居民投资者认为实体缺乏透明度时，限制中介实体税务透明度	拒绝支付方扣除	—	控制集团和筹划安排
双重扣除（DD）	混合做出的可扣除支付	—	拒绝母公司扣除	拒绝支付方扣除	没有限制反应，防御性规则应用于控制集团和筹划安排
	双重税收居民做出的可扣除支付	—	拒绝税收居民扣除	—	没有限制反应
间接一方扣除、一方不计收入（D/NI）	输入错配安排	—	拒绝支付方扣除	—	控制集团和筹划安排的成员

OECD 认为，如果国内法和税收协定可以落实这些修订，那么混合错配的影响将通过结束单一开支的多重扣除、没有相应征税的支付扣除或一笔外国支付的税项获得多重境外税收抵免等方式而得以消除。通过消除混合错配安排的税务影响，这些规则可以在不影响跨境贸易和投资的情况下，防止这些安排被用于作为税基侵蚀和利润转移的工具。

针对各国具体的税法规则修订和设计，OECD 也给出了基本原则，如“规则应该针对消除错配，而非税收利益是在哪个税收管辖区产生的”“规则应该明确透明”“对现有国内法律的干扰最小化”“规则应该最小化合规成本”等。

2. 第 3 项行动计划——《制定有效受控外国企业规则》。

该项行动计划认为集团可以通过设立非居民附属机构来转移收入，设立这些附属机构的全部或部分目的是出于税收考虑而非出于非税商业理由。拥有外国子公司控制权的纳税人可以将其居民国或在特定情况下其他国家的税基转移至其受控外国企业（CFC）。CFC 规则正是用于应对此类风险，如果没有该规则，CFC 将会为利润转移及长期纳税递延提供便利。

CFC 及其他反递延规则为应对这一情况采取了以下措施，即当满足特定条件时，管辖区可以对外国子公司取得的收入征税。换句话说，在大多数国家，CFC 规则被用于防止企业从母管辖区及其他管辖区转移收入。然而，目前有许多国家还没有制定 CFC 规则，有些国家虽已实施 CFC 规则，但无法全面应对 BEPS 问题。该项行动计划呼吁制定关于 CFC 规则的设计，并以提出可以有效应对税基侵蚀和利润转移问题的 CFC 规则的建议为目标。

自 1962 年第一个 CFC 规则颁布，越来越多的国家采用此规则。然而，面对日益复杂的国际商业环境，有些国家即便已经实施了 CFC 规则，也无法全面应对 BEPS 问题。因此，CFC 规则需要不断变化以应对各国所面临的 BEPS 风险。为了应对 CFC 规则所面临的挑战，BEPS 行动计划呼吁为 CFC 规则的设计提供建议。OECD 针对该项行动计划的报告认为，通过各国协同工作可以解决对国家间竞争的担忧，并创造公平竞争的国际税收环境。

具体来说，该项行动计划将 CFC 规则所有的组成要素分解为六个，这六个要素分别是：CFC 的定义（包括控制的定义）、CFC 豁免以及门槛要求、CFC 收入的定义、收入计算的规则、收入归属的规则、防止或消除双重征税的规则。

此外，CFC 规则的适用还有一些特殊问题，如在欧盟的法律环境下，自 2006 年开始，欧洲法院案例法限制 CFC 规则在欧盟内部的应用。因此，如果管辖区是欧盟成员国，那么在适用 CFC 规则时需要结合欧盟法律考虑更加具体的政策目标。

3. 第 4 项行动计划——《对利用利息扣除和其他款项支付实现的税基侵蚀予以限制》。

在国际税收筹划中，第三方及关联方利息支付是最简易的利润转移手段之一。大量的实证研究发现，货币资本具有流动性及可替代性特征，因此跨国集团可通过调整集团企业内部债务数额减少税负。因此，税收规则势必会对企业尤其是跨国集团的债务选址产生影响。实际上，跨国集团可轻易地通过集团内部融资提高个别集团企业的债务水平，从而影响个别集团企业的利息数额，最终改变其纳税义务。例如，金融工具可用于支付经济上类似于利息但拥有不同法律形式的款项，从而规避对利息扣除的限制。据此，相关的 BEPS 风险可能来自三种基本情形：一是集团将更多第三方债务转移到高税率国家；二是集团通过内部贷款产生超出第三方实际利息费用的利息扣除；三是集团用第三方或集团内部融资为免税收入的产生进行融资。

为处理这些风险，第 4 项行动计划就防止通过利息费用实现税基侵蚀之规则设计的最佳实践提供建议。该行动计划报告分析了若干个最佳实践，并提出了一项解决上述风险的建议，即固定比率规则。该规则将一个实体的利息以及在经济上等同于利息的支付款项的净扣除额限制在该实体息税及折旧摊销前利润（EBITDA）的一个百分比。这个规则至少应适用于跨国集团内部企业。为确保各国采用低至足以对付 BEPS 的固定比率，同时考虑各国的国情不同，该建议方法提出了介于 10% 至 30% 的可行比率区间。

根据该项行动计划所形成的 2015 年最终报告，各国在区间内制定本国固定比率时还应考虑其他因素。例如，全球集团比率规则可作为一个重要的补充，以允许实体在某些情况下超过上限。鉴于部分跨国集团因为某些非税务原因导致第三方债务杠杆偏高，该建议方法在固定比率规则以外还提出了集团比率规则。集团比率规则允许净利息费用高于该国固定比率的实体将利息最高扣除至该集团全球范围的净利息/EBITDA 比率。各国还可提高集团的第三方净利息费用比率最高达 10%，以避免出现双重征税。以盈利为基础的集团全球比率规则还能以不同的集团比率规则取代，如部分国家现行的“权益免除”规则（将实体的权益和资产水平与集团的权益和资产水平作比较）。国家也可选择不采用任何集团比率规则，如果某国不采用集团比率规则，则应一视同仁地对跨国和本国集团内部实体采用固定比率规则。行动计划建议方法主要影响净利息支出水平较高，而且净利息/EBITDA 比率也较高的实体，尤其是当该实体的比率高于集团的全球比率。这个方法相对直接，并可确保实体的利息扣除净额与经济活动所产生的应纳税收入直接挂钩。

固定比率规则的一个重要特征是该规则只限制实体的利息扣除净额（即超出利息收入的利息费用）。该规则并不限制跨国集团考虑信用评级、货币和利用资本市场的便利程度等非税务因素后挑选效率最高的国家和实体统一筹借第三方债务，然后在集团内部调动借入的资金，以支持集团的经济活动。该建议方法还允许各国制定其他条文作为固定比率规则和集团比率规则的补充，以减少这些规则对实体或 BEPS 风险较低情况下的影响。

4. 第 5 项行动计划——《考虑透明度和实质性因素，有效打击有害税收实践》。

该项行动计划其实并非新鲜事物。早在 1998 年，OECD 就发表了一份名为《有害税收竞争：一个新兴的全球性问题》的报告。该报告为 OECD 在有害税收实践领域开展工作奠定了基础，并根据该报告而设立了有害税收实践论坛（the Forum on Harmful Tax Practices，FHTP），以负责推进此项工作。该报告的发表是为了回应各国部长提出的关于制订措施以打击那些基于具有地域流动性的经济活动的有害税收实践的要求，比如金融及其他服务活动，包括提供无形资产等。此类活动的性质使其在国与国之间的转移十分容易，而全球化和技术创新又进一步增强了其可移动性。某些适用于这些具有流动性的经济活动的税收优惠制度潜在地扭曲了资本和服务的实际活动地点，由此不公平地侵蚀了他国的税基，有害税收实践还可能导致部分税收负担向流动性较低的税基（如劳动、财产和消费）转移，同时增加税务机关的管理成本和纳税人的遵从负担。而 OECD 在此领域的工作目标是通过解决上述问题，确保税收制度的效率和公正。

2013 年 6 月，OECD 财政事务委员会在会议上通过了 BEPS 行动计划，该行动计划相继在 2013 年 7 月的 G20 财长会议及 2013 年 9 月的 G20 领导人峰会上由各国财长及 G20 领导人背书通过。《关于应对税基侵蚀和利润转移（BEPS）的报告》（OECD，2013b）（以下简称 BEPS 报告）呼吁各国“考虑透明度和实质性等因素，制定解决方案以更有效地打击有害税收实践”。

为了响应该呼吁，第 5 项行动计划承诺有害税收实践论坛完成以下工作：“优先考虑提升透明度，以改进针对有害税收实践的相关工作，包括对优惠制度相关的特定裁定进行强制性的自发情报交换，同时要求任何优惠必须基于实质性活动。结合 BEPS 大背景，相关工作会对优惠税收制度进行全方位评估，并且在现有框架下让非 OECD 成员参与，同时考虑对现有框架进行修订和补充。”

2015 年该项行动计划的最终报告进一步更新了有害税收实践工作，具体而言，该行动计划有两个优先事项。其一是对税收优惠制度提出实质性活动要求，即：将税收与实质活动相匹配，确保应税利润不再被人为地从价值创造地转移至别的地方。其二是提高透明度，包括就相关特定裁定开展强制性自发情报交换。其目的是在确保透明度的同时，提高确定性和可预见性。这两大更新的焦点实质上也构成了 BEPS 行动计划的核心支柱。

实际上，有害税收实践的相关工作并非为了促进 OECD 内部或外部的所得税或税务结构的协调，也不是为了对任何国家的税率水平进行干预。相反，相关工作是为了减轻税收对那些可移动的金融及服务活动的地点所带来的扭曲性影响，从而有助于形成自由和公平的税收竞争环境，这对促进公平竞争环境和全球经济的持续增长是至关重要的。各国很早就认识到，不论一个国家是否希望实行零税率的税收政策，“逐底竞争”最终将导致所有国家对某类来源的收入的适用税率降为零，而打击有害税收实践才是 OECD 成员国和非成员国的共同利益。

（三）重塑现行税收协定和转让定价国际规则

1. 第 6 项行动计划——《防止税收协定优惠的不当授予》。

税收协定签订最为初始的目的是避免不同税收管辖权对同一所得的重复征税，促进跨国经济交往，因而对缔约双方国内法规定的征税权进行了限制。与此同时，跨国公司为了追求全球范围内的利润最大化，在税收筹划过程中通常把税收协定作为重要工具，通过多种安排而违背税收协定缔约国的意图获取税收协定优惠。第 6 项行动计划旨在打击此类避税行为（称为“协定滥用”），防止税收协定优惠的不当授予。

为应对协定滥用，该行动计划提出可以借助于国内税法中的反避税条款或者原则，也可以借助于税收协定中的特别条款或概念，具体为：第一，缔约国双方在签订税收协定时，应在协定中明确阐明双方意在防止为通过偷逃税所造成的不征税或少征税行为创造条件；第二，在税收协定中纳入利益限制（LOB）规则，将协定优惠限定在满足特定条件的实体中；第三，在税收协定中纳入以交易或者安排主要目的为基础的主要目的测试（PPT）规则。

2. 第 7 项行动计划——《防止人为规避构成常设机构》。

常设机构问题涉及不同国家和地区对经营活动征税权的划分。按照税收协定规定，外国企业只有在某国构成常设机构时，才须就其营业利润在该国征税，且应税利润以归属于该常设机构的利润为限。因此，在确定非居民企业在某国是否应缴纳所得税时，税收协定中常设机构的定义非常重要。人为规避常设机构构成也成为跨国公司避税的一种重要手段。第 7 项行动计划报告通过研究佣金代理人、特定豁免活动、拆分合同、保险业务等情形，提出修改《OECD 范本》常设机构条款及注释，从而使得许多原本根据税收协定规定不征税或按很低税率征税的跨境所得被正当征税。第 7 项行动计划的主要内容及《OECD 范本》常设机构条款及注释的修改之处如下：

一是针对通过佣金代理人或类似安排规避构成常设机构。

（1）扩大代理型常设机构的范围。其不仅包括以企业的名义签订合同的情形，也包括代理人以自己的名义签订合同，但合同对企业有约束力的情形。另外，代理人即使没有直接订立合同，也可能在合同订立过程中起到了主要作用，这种情况也可判定代理人构成被代理企业的常设机构。

（2）增加了独立代理人的排除情形。如果某人专门或几乎专门代表一个或多个与之紧密关联的企业，不应认为该人是这些企业中任何一个的本款意义上的独立代理人。"紧密关联"，是指如果基于所有相关事实和情况，认定某人和某企业中的一方控制另一方，或双方被相同的人或企业控制，则应认为该人与该企业紧密关联。在任何情况下，如果一方拥有另一方至少 50% 的受益权（如果被持有方为公司，则指其表决权和股权或受益权的价值），或者第三方拥有该人和该企业至少 50% 的受益权（如果被持有方为公司，则指其表决权和股权或受益权的价值），则应认为该人与该企业紧密关联。

二是针对通过特定活动常设机构豁免条款人为规避构成常设机构。

（1）明确特定活动豁免应满足准备性、辅助性要求。企业若在经营场所开展某些特定活动（如专为储存、陈列、交付或加工目的而保存的商品库存，专为采购或收集情报所设的固定营业场所等），不再理所当然免于被认定为常设机构，而需特定活动满足准备性、辅助性的条件。

（2）明确紧密关联方之间的活动拆分不能享受豁免待遇。为防止外国企业将其在一国的整体业务拆分为两项功能，由两个紧密关联企业在同一场所或不同场所实施，或者由同一企业在两个场所分别实施，从而规避构成常设机构。

三是针对人为规避构成常设机构的其他安排。

（1）建议税收协定双方可以针对常设机构（主要为建筑工程类常设机构）时间门槛加入时间计算规定，如果某公司从事建筑工程的时间未达到常设机构构成标准，而其紧密关联企业在同一建筑工地开展相关活动，持续时间超过 30 天，应计入该公司从事建筑工程的时间。

（2）该行动计划也考虑了保险公司利用独家代理人在外国销售保险的问题。但是，报告最终决定不针对保险业提出特别的常设机构认定标准，而是建议保险业与其他行业适用统一标准。

常设机构认定规则作出上述修改后，为了给企业提供确定性，常设机构利润归属条款也作出相应修改，这与第 8—10 项行动计划（涉及转让定价）紧密相关。

3. 第 8—10 项行动计划——《无形资产转让定价指引》。

近几十年来，随着经济全球化的进程不断加快，全球范围内的集团内部贸易得以飞速增长，转让定价规则主要从税务角度确定跨国企业集团内部交易的条件，以便在各个国家的集团成员间进行利润分配。BEPS 行动计划指出，有关转让定价规则的国际准则如被不当使用，会导致利润分配与产生利润的经济活动不匹配。第 8—10 项行动计划《无形资产转让定价指引》则针对这一问题提出相关方案并修订《OECD 转让定价指南》，确保转让定价结果与价值创造相匹配。

第 8 项行动计划主要针对由于对重大无形资产产生的利润不当分配导致的 BEPS 问题，重点审视与无形资产相关的转让定价问题。主要工作内容是修订《OECD 转让定价指南》第 6 章——无形资产，确保与无形资产转让或使用相关的利润分配与价值创造相一致。成果报告要求税务机关和纳税人在分析无形资产相关的转让定价问题时，应准确界定集团关联企业间的实际交易安排；考察无形资产开发、价值提升、维护、保护和利用环节中，各关联企业执行的重要功能、控制的重大风险和贡献的资产，以及由这些企业享有的与其价值贡献相符的利润回报；如果企业仅拥有无形资产的法律所有权则不能享有该无形资产带来的收益。

第 9 项行动计划考量了合同约定的风险分配及相应的利润分配与实际开展的利润创造活动不匹配的问题。该项行动计划的主要工作内容是修订《OECD 转让定价指南》第 1 章第 4 节——应用独立交易原则的指引，建立更加完善的风险分析指南。通过分析交易双方的合同关系与其实际行为是否相符，来准确界定关联企业之间的真实交易，如果合同的信息不完整或与实际行为不符，则可根据关联企业的实际行为提供补充性证明或以相应的合同取代。

第 10 项行动计划侧重于其他高风险的关联交易，如不具有合理商业目的的关联交易、成本分摊协议、集团总部费用和管理费用、大宗商品交易等。主要工作内容是修订《OECD 转让定价指南》第 1 章——应用独立交易原则指引、第 2 章——转让定价方法、第 7 章——集团内劳务以及第 8 章——成本贡献分摊协议的部分内容。

（四）提高税收透明度和确定性

1. 第 11 项行动计划——《衡量和监控 BEPS》。

BEPS 给财政和经济所带来的负面影响，是 BEPS 项目自启动以来一直关注的焦点，但现有数据的局限性严重限制了相关的 BEPS 分析。BEPS 第 11 项行动计划的目标是，通过筛选已有的各项可用数据，研究分析方法，构建分析指标，估算 BEPS 问题的规模，分析 BEPS 对税收及经济的影响；进一步建立可持续的跟踪研究机制，根据需要提出税务部门采集涉税数据的建议，在未来更新相关研究成果；同时，还要对其他行动计划所形成的应对措施的实施效果进行跟踪评估。

该行动计划成果报告由四个相对独立的章节组成。第一章，比较系统全面地梳理和评估了现有的各项数据来源，指出现有数据存在丰富度不足、不具有全球代表性、时效滞后、信息无法公开等问题。第二章，介绍针对 BEPS 构建的 6 个指标，这些指标在一定程度上可以反映 BEPS 的规模、经济影响程度和变化趋势，6 个指标具体包括外商直接投资（FDI）占 GDP 比重的集中度、低税率地区分支机构的收入占全球收入比重、低税率地区利润率相对平均利润率的比率、跨国企业与国内企业有效税率之差、特许使用权收入相对研发支出的集中度、跨国企业在高税率国家分支机构的利息费用率。第三章，介绍关于 BEPS 的规模、BEPS 应对措施效果评估和经济影响的相关实证研究，这也正是第 11 项行动计划最重要的工作，同时也是一项长期的、艰巨的工作。第四章，对未来的研究工作提出了一些设想和建议：首先，建议各国税务机关利用好当前的数据，积极挖掘第 13 项行动计划——转让定价同期资料中，即将确定的国别报告涉及数据的使用价值；其次，各国应积极开展合作，规范税收统计标准，适当共享税收数据；再次，OECD 和其他国家应定期对 BEPS 应对措施的实施效果开展研究，发布研究结论；最后，各方应不断改进研究方法和指标体系，扩大数据收集范围，鼓励更多的人参与相关研究工作。

2. 第 12 项行动计划——《强制披露规则》。

强制披露规则专为要求纳税人和第三方方案筹划方及早披露潜在的恶意或滥用性税收筹划安排的信息而设计。这些信息包括筹划方案交易双方、筹划方的基本信息、交易名称、如何进行交易、如何产生预期税收利益等内容。税务机关通过获取上述信息，可尽早识别筹划安排的筹划方和使用者，提高税务机关在合规活动中的效率，如改进税务审计、调整税收政策和立法等。总之，早期的信息能够使税务机关对纳税人的行为变化迅速做出反应。强制披露规则还可对纳税人和中介产生制止或威慑效果。如果纳税人事前知道筹划安排必须披露，且税务机关可能对该筹划安排或安排所产生的税收后果有不同的立场，那么纳税人可能会慎重考虑是否使用该筹划安排。

第12项行动计划认为，现阶段税务机关面临的主要挑战之一，是不能及时并全面地获取恶意税收筹划方案的相关信息。如果能够在早期即获取这些信息，则有助于税务机关通过针对性的风险评估、税务审计或者修订法律法规应对相应的税务风险，各国设计相关制度有助于增强税务机关和税收政策制定者为管理税务风险而获取信息的能力。因此，第12项行动计划在考虑税收征管成本和商业运营成本的基础上，借鉴了实施强制披露规则国家（如美国、英国、爱尔兰等）的经验，为尚未引入强制披露规则的国家提供一套模板化设计建议，供各国根据其特定需求指定设计相关的强制披露规则。

针对强制披露规则的主要要素（披露人、交易特征、披露内容、披露时间以及不遵从的后果），第12项行动计划报告提出以下建议。一是施加披露义务于方案筹划方和纳税人，或者施加披露的首要义务于方案筹划方或纳税人。二是特征描述包括具体特征和通用特征两类，任一类特征符合，就会触发披露义务。通用特征普遍存在于筹划方案之中，比如保密性要求或者额外费。具体特征反映了特别关注的领域，比如利用亏损。三是建立一项披露追踪机制，把方案筹划方披露的信息与识别出的方案使用者（即客户披露的信息）联系起来是强制披露规则的一个重要组成部分。目前的一些制度是通过筹划安排代码，以及要求方案筹划方提供客户名单来进行追踪的。当某国将披露的首要义务施加于方案筹划方，建议引入筹划安排代码，并在国内法许可的情况下，要求其提供客户名单。四是当方案筹划方负有披露义务时，将披露的时点与纳税人获得筹划安排的时间点联系起来。当纳税人负有披露义务时，将披露的时点与实施安排的时点联系起来。五是引入罚款（包括非货币性处罚）以确保遵从强制披露规则的要求与国内法保持一致。

针对方案涵盖国际税收筹划安排的情形，第12项行动计划报告提出以下建议。一是各国在设计强制披露规则特征时，应当重点关注那些会导致BPES结果的跨境交易类型。如果一项安排或者一个方案包含跨境交易，只有当这项安排会涉及与本国纳税人之间的交易且会导致其在报告国产生重大的税收结果，同时该本国纳税人知道或者应当知道这会产生跨境的税收结果时，才有义务进行披露。二是如果纳税人参与的一项集团内交易有重大的税收结果，应当适当了解这项交易是否构成涉及必须在纳税人本国的强制披露规则下作出特别报告的跨境税收结果安排的一部分。

3. 第 13 项行动计划——《转让定价文档和国别报告》。

第 13 项行动计划要求制定相应的转让定价文档规则，以提高税务机关的信息透明度，同时考虑纳税人承担的文档合规性负担。针对这一要求，第 13 项行动计划报告提出了转让定价文档的三层结构。

第一层文档为“主体文档”，旨在提供跨国企业集全球业务的基本情况。主体文档中的信息由五部分组成：跨国企业集团全球组织架构，跨国企业业务描述，跨国企业的无形资产情况，跨国企业内部融资活动，跨国企业的财务及税务情况。一般情况下，主体文档应提供跨国企业集团的相关概述，将跨国企业集团作为一个整体，披露相关信息，以便在跨国企业集团的经济、法律、财务以及税收背景下考虑其转让定价安排。主体文档无须提供详尽的细节内容（如列出跨国企业集团成员所拥有的全部专利权），这只会增加不必要的负担，且与准备主体文档的目的不符。

第二层文档为“本地文档”，旨在提供有关具体关联交易的详细信息。本地文档所要求的信息可以作为主体文档的补充，有助于确保影响纳税人在特定税务管辖地的主要转让定价安排政策符合独立交易原则。本地文档侧重于针对本地企业与其他国家关联企业之间发生的对当地税收管辖而言较为重大的关联交易进行转让定价分析，本地文档所含信息包括：具体交易的相关财务信息，可比性分析以及最合适的转让定价方法的选择与应用。

第三层文档为“国别报告”，集团年度合并营业总收入超过 7.5 亿欧元（或等值货币）的大型跨国企业需要按年度申报国别报告，包含其经营所在的每一税收管辖地的收入，所得税税前利润、已缴纳的企业所得税，计提的企业所得税信息。国别报告还要求跨国企业按税收管辖地申报其全部雇员、资本、未分配利润，有形资产信息。国别报告要求跨国企业确认在各税收管辖地从事经营活动的集团所有成员实体，以及这些成员实体所从事经营活动的性质。

上述三个文档（即主体文档、本地文档和国别报告）要求纳税人提供一致的转让定价情况说明。税务机关可以利用上述三个文档进行转让定价风险评估、确定如何分配税务调查资源，并在需要时开展有针对性的税务调查。这些信息应当能够协助税务机关更容易地判断纳税人是否通过转让定价和其他操作，人为地将大量收入转移至税收优惠的环境中。

4. 第14项行动计划——《使争议解决机制更有效》。

纳税人与税务机关发生涉税争议后，通常可以选择国内法规定的一般性法律救济。对于跨国税收争议，税收协定还提供了另外一种机制——相互协商程序（MAP），通过该机制缔约国主管机关可以在相互协商的基础上解决有关协定解释与适用的分歧与困难。第14项行动计划目的在于加强MAP的效力与效率，从而尽可能地降低不确定性以及双重征税的风险。为了加强MAP的效力与效率，第14项行动计划报告提出了最低标准、最佳实践以及强制仲裁共三层措施。

最低标准是各国主管当局必须做到的，主要围绕三个主要目标制定：确保与MAP相关的协定义务能够被全面、善意地履行，且MAP案件能够得到及时解决（1—7项）；确保各国的征管程序能够促进MAP案件的预防和及时解决（8—14项）；确保纳税人在符合条件时可申请启动MAP（15—17项）。包括如下17项内容。

（1）各国应在税收协定中纳入《OECD范本》第25条的第1款至第3款，为转让定价案件提供启动相互协商的机会，并且执行相互协商达成的协议。

（2）当纳税人与进行纳税调整的税务机关就协定反滥用规定的适用条件是否满足，或国内法反滥用规定是否与协定规定相冲突持不同意见时，各国应允许纳税人启动相互协商。

（3）各国应力争在平均24个月内解决一个相互协商案件。

（4）各国应成为税收征管论坛下设的相互协商论坛的成员，以加强合作与协调。

（5）各国应按相互协商论坛开发的报告模板，及时提供全面的相互协商统计数据。

（6）各国应承诺在相互协商论坛框架下允许其他国家对其执行最低标准的情况进行检查。

（7）各国应表明其对相互协商案件适用仲裁的立场。

（8）各国应就相互协商程序的申请和使用发布规则、指南，并向纳税人公布。

（9）各国应在公开的共享平台公布其相互协商工作国家概况，按照与相互协商论坛开发的模板编制。

（10）各国应确保负责相互协商工作的人员具备按照有关税收协定条款解决相互协商案件的权限，而无须依赖作出纳税调整的税收征管人员的批准或指示，也不应受该国对未来协定修订的政策期望所影响。

（11）各国不应以审计调整额或者税收收入作为负责相互协商的主管当局及人员的绩效考核指标。

（12）各国应确保负责相互协商工作的部门拥有充足的人力和财力等资源。

（13）各国应在其相互协商指南中明确，税务机关与纳税人的审计和解不应妨碍纳税人申请启动相互协商。有些国家拥有独立于审计或检查职能之外的行政或司法争端解决机制，而且该机制只能依纳税人申请而启动，一些国家可能会对已经由上述机制解决的事项适用相互协商作出限制。各国应向协定伙伴通知上述行政或司法争端解决机制，并且在公开的相互协商指南中明确该机制对相互协商程序的影响。

（14）提供双边预约定价安排（APA）的国家应规定，如果以前税务年度中相关事实情况相同且真实性可经审计核实，应允许在适当情形下将 APA 追溯适用于以前年度。

（15）双方主管当局都应被知会相互协商申请已经提交，且应能够就是否受理或拒绝该请求提供意见。为了实现此目标，各国应该修订协定第 25 条第 1 款，以允许相互协商请求向缔约国任一方的主管当局提出；或者，在协定不允许向缔约国任一方提出相互协商申请时，如果收到相互协商申请的主管当局认为纳税人的请求不合理，应通过双边通知、磋商程序通知缔约对方主管当局。

（16）各国发布的相互协商指南应列明纳税人在提交相互协商时需提供的信息和文件。若纳税人已提交所需信息，各国不应以信息不充分为由拒绝相互协商申请。

（17）各国应在其税收协定中纳入《OECD 范本》第 25 条第 2 款的第 2 句："达成的任何协议应予以执行，而不受各缔约国国内法的任何时间限制。"否则应接受替代条款，以限制缔约国根据《OECD 范本》第 9 条第 1 款或第 7 条第 2 款进行调整的时间，目的是避免出现由于调整不及时而导致无法通过相互协商避免双重征税的情形。

最佳实践是对最低标准的补充，也是各主管当局被期望实现的理想状态，共有如下 11 项内容。

（1）各国应在协定中纳入《OECD 范本》第 9 条第 2 款。

（2）如果相互协商达成的协议对所有纳税人或某类纳税人都有指导意义，各国应公开这些协议。

（3）各国应培养国际税收审计、检查人员的“全球意识”，以减少不当调整的发生。

（4）各国应实行预约定价安排。

（5）在特定情形下，各国应允许纳税人就重复发生的问题通过相互协商寻求多年度解决方案。

（6）各国应采取适当措施，规定在相互协商案件解决之前暂停税款征收。启动这类暂停征税的条件，至少应与纳税人在寻求国内行政或司法救济时的条件相同。

（7）在充分尊重纳税人自主选择救济渠道的基础上，各国应通过适当的征管措施促进纳税人优先选择相互协商来解决与协定相关的税收争议。

（8）各国应在其发布的相互协商指南中加入对相互协商程序与国内行政和司法救济之间关系的解释。该解释应特别包括主管当局是否认为国内法院的判决在相互协商案件中对主管当局具有法律约束力，或者基于征管政策或实践，主管当局是否不会作出与国内法院判决结果不一致的决定。

（9）各国发布的相互协商指南应允许纳税人申请相互协商，从而使主管当局能够通过磋商解决由纳税人发起的合理的（Bona fide）境外调整所引起的双重征税。

（10）各国发布的相互协商指南应提供处理与相互协商有关的利息和罚款的指导意见。

（11）各国发布的相互协商指南中应提供关于多边相互协商和多边预约定价安排的指导意见。

强制仲裁被认为是解决跨境税收争议的终极手段，指的是如果主管当局无法在一定时间内（通常是2年）就某个相互协商案件达成一致，该案件将被自动提交仲裁，从而得到最终裁决。

二、BEPS行动计划的可能影响

BEPS行动计划的影响主要包括两方面：一方面，对于国内税收规则的影响及我国的具体做法；另一方面，对于跨国公司的影响，主要包括信息披露和避税行为。

（一）对国内税收规则的影响

BEPS 行动计划的实施很大程度需要通过国内税收立法实现，因此，BEPS 行动计划对国内法规也产生了影响，主要表现为各国纷纷完善国内税收立法以打击 BEPS，保护本国税收利益，具体做法包括：完善转让定价资料管理、完善防止协定滥用方法、完善受控外国企业（CFC）法规、完善人为规避常设机构地位甄别等。

我国同样积极推进 BEPS 成果在国内法的落地。国家税务总局于 2014 年底出台新的《一般反避税管理办法（试行）》（国家税务总局令第 32 号），并于 2015 年开始实施，这是我国落实 BEPS 成果的第一项行动。该办法能有效维护国家税收利益和纳税人合法权益，确保各地一般反避税案件处理的统一性和规范性。

针对特别纳税调整（转让定价），国家税务总局借鉴 BEPS 行动计划的理论成果，结合国内多年来特别纳税调查调整工作的实践经验，于 2016 年 6 月发布 42 号公告，对同期资料和国别报告的内容进行明确。于 2017 年 3 月发布了 6 号公告，对转让定价方法和特别纳税调查调整等进行了规范或更新，既体现了 BEPS 成果在我国的落地转化，也融合了我国在特别纳税调整领域的创新性理论成果和经验总结。

针对争议解决机制，2016 年 10 月，国家税务总局出台 64 号公告，明确了预约定价安排的适用范围、申请变化，进一步说明了不同类型（单边、双边或多边）预约定价安排谈签过程中涉及的各层级税务机关；规范优化了预约定价安排谈签及执行程序为预备会谈、谈签意向、分析评估、正式申请、协商签署和监控执行；明确了预约定价安排的适用期间及追溯期；规范了单边预约定价安排的信息交换；明确了预约定价安排程序的暂停、终止情形及续签要求。此外，6 号公告相互协商部分明确国家税务总局可以依据企业申请或者税收协定缔约对方税务主管当局请求启动相互协商程序以及国家税务总局可以拒绝、暂停、终止相互协商程序的情形。

（二）对跨国公司的影响

BEPS 项目对于跨国企业的影响主要体现在对合规性成本和对税收风险管控两方面。

1. 对合规性成本的影响。

受到 BEPS 行动计划的影响，跨国企业会面临更高的税收合规性要求和披露成本。例如，BEPS 第 13 项行动计划要求跨国企业准备三类转让定价文档：主体文档、本地文档和国别报告。其中主体文档和国别报告都是 BEPS 项目的新要求，本地文档覆盖的内容和需要披露的信息也与以前各国的要求不一致。因此，纳税人需要调配更多的资源，梳理企业在全球范围内的经营和财务状况，以准备相关转让定价文本资料。在未来的国际税务环境下，纳税人的申报义务增加了很多，各国税务机关之间信息交换的渠道会更畅通，信息透明度会更强，文档准备是一项不小的挑战。

BEPS 项目引发的变革，不仅可能让一个跨国企业集团在全球的整体税负增加，也可能造成税负的地域转移。如果不同的税务当局对征税权进行竞争，那么可能会出现对同一利润进行双重征税的情况，这需要企业密切关注。此外，如果企业没有及时识别并履行那些新的合规义务，也会增加罚款以及声誉损害的风险。

2. 对税收风险管控的影响。

随着 BEPS 项目中各项行动方案的公布以及各国国内法律法规的落地，反避税风潮日益高涨，税务稽查活动也会随之增加。BEPS 项目通过提高企业报告的要求以及加强税务机关之间的信息交流来提高企业经营活动的透明度，也可能导致更加严格的审查，因此跨国企业的税收风险管控需要相应加强。

企业应当考虑利润是否与产生经济价值的实质性经营活动相匹配，解除包含混合错配的融资架构，还应通过建模对利息抵扣限制可能造成的影响进行分析。此外，企业还需要审视集团架构，识别那些没有足够商业实质却享受税收协定待遇的公司，并及时进行架构调整。

日趋严厉的常设机构监管措施意味着很多企业在某些国家以前没有纳税义务，未来可能需要报税并缴纳税款。例如，到某国的人员活动不断增加，跨境商务出差频繁或者设有仓库，都有被认定为常设机构的风险。

企业还应审视现有的转让定价策略，确保已经制定正确的流程，已经符合国别报告的规定，需要密切关注 BEPS 项目在有经营活动的各个国家的实施情况，根据新的进展尽早发现问题并予以应对。

此外，还存在对于转让定价文本内的储存信息可能被泄露或者非法入侵的顾虑，这一顾虑在税务相关网络遭受攻击的事件中表现得尤为突出。2015 年 5 月，美国国内收入局经历了数据泄露事件，据报道，该次攻击导致了约 10 万份的纳税申报表信息泄露。资源相对充裕的美国国内收入局尚且如此，国别报告如发放给许多较小国家的税务主管当局，其中蕴含的泄露风险更令人担心。

第三节　应对经济数字化国际税收新规则

一、BEPS 包容性框架“双支柱”方案

为应对经济数字化带来的国际税收挑战，G20 委托 OECD 通过 BEPS 包容性框架制定数字经济跨境征税国际税收规则。2021 年 10 月，BEPS 包容性框架 136 个辖区就应对经济数字化税收挑战的“双支柱”方案达成框架性共识。

（一）背景及目标

为共同打击日益严重的跨境逃避税行为，2013 年 G20 峰会上，各国领导人一致赞成并委托 OECD 组织推进 BEPS 15 项行动计划，其中第 1 项行动计划即为《应对数字经济的税收挑战》。2015 年 BEPS 第 1 项行动计划最终报告虽然对应对经济数字化税收挑战的方案进行了诸多探索，但并未形成建议各国实施的解决方案。随后，一些辖区为维护本国税收利益，开始酝酿和推出单边措施。2017 年，G20 再次委托 OECD 通过 BEPS 包容性框架制定数字经济国际税收共识性解决方案。2021 年 10 月，BEPS 包容性框架 140 个成员辖区中的 136 个成员辖区就《关于应对经济数字化税收挑战“双支柱”方案的声明》形成共识，并提交 G20 财长和央行行长会议及 G20 领导人峰会核准通过。

（二）支柱一

支柱一方案由两个基本要素构成：金额 A 和金额 B，支柱一方案的构成概述如表 8－2 所示。

1. 金额 A 规则。

支柱一金额 A 规则拟改变现行跨境所得税规则，向市场国分配更多跨国企业集团剩余利润的征税权。金额 A 规则主要适用于年收入在 200 亿欧元以上（方案开始实施的 7 年后拟对实施情况进行审议，如方案实施成功则年收入门槛将降低至 100 亿欧元）且税前利润率超过 10% 的大型跨国企业集团。金额 A 规则不适用于采掘业和受监管的金融服务业。根据方案，跨国企业集团利润率超过 10% 的部分将被视为剩余利润，其中的 25% 将会重新分配给市场国，重新分配的剩余利润被称为“金额 A”。构成新联结度的市场国可对分得的金额 A

征税。金额 A 具体可通过以下四个步骤计算得出：第一步，确定跨国企业集团的税前利润和常规利润，常规利润为营业收入的 10%；第二步，从税前利润中扣除常规利润确定跨国企业集团的剩余利润总额；第三步，根据 25% 的固定比率确定归属于市场国的剩余利润，即再分配税基；第四步，基于各市场国营业收入的比例计算各市场国的分配比例，根据分配比例将再分配剩余利润在各市场国之间分配，确定各市场国可分得的金额 A。

表 8－2　　支柱一方案构成要素

支柱一方案构成要素		
基本要素		关键内容摘要
金额 A	适用范围	全球年度营业收入超过 200 亿欧元，且税前利润率超过 10% 的大型跨国企业集团；生效实施 7 年后对实施情况进行审议，如实施顺利，则将营业收入的门槛降至 100 亿欧元；金额 A 不适用于采掘业和受监管的金融服务业
	联结度	跨国企业集团在市场国营业收入超过 100 万欧元，该市场国可对归属于本辖区的金额 A 征税。 对于 GDP 低于 400 亿欧元的小规模市场国，联结度门槛为 25 万欧元
	利润分配	跨国企业集团超过营业收入 10% 的部分为剩余利润总额；适用范围内的跨国企业集团剩余利润的 25% 为重新分配给市场国的金额 A；各市场国根据营业收入的占比确定归属于本市场国的金额 A
	收入来源	收入归属于产品或服务被最终使用或消费的市场辖区；不同的交易类型适用不同的收入来源地规则
	营销及分销利润安全港	如果金额 A 规则适用范围内的跨国企业集团在市场国开展营销或分销活动，并已就留存在市场国的剩余利润缴税，为避免重复征税，将限制剩余利润以金额 A 的形式重新分配给市场国
	税收确定性	对金额 A 争议的预防和解决及与金额 A 相关争议的预防和解决
金额 B		金额 B 指的是市场国发生的基本营销和分销活动确定的回报率

为有效地防范和解决税收争议，支柱一提出了两套税收确定性规则，金额 A 的争议预防和解决机制以及与金额 A 相关问题的争议解决机制。为处理金额 A 争议，支柱一提出了一项强制性且具有约束力的争议预防和解决机制：首先由审议委员会基于跨国公司的自我评估进行审议；如果在此阶段无法达成协议，则可提交决策委员会形成最终决定。如果跨国集团接受通过该机制达成的协议，则该协议对所有相关税务机构和跨国集团的所有成员企业具有约束力。与金额 A 相关问题的争议，主要包括金额 A 适用范围内跨国企业的传统转让定价争议和常设机构利润归属争议。对此，支柱一设计了强制且有约束力的争议

解决机制，以确保争议可在一定时限内得到解决。对于满足一定条件的发展中国家，该机制不具强制性，可选择性适用。此外，支柱一金额 A 还要求实施金额 A 的辖区取消数字服务税及类似的单边措施，并承诺未来不再引入此类措施。

支柱一金额 A 规则是对现有国际税收框架体系的重大调整，会对国际税收中税收管辖权和企业集团内部利润分配方式带来重要影响。在传统的国际税收体系下，实体存在是分配税收管辖权和利润的重要判断标准，但是数字经济商业模式的显著特点就是无须设立实体存在，通过远程互动即可赚取收入，绝大多数数字服务提供商都可在各市场国不设立常设机构而赚取收入，支柱一的联结度规则突破了现行常设机构规则对于数字经济形态征税的限制，赋予最终使用或消费产品或服务的市场国征税权。对于企业集团来说，应用支柱一方案首先需识别集团利润，但在支柱一方案适用范围内存在部分跨国企业集团并未上市，也未按照支柱一所认可的合格会计准则编制合并财务报表，且支柱一方案中还引入了许多与传统财务报表数据不同的数据项，企业需要建立新的信息系统采集并分析相关数据，因此支柱一方案的实施可能会增加企业的合规成本。

2. 金额 B 规则。

为简化运用独立交易规则，满足低征管能力辖区的需求，支柱一方案还纳入了金额 B。金额 B 指的是跨国企业集团在市场国发生的基本营销和分销活动给予确定的利润回报。金额 B 规则的关键要素主要包括三方面：一是如何定义“基本营销和分销活动”的范围；二是如何通过可比性分析确定“基本营销和分销活动”的相对统一的利润回报；三是金额 B 在各辖区具体的实施方式。

（三）支柱二

支柱二方案主要由全球反税基侵蚀（Global Anti - Base Erosion，GloBE）规则和应税规则（Subject to Tax Rules，STTR）组成，前者是方案的主体部分。GloBE 规则具体又可以分为收入纳入规则（Income Inclusion Rule，IIR）和低税支付规则（Undertaxed Payment Rule，UTPR）。这两个规则的运用确保跨国企业的综合所得在各个税收辖区都至少承担 15% 的税负，基于各国的国内税法实施；应税规则针对利息、特许权使用费等费用支付，确保此类费用支付的名义税率不低于 9%，基于双边税收协定实施。这三个规则的实施次序是：应税规则、收入纳入规则和低税支付规则。企业在应税规则下缴纳的税额可计入收入纳入规则和低税支付规则的有效税额。

1. 全球反税基侵蚀规则。

2022 年 3 月，OECD 发布了《应对经济数字化税收挑战——支柱二全球反税基侵蚀规则立法模板注释》和示例，对 2021 年 12 月发布的《应对经济数字化税收挑战——支柱二全球反税基侵蚀规则立法模板》进行解释和说明。上述两文件的发布标志着 GloBE 规则技术设计基本完成。GloBE 规则以立法模板的形式拟定，供各辖区作为国内立法引入实施的模板。立法模板注释为各国税务机关和纳税人解释和运用 GloBE 规则提供了指引，旨在促进对 GloBE 规则做出具有一致性和普遍性的解释，从而有助于形成协调一致的税收结果。

GloBE 规则，旨在确保大型跨国企业对其经营所在各辖区产生的所得，缴纳不低于 15% 的税收，从而抑制跨国企业集团逃避税行为，也为各国税收竞争划定底线。GloBE 规则采用补足税（Top-up Tax）机制，通过 IIR 和 UTPR，将跨国企业就其在一个辖区内的超额所得所缴纳的所得税税负提高到符合全球最低税率（15%）的水平。根据 GloBE 规则征收的税收不是典型的企业所得税，而是在设计上更接近于国际替代最低税，使用标准化的税基和税款计算机制，来确定跨国企业集团内的低税所得池，并通过协调实施税收征收，使集团在每个辖区的所得有效税率（Effective Tax Rate，ETR）达到最低税率水平。GloBE 规则的补足税设计，有助于 GloBE 规则的协调运用，确保在每个辖区根据该规则新增应缴税款总额不会使 ETR 超过最低税率，避免重复征税和过度征税。

（1）GloBE 规则的适用范围。

GloBE 规则只适用于满足一定条件的大型跨国企业集团，即最终母公司合并财务报表年收入在之前的 4 个财年中至少有 2 个财年为 7.5 亿欧元或以上的跨国企业集团。合并收入门槛反映了 GloBE 规则总体税收政策理念背景下的成本与效益考量。通过将 GloBE 规则局限于符合规模要求的跨国企业集团，避免征管成本和遵从成本与收入效益不相匹配。采用与 BEPS 第 13 项行动计划国别报告相同的收入门槛，也有效控制了实行 GloBE 规则的增量遵从成本，并将使税务机关更易于根据现有信息收集和交换系统，监控对于 GloBE 规则的遵从。

跨国企业集团是指任何在最终母公司所在辖区之外，拥有至少一个实体或常设机构的企业合并财务报告集团。例如，一家企业在海外某辖区有一个常设机构，该企业及其海外常设机构在 GloBE 规则下，即构成跨国企业集团。跨国企业集团内的所有实体以及常设机构，均为跨国企业集团的成员实体。不适用 GloBE 规则的实体为可排除实体，包括政府实体、国际组织、非营利组织、养老基金和作为最终母公司的投资基金、房地产投资工具等。

（2）ETR 的计算。

ETR 的计算是 GloBE 规则的核心部分，通常按辖区混合计算，它用于确定跨国企业集团一个财年在某一辖区的 ETR 是否低于最低税率，以及是否应就该特定辖区的所得缴纳补足税。

一个辖区的 ETR 等于本财年辖区内每个成员实体经调整有效税额的总和除以该辖区净 GloBE 所得。辖区净 GloBE 所得定义为正数，通过财年位于该辖区的所有成员实体的 GloBE 所得减去亏损而得到。辖区在财年是净 GloBE 亏损，则不计算该辖区的 ETR。每个成员实体经调整有效税额的总和等于位于同一辖区的成员实体根据 GloBE 规则确定的全部经调整有效税额的总和。类似地，净 GloBE 所得或亏损根据由位于同一辖区的所有成员实体的 GloBE 所得或亏损加总确定。

成员实体 GloBE 所得或亏损的计算的起点是在编制相关财年合并财务报表时的财务会计净利润或亏损。GloBE 规则将实体的财务会计净利润或亏损作为确定 GloBE 所得或亏损的起点，因为这是对所得的统一衡量，可适用于所有辖区。此外，由于利用了编制合并财务报表时已经使用的信息，因此降低了跨国企业集团的遵从成本。为了消除会计税基和 GloBE 税基之间的某些永久性差异，GloBE 规则随后调整会计数额，以得出实体的 GloBE 所得或亏损。

有效税额的计算分若干步骤：首先是确定成员实体相关财年的当期税款；其次调整该税款数额，得出该实体的经调整有效税额。GloBE 规则在计算当期有效税额时，考虑递延所得税资产与负债，以解决时间性差异产生的影响。

（3）补足税的计算。

低税辖区补足税按照辖区超额利润乘以补足税比率计算，并经附加当期补足税调整和抵减合格境内最低补足税后确定。超额利润是指从辖区净 GloBE 所得中扣除基于实质的所得排除额后的余额。基于实质的所得排除额是指按一定比例的合格有形资产折余价值与合格工资成本计算的排除额。一个辖区的补足税比率等于最低税率超过财年有效税率的百分比，即补足税比率为正数。按照 GloBE 规则，当有效税率低于最低税率时，一个辖区被视为跨国企业集团的低税辖区，位于该辖区的成员实体被视为低税成员实体（Low - Taxed Constituent Entity，LTCE）。如果有效税率等于或超过最低税率，该辖区没有补足税比率，位于该辖区的成员实体都不被视为低税成员实体。附加当期补足税调整是指根据 GloBE 规则规定，重新计算以前一个或多个财年的有效税率和补足税，形成的当期需要增加的补足税。合格境内最低补足税是指各辖区按照国内法律对本辖区跨国企业集团成员实体超额利润征收的补足税。

在计算得出低税辖区补足税后，按照辖区内成员实体的 GloBE 所得比例分配计算辖区内各成员实体的补足税额。辖区补足税仅分配给在财年有 GloBE 所得的成员实体，不分配给 GloBE 亏损的成员实体。分配给有 GloBE 所得的成员实体是通过基于一个比率的分配，该比率为每个成员实体 GloBE 所得除以该辖区全部成员实体的 GloBE 所得总和。

（4）补足税的征收。

补足税征税规定由两项相互关联的规则组成，即 IIR 和 UTPR，其中 IIR 为主要征税规则，优先于 UTPR 实施。IIR 由跨国企业集团中的特定母公司依序适用，通常优先适用于所有权链条中最接近顶层的实体（“自上而下”方法）。在这种方法下，如果中间母公司受控于在所有权链条上地位更高的已适用合格 IIR 的另一个母公司，则对中间母公司不适用 IIR。然而，自上而下的方法也有一些例外情况，如分散控股规则（Partially Owned Parent Entity，POPE）。为了这些情况下避免双重征税，IIR 包括抵消机制，允许母公司减少根据 IIR 本应支付的补缴税款，前提是该税款由另一母公司承担。适用 IIR 的母公司以 LTCE 的补足税乘以母公司的纳入比率确定其应纳税义务，纳入比率是母公司在 LTCE 的 GloBE 所得中所占份额与其相关财年总 GloBE 所得的比率。

如果没有按照 IIR 对某个 LTCE 予以征税，则通过 UTPR 实现对相应税款的征收。依据 UTPR 跨国企业集团的成员实体不予扣除原本可扣除费用（或应当根据国内法进行等效调整），扣除的数额应足以使位于 UTPR 辖区的成员实体产生与分配给该辖区的 UTPR 补足税数额相等的额外现金税收费用。根据 UTPR 应予分配的补足税数额，其确定系针对位于跨国企业集团的辖区 ETR 低于最低税率的辖区内的各个成员实体（即 LTCE），合计 UTPR 补足税数额等于针对各个此类 LTCE 计算的补足税数额之和，同时结合考虑可能影响补足税数额计算的 GloBE 规则的相关规定。在各个 UTPR 辖区之间，通过运用其各自的 UTPR 比例，分配确定的 UTPR 补足税数额。UTPR 比例的确定系基于反映各 UTPR 辖区内跨国企业集团相对实质的因素，即成员实体的员工人数和有形资产账面净值所占的比率来确定。UTPR 比例下使用的因素为跨国企业集团和税务机关提供了基于现有遵从机制的可取衡量措施，使用在国别报告中可以取得的定量因素有助于 UTPR 辖区之间的协调，并将争议风险降至最低。

综合而言，IIR 和 UTPR 形成了系统性的解决方案，确保所有范围内的跨国企业集团在其开展经营的辖区，就其超过常规收益的利润缴纳最低水平的税收。

（5）GloBE 规则的信息报告。

实施 GloBE 规则辖区的每个成员实体均应向当地税务机关提交 GloBE 信息报告表，报告表可由成员实体自行报告，也可由其指定的本地实体代其报告。如果报告财年内，位于与实施辖区间有已生效的合格主管当局协议的辖区的最终母公司已提交信息报告表，或位于与实施辖区间有已生效的合格主管当局协议的辖区的指定报告实体已提交信息报告表，则成员实体可免于向实施辖区的税务机关提交 GloBE 信息报告表。

GloBE 信息报告表应按照 GloBE 实施框架确定的标准模板提交，并且应包括有关跨国企业集团的成员实体身份信息、跨国集团整体架构信息、补足税计算所需信息以及在 GloBE 实施框架中达成共识且对实施 GloBE 规则的税收管理必不可少的其他信息。

信息报告表应在报告财年最后一天之后的 15 个月内向实施辖区的税务机关提交。

2. 应税规则。

应税规则（STTR），是指针对利息、特许权使用费等特定费用支付，如果在收款方所在国这些费用所适用的名义企业所得税税率低于 9% 的最低税率，那么付款方所在国可以否定收款方的税收协定待遇，补征一定税款。付款方所在国实施应税规则可以补征税率上限是最低税率 9% 与特定费用支付在收款方所在国适用名义税率之间的差额。

3. 支柱二方案的影响。

（1）对政府补贴或税收优惠政策的冲击。

支柱二方案实施的重要目的是应对日益严重的跨国企业税基侵蚀问题。跨国企业的税基具有流动性，它们往往会选择将利润留在实际税率更低的国家或地区。各国为了争夺税源，也会竞相使用政府补贴、税收优惠等手段吸引跨国企业的进入。支柱二方案的出台与规则的落实，意味着跨国企业即使进入那些提供大量优惠政策的税收辖区，也可能因触发 GloBE 规则而陷入补缴税款的境地。这会大大降低低税率辖区的吸引力，尤其是给很多新兴经济体国家的发展带来一定的冲击。

（2）对跨国企业的信息披露提出了一定要求。

在过去十年中，国际社会一直为提高企业的税收透明度水平不断努力。《海外账户税收遵从法案》（Foreign Account Tax Compliance Act，FATCA）及金融账户涉税信息自动交换标准的出台，打破了原有的企业与国家、国家与国家之间信息不透明的格局。企业负有的信息披露义务和报告意识有了一定的提升。BEPS 1.0 的第 13 项行动计划的重要成果《转让定价文档与国别报告》进一步提高了全球税收透明度，税务机关能通过企业申报的国别报告和主体文档深入了解集团内部的运营信息。在 BEPS 2.0 中，支柱一和支柱二的出台均对跨国企业的信息披露提出了更高的要求。在支柱二方案中，无论是有效税率的计算，还是 GloBE 规则的适用，都要求企业披露更多的交易信息，并需要确保数据的质量。

二、联合国方案

除 BEPS 包容性框架“双支柱”方案外，联合国也研究制定了应对经济数字化税收挑战的双边解决方案。各辖区可考虑在双边税收协定中纳入《联合国范本》第 12B 条“自动化数字服务所得”条款，以解决数字经济征税问题。

（一）自动化数字服务

自动化数字服务（Automated Digital Services，ADS），是指通过互联网或其他电子网络提供的需要最少量人工参与的任何服务。“自动化”是指用户不需要和服务提供方进行定制化交流，仅凭借设备和系统就可以自动地获取服务。判定自动化服务的一个重要标准是服务提供方能否以最少的人力投入扩大规模来向新用户提供相同类型的服务。

通常以下服务有可能被认定为 ADS：

（1）在线广告服务；

（2）提供用户数据；

（3）在线搜索引擎；

（4）在线中介平台服务；

（5）社交媒体平台；

（6）数字内容服务；

（7）在线游戏平台；

（8）云计算服务；

（9）标准化的在线教学服务。

ADS 一般不包括：

（1）定制化的专业服务，包括单独或由公司提供的服务，如法律、会计、建筑、工程、医学专业，以及金融或其他专门的专家咨询服务。

（2）定制化的在线教学服务，是指在线提供的直播或录制的教学服务，教师根据学生或有限的学生群体的需要定制服务（如提供个性化的、非自动化的反馈和支持），互联网或其他电子网络仅作为教师和学生之间的沟通工具。

（3）提供互联网或其他电子网络的接入服务，是指提供对互联网或其他电子网络的连接、订阅、安装等接入服务，而不考虑交付方式如何，即通过电线、电缆、光纤、卫星传输以及随着技术的进步可能出现的一些新的交付方式等。

（4）在线销售除 ADS 以外的其他商品和服务，是指通过数字界面完成的商品或服务的销售，其中：数字界面由商品或服务的提供者操作；交易的主要内容是提供商品或服务，且该商品或服务不符合自动化数字服务的其他条件。如亚马逊商城通过在线平台取得的商品零售收入。

（5）销售实物商品的收入，而不考虑网络连接。现在许多消费品都含有一些软件，并支持连接网络使用。因为销售实物不是自动化数字服务，那么如果不能分离出商品销售附带的网络连接数字服务，则不能将全部销售项目的收入纳入自动化数字服务收入的范围中。

（二）ADS 所得来源地的确定

如果与 ADS 所得相关的款项是由缔约国一方居民支付，或者由一个人（无论该人是否为缔约国一方居民）通过缔约国一方的常设机构或固定基地支付，且相关款项由常设机构或固定基地承担，则自动化服务所得应被认为来源于该缔约国。ADS 所得作为一项经营所得，其所得来源国的确定不同于传统国际税收规则下用于确定营业利润所得来源地的常设机构原则，而是类似于特许权使用费所得，以相关款项的支付地为所得来源地。这样 ADS 提供方仅通过信息技术和网络远程签订合同并提供服务，没有在服务的发生地设立固定营业场所和拥有非独立代理人，但只要相关款项是由缔约国一方居民支付的，就可以在该缔约国一方征税。

需要注意的是，12B 条款的规则效力局限于非居民企业通过远程营业活动获取所得且未构成常设机构的情形，如果非居民企业在来源国构成了常设机构，则12B条款不适用。

（三）ADS所得征税权的划分

《联合国范本》对于ADS所得采取来源国与受益所有人居民国共享征税权的做法，规定产生于缔约国一方的ADS所得，其支付给缔约国另一方居民的相关款项可由缔约国另一方征税。在一定条件下，产生于缔约国一方ADS所得也可以在缔约国一方按照该国法律征税。《联合国范本》为来源国提供了两种对ADS所得的征税方法。

1. 预提税法。

如果ADS所得的受益所有人是缔约国一方居民，那么产生所得的缔约国另一方收取的税款不得超过ADS所得据以产生的支付总额的一定比例，限制税率可通过有关国家双边谈判确定，建议设定为3%或4%。

预提税法不以是否构成常设机构为前提，在支付环节赋予ADS所得的来源国一定比例的优先征税权，解决了传统国际税收规则下来源国无法对不以构成物理存在的自动化数字服务征税的难题。但预提税法基于ADS交易支付总额在款项支付源头征税容易造成税负过重甚至重复征税，协定谈判双方应根据行业利润水平合理设定限制税率以保护纳税人的利益。此外，由于自然人纳税人不易管控，预提税在企业与个人消费者之间的交易中不具有可操作性。

2. 合格利润法。

如果ADS所得的受益所有人是缔约国一方居民，其可以选择在产生该所得的缔约国另一方，按该国国内法规定的税率就其在一个财政年度内自动化数字服务的合格利润（Qualified Profit）纳税。合格利润应为，将该受益所有人自动数字服务业务部门的利润率，应用于从来源国取得的自动化数字服务年度总收入后，得到金额的30%。公式如下：

$$合格利润 = ADS利润率 \times 来源国ADS总收入 \times 30\%$$

如果受益所有人没有分业务部门设立账目，可以用受益所有人整体利润率计算合格利润。如果受益所有人属于跨国企业集团，则适用的利润率应是与本条规定的所得有关的集团业务部门的利润率，或者在集团不设分业部门账目的情况下，适用整个集团的利润率，前提是跨国企业集团的相关利润率高于受益所有人的前述利润率。如果自动化数字服务所得来源国无法获取受益所有人所属跨国企业集团的业务部门利润率或整体利润率，则本方法不适用，而应适用预提税法。

合格利润法为纳税人提供了可供替代的选择方案，以帮助纳税人平衡预提税的税收负担。对利润进行公式化的分配以确定税基，突破了传统国际税收规则下按照独立交易原则进行利润分配，与支柱一金额 A 规则的公式化方法确有相似之处。与支柱一金额 A 规则不同的是，《联合国范本》对“合格利润”的确定仅限于在缔约国双边范围内对纳税人整体利润水平的划分，在规则执行层面可操作性更强。相比于数字服务税，合格利润法更体现所得税属性，便于新增的 12B 条款与范本中其他条款之间的协调与衔接，尤其是与消除重复征税相关的条款。

（四）《联合国范本》“自动化数字服务”条款的影响

《联合国范本》第 12B 条款的提出为应对经济数字化税收挑战提供了新思路。首先，条款突破了以物理存在为经济联结度的所得来源地确定原则，赋予来源国对自动化数字服务的征税权。征税方式上，条款提供了两种可供纳税人选择的方案，预提税法可操作性强但或引起纳税人税负的增加，合格利润法作为预提税法的替代方案能够在合理划分征税权的同时平衡纳税人的税收负担。此外，相比于其他应对经济数字化的税收方案，第 12B 条款以不影响其他条款的效力为前提，能够较好地融入原有的国际税收体系之中。

然而，第 12B 条款也存在一些弊端。第一，基于 ADS 支付总额按固定比例征税有违税收公平原则，不同利润水平的纳税人，甚至在亏损的情况下，要缴纳相同的税款。第二，限定比率征收的预提税容易被大型数字服务提供方以加价的方式转嫁给消费者，扭曲数字服务市场定价。第三，第 12B 条款不能完全解决经济数字化税收挑战，以支付国为 ADS 所得来源国往往不符合税收应与价值创造地相一致的税权划分原则。例如，在线广告服务的购买方与广告的投放地相分离，此时提供市场价值的广告投放地依然无法获得征税权。第四，预提税的征收依赖跨境交易金额，个人支付的 ADS 款项征管难度大，第三方金融机构披露的个人账户信息有限，纳税人逃避税空间大。第五，《联合国范本》新增的第 12B 条款属于双边税收条款，需要双方达成一致意见才能实行，但该条款必然使 ADS 提供方所在国让渡部分原有的税收利益，因此条款能否在双边税收协定中被广泛应用并发挥作用，还取决于缔约国双方的谈判情况。

本章思考题

1. BEPS 产生的根源是什么?
2. 数字经济给传统的常设机构规则带来了哪些挑战?
3. 国际税收筹划中，企业利润转移的渠道有哪些?
4. BEPS 行动计划中提出哪些措施来确保转让定价结果与价值创造相匹配?
5. 分析支柱一带来的国际税收规则的变化。
6. 试讨论支柱一与《联合国范本》“自动化数字服务”条款的不同与各自利弊。
7. 如何理解收入纳入规则（IIR）中“自上而下”适用的方法?

第九章　国际税收合作

【学习目标】国际税收合作包括双边和多边，本章主要介绍了全球主要的税收合作平台，以及中国税务部门开展的多边合作情况。通过本章学习，能够了解和掌握世界主要国际组织、多边合作平台和区域性税收组织基本情况及与我国合作情况，理解我国不断加强国际交流与合作，深度参与国际税收规则和标准制定的重要意义。

第一节　国际税收合作平台

一、经济合作与发展组织（OECD）

经济合作与发展组织（OECD）总部设在法国巴黎。前身是欧盟经济合作组织，始建于1948年。第二次世界大战后，欧洲的一些国家在美国的帮助下，恢复了欧盟组织，发展了欧盟经济，后与大西洋国际组织结盟为经济合作与发展组织（OECD）。OECD成立于1961年，是政府间国际经济组织。截至2023年12月，OECD成员国已达到38个，重点合作伙伴方有5个，包括中国、巴西、印度、印度尼西亚和南非。

OECD的法律框架是《经济合作与发展组织公约》，于1960年12月14日由20个国家签署生效。OECD的目标宗旨是：改善世界经济与社会民生政策；推动成员国经济和社会发展，促进世界经济增长；帮助成员国政府制定和协调有关政策；鼓励和协调成员国帮助发展中国家改善经济状况，促进非成员国的经济进步与社会福祉。

组织架构方面，OECD主要由理事会、秘书处和专业委员会组成。作为OECD核心决策机构的理事会由每个成员国派一名代表组成，每年举行一次部长级会议，讨论并决定重要问题。OECD共有约200个委员会、工作组和专家小组，就具体政策领域，如经济、贸易、科学、就业、教育及金融市场，提出建议并审议在这些领域所取得的进展。理事会和各委员会的日常工作由秘书处负责跟进落实。OECD 的经费来源主要是成员国的捐款，经过理事会批准，各国也可以向一些特殊活动或项目提供不包括在主要预算之内的单独资助。

近年来，OECD 财政事务委员会（Committee on Fiscal Affairs，CFA）及其下设的税收政策与管理中心（Center for Tax Policy and Administration，CTPA）在制定国际认可的税收标准并提供税收政策和征管经验的交流平台方面取得显著成效。由 G20 主导、OECD 推动的税基侵蚀和利润转移（BEPS）项目被视为国际税收领域的一次重要变革；全球已有上百个辖区承诺实施由 OECD 推动的金融账户涉税信息自动交换。2017 年，G20 再次委托 OECD 通过 BEPS 包容性框架研究制定数字经济跨境征税规则。2021 年 10 月，BEPS 包容性框架 140 个成员中的 136 个成员就应对经济数字化税收挑战“双支柱”方案达成框架性共识，预示着国际税收治理将掀开新的篇章。此后，毛里塔尼亚、阿塞拜疆、乌兹别克斯坦先后成为包容性框架成员，并加入“双支柱”方案多边共识。截至 2023 年 6 月，加入共识的辖区已达 139 个。

二、国际货币基金组织（IMF）

国际货币基金组织（International Monetary Fund，IMF）于 1945 年 12 月 27 日成立，与世界银行并列为世界两大金融机构之一，其职责是监察货币汇率和各国贸易情况、提供技术和资金协助，确保全球金融制度运作正常。IMF 拥有 190 个成员国，总部设在华盛顿。1991 年，该组织在北京设立常驻代表处。2019 年 10 月 1 日，克里斯塔利娜·格奥尔基耶娃任 IMF 总裁，任期 5 年。

三、联合国国际税务合作专家委员会

联合国国际税务合作专家委员会（Committee of Experts on International Co-operation in Tax Matters，以下简称委员会）隶属于联合国经济及社会理事会，其前身是国际税务合作特别专家小组，2004 年正式更为现名。委员会共有 25 个成员，分别来自 10 个发达国家和 15 个发展中国家。委员由各国推荐，联合国秘书长任命，任期 4 年。委员以个人身份参加委员会会议，并致力于税收协定、转让定价、相互协商程序、防止协定滥用等的研究和探讨。近年，实现 2030 年可持续发展目标成为联合国的重要工作，委员会也将帮助发展中国家提高税收征管能力作为工作的重点内容之一，努力促进国际领域的税收合作。

四、金砖国家税务合作机制

金砖国家税务合作机制的基础是金砖国家合作机制。金砖国家（BRICS）原指五个主要的新兴市场经济体，分别为巴西、俄罗斯、印度、中国、南非。2023 年 8 月，金砖国家领导人第十五次会晤宣布金砖国家扩员，埃及、埃塞俄比亚、伊朗、沙特阿拉伯、阿联酋等 5 国自 2024 年 1 月起成为金砖国家正式成员。每年金砖国家轮值主席国都会主办金砖国家领导人会晤及配套会议和活动，包括各专业领域的部长级会议。

金砖国家税务局长会晤机制由印度税务局倡议发起，2013 年 1 月在印度召开第一次金砖国家税务局长会议。金砖国家税务局长会晤机制的宗旨是加强金砖国家在国际税收事务上的合作，协调金砖国家在全球税收治理有关问题上的立场，推动建立更加公平、透明的国际税收秩序，维护新兴市场国家和广大发展中国家的共同利益，共同应对国际税收领域的挑战。

经过多年发展，金砖国家税务合作机制已经发展成国际税收合作与协调的重要力量。每年由金砖国家主席国税务局主办金砖国家税务局长会议和专家会议。在局长会议结束后，主办方会发表联合公报，公报主要内容一般会在当年金砖国家领导人会晤声明中体现。

五、亚洲—太平洋税收管理与研究组织（SGATAR）

亚洲—太平洋税收管理与研究组织（Study Group on Asian - Pacific Tax Administration and Research，SGATAR）于 1971 年由菲律宾发起成立，截至 2023 年底共有 18 个成员。

SGATAR 致力于通过交流税收管理经验来推动各成员在税收领域的改革和创新，对推动本地区税收领域的交流与合作起到了积极作用。为进一步增强务实合作，SGATAR 于 2013 年设立了常设特别工作组并对其组织治理进行了整体改革。

六、其他区域性税收组织

（一）亚太税收中心（APTH）

亚太税收中心（Asia Pacific Tax Hub，APTH）是亚洲开发银行于 2021 年 5

月成立的税收组织，截至2023年底有68个成员。中国为APTH成员。

APTH的宗旨是为亚洲开发银行的成员及发展伙伴开展政策对话、知识分享和发展合作提供交流平台。APTH的主要工作是帮助发展中成员制定中期税收战略、为实现税收征管自动化制定路线图和积极参与国际税收议题等。

（二）美洲税收管理组织（CIAT）

美洲税收管理组织（The Inter－American Center of Tax Administrations，CIAT）是非营利性政府间组织，成立于1967年，截至2023年底有42个成员，绝大多数成员位于美洲。CIAT旨在为成员提供交流经验、加强合作的平台，从而推动税收征管现代化和税收管理水平的提高。CIAT的主要活动包括组织培训、促进成员间信息交换和提供技术援助等。

（三）欧洲税收管理组织（IOTA）

欧洲税收管理组织（Intra－European Organisation of Tax Administrations，IOTA）是非营利性政府间组织，成立于1996年，截至2023年底有45个成员，绝大多数成员位于欧洲。IOTA是成员之间讨论税收征管问题、加强税收合作的平台，其目标是帮助成员提高税收征管能力，改善纳税服务，保障纳税遵从。IOTA的主要活动包括组织研讨会和论坛、提供知识产品、促进成员之间合作等。

（四）非洲税收征管论坛（ATAF）

非洲税收征管论坛（African Tax Administration Forum，ATAF）是非洲政府间税收组织，于2009年在乌干达正式成立，截至2023年底有38个成员国，旨在为非洲各国提供交流经验和加强合作的平台。ATAF定期举办全体大会、国政会议及年会。

第二节　中国参与国际税收合作

一、中国与国际组织合作情况

（一）与OECD合作情况

OECD一直是国际税收政策和征管研究的“领头羊”，其制定的“税收协定范本”“转让定价指南”“税收情报交换协议范本”等国际税收法律文本在世界各国得到广泛应用。此外，OECD 还对税收政策和征管领域的前沿、热点问题开展系统性研究，并积极与其他国家分享研究成果。因此，OECD 成为我国在国际税收领域的重要合作伙伴。

自中国 1994 年税制改革开始，OECD 便就中国国内税收改革以及加强国际税务合作与中国保持互动，同时通过此类合作与中国一线的税务官员就重要的政策问题交流观点，推动中国税收体系不断完善。OECD 税收政策与管理中心（CTPA）前主任帕斯卡・圣塔曼（Pascal Saint – Amans）认为“中国是国际税收大家庭不可或缺的重要成员”。

2004 年 5 月，国家税务总局与财政部正式共同代表中国成为 OECD 财政事务委员会（CFA）的观察员，并开始派员参加 OECD 有关税收协定、税收政策与统计、转让定价、国际避税与逃税及消费税等工作组的会议，积极利用这一平台参与规则制定，表达中国立场，维护发展中国家利益，不断提升中国在国际税收领域的话语权和影响力。国家税务总局还在内部成立对应的研究小组进行追踪研究，借鉴国际经验，助益国内制订并出台有关税收政策。2024 年 1 月，国家税务总局与 OECD 共同签署了双方新一轮合作备忘录（2024 年 1 月至 2028 年 12 月）。

1. 参与 OECD 主导的国际税收改革。

2014 年开始，中国国家税务总局深度参与 G20 委托 OECD 牵头的税基侵蚀和利润转移（BEPS）行动计划，积极把中国方案融入国际税收新规则，在国际税收规则体系重塑中持续发挥重要作用，具体包括以 OECD 合作伙伴身份全程参与 BEPS 项目，参加相关会议和谈判百余次，向 OECD 提交立场声明和意见千余条，为维护发展中国家利益和促进各项成果的顺利完成做出重要贡献。在 2016 年 BEPS 进入实施阶段后，参与 BEPS 包容性框架设计和建立，担任 BEPS 多边协议特别工作组第一副主席，并全面推动 BEPS 成果的落地实施。

2. 参加高级别论坛。

税收征管论坛（Forum on Tax Administration，FTA）成立于 2002 年，是 OECD 财政事务委员会（CFA）下设机构，共有 54 个成员辖区，包括所有 G20 成员、OECD 成员及部分非 OECD 成员。FTA 已发展成为世界主要经济体税务部门在局长层面沟通对话和协调合作的高级别平台。FTA 大会每年举办一次，与会代表为各成员税务局局长及税收领域重要国际组织的代表。会议探讨全球税收热点问题，在分享税收管理经验的基础上，研究加强税收征管国际合作的最佳方法。FTA 下设指导委员会，由 16 个成员的税务局局长组成，负责决定并监督 FTA 项目工作，并支持 OECD 和 G20 国际税改议题的落实。作为 FTA 成员，我国积极参与 FTA 项目研究，交流分享相关经验，学习各成员最佳实践。2016 年 5 月，第 10 届税收征管论坛大会在北京召开。这是 BEPS 行动计划转入实施阶段后首次召开的税收征管论坛大会，由 OECD 主办、中国国家税务总局承办。作为 2016 年 9 月 G20 杭州峰会的重要配套活动，该届大会聚焦国际社会共同关注的税收议题进行了深入讨论，取得丰硕成果和广泛好评，是我国在税收领域开展主场外交的成功案例。近年来，国家税务总局领导多次率团参加 FTA 大会和指导委员会会议，积极分享中国方案，贡献中国智慧。2021 年 4 月，FTA 能力建设高级别会议以视频形式召开，会上介绍了中国推进税收征管数字化转型的进展情况，分享了中国推进税收大数据建设应用的实践经验，并对各国共同推进税收征管数字化进程提出了倡议。

3. 开展税收能力建设。

2016 年 3 月 14 日，OECD 与中国国家税务总局共同建立的 OECD 多边税务中心在国家税务总局税务干部学院正式挂牌启动。这是第一个设立于非 OECD 成员国家的多边税务中心，标志着我国税务部门与 OECD 的交流合作掀开了新的篇章，也体现了我国作为负责任大国更加主动、自信地参与国际税收治理的良好形象。在揭牌仪式上，时任 OECD 全球关系处处长帕里表示，中国国家税务总局与 OECD 合作建立的多边税务中心是税收领域全球合作共赢的典范。作为 OECD 全球第五个多边税务中心，以及设立于非成员国的第一个多边税务中心，多边税务中心旨在利用国家税务总局税务干部学院的设施和资源，为中国和其他发展中国家税务官员提供双边及多边的业务培训，并将其打造成为中国帮助发展中国家进行能力建设的重要平台。2019—2023 年，中国国家税务总局依托扬州多边税务中心（国家税务总局税务干部学院），与 OECD 共同举办了 22 期多边培训班，参训的发展中国家税务官员超过 6000 名，在帮助发展中国家提升税收征管能力水平方面发挥了重要作用。

（二）与国际货币基金组织（IMF）合作情况

国家税务总局与 IMF 的合作已有三十余年的历史。合作方式主要有 4 种类型：一是在联合国开发计划署（The United Nations Development Programme，UNDP）技术援助框架下的合作，即 UNDP 提供资金，IMF 派专家组为国家税务总局提供政策、法律和技术等方面的咨询；二是为国家税务总局组织或提供培训机会；三是参与 IMF 与中国的第四条款磋商，每年就相关税收征管或税收政策问题进行年中和年度磋商；四是与 IMF 的双边合作。

由于在 UNDP 四期合作项目结束后，UNDP 不再提供资金支持，国家税务总局开始与 IMF 单独进行合作。2006 年，IMF 高层访问国家税务总局，双方就税收信息化、纳税服务、税收收入分析预测等专题明确了未来 3 年的合作意向和合作框架。根据上述意向及框架，2008 年 3 月，IMF 在国家税务总局税务干部学院为税务系统从事税收收入分析的 60 多名税务干部举行了为期一周的税收收入预测培训班，这也是 IMF 首次在国家税务总局举办培训班。2008—2012 年，双方每年商定当年合作的项目并由 IMF 负担所有经费。其间，主要合作项目包括纳税服务战略规划、金税三期工程技术咨询、对劳务征收增值税、大企业税收管理和税收流失估算等。合作方式包括 IMF 派专家来华提供咨询服务和国家税务总局派员到相关国家访问。

2013 年开始，报经国务院批准，国家税务总局与 IMF 的合作方式改为双方共同出资，并且每 3 年签署一次技术合作协议。截至 2024 年 9 月，双方已执行完四轮合作协议。IMF 分别从税收政策和税收征管两个方面提供技术援助，国家税务总局每年根据工作重点与 IMF 商议具体技术合作项目。

IMF 在税收政策和管理领域拥有丰富的人力资源和技术资源优势，在与国家税务总局合作过程中，为我国税制改革提出了很多具有参考价值的意见和建议。国家税务总局利用 IMF 平台了解了国际先进的税收征管理念和模式，有针对性地学习借鉴了相关国际经验，一些成果已运用到国家税务总局实际工作中。例如，在税收分析方面，IMF 与国家税务总局合作开发了中国个人所得税微观模拟模型，该模型理论坚实、方法合理、数据庞大，为我国个人所得税改革提供了科学可靠的决策依据；在大企业税收管理方面，IMF 专家团队多次来华就大企业税务审计、大企业税收管理信息系统、大企业个性化纳税服务和大企业税收风险分析等方面提出了诸多建设性意见和建议，对加强大企业管理和千户集团税收风险分析起到了较好的借鉴作用。此外，IMF 专家团队还对国家税务总局全面推开营改增及增值税立法、税收征管质量监控、《税收征收管理法》修订和境外税收管理等领域的工作提供了有力帮助。

（三）与联合国国际税务合作专家委员会合作情况

与主要由发达国家组成的 OECD 财政事务委员会相比，专家委员会提供了一个为发展中国家服务的平台，在税收协定、转让定价等国际税收规则制定中，更加注重反映发展中国家诉求、维护发展中国家利益，通常在 OECD 制定的规则基础上，做出一些有利于发展中国家的调整；同时，在涉及国内税制等税收问题上，为发展中国家提供有关指引或样本，供发展中国家参考借鉴。截至 2022 年底，专家委员会已发布的成果文件包括《联合国关于发达国家和发展中国家避免双重征税的协定范本（2021 年版）》《联合国发展中国家转让定价实用手册》《联合国发展中国家采掘业税收问题手册》《联合国争议避免和解决手册》《联合国发展中国家碳税手册（2021 年版）》等。

自专家委员会成立以来，每届专家委员会均有中国国家税务总局推荐的委员获得联合国任命，深度参与专家委员会及次委会工作：一方面，对于涉及国际税收规则制定的次委会，积极参与《联合国范本》、转让定价手册等修订，争取为跨境投资者提供确定性更强的税收环境；另一方面，对于旨在为发展中国家提供有关指引或样本的次委会或工作组，推进形成相对客观中立的研究成果，并积极分享我国有关经验做法，为提高发展中国家税收治理能力做出贡献。

（四）与金砖国家税务合作机制合作情况

自金砖国家税务局长会晤机制成立以来，中国国家税务总局积极参加了历次金砖国家税务局长会议，取得重大成效，主要包括：

（1）向国际社会宣传了党的十八大以来中国税收事业的主要成就。党的十八大于 2012 年 11 月胜利召开。第一次金砖国家税务局长会议于 2013 年 1 月召开。通过办会参会，向金砖国家和国际社会不断介绍党的十八大以来中国深化改革开放过程中税收现代化的重要进展，包括税收立法、机构改革、税制改革等各个方面。

（2）提高了我国参与国际税收规则制定和开展主场外交的能力。通过参与金砖国家税务合作机制，中国税务机关在 BEPS 行动计划、税收情报交换、能力建设等诸多议题交流意见、协调行动，提升了我国参与国际税收治理的能力。

（3）借鉴国际经验促进了我国税收征管体制改革。通过金砖合作平台及其他多边机制的交流合作，不断开阔视野、丰富思路，使我国在设计税收改革时能够博采众长。

（五）与亚洲—太平洋税收管理与研究组织（SGATAR）合作情况

中国于 1996 年 SGATAR 第 26 届年会时正式加入 SGATAR，随后多次主办相关会议。具体包括：1998 年在北京主办了第 28 届 SGATAR 年会，2004 年在上海和扬州分别主办了第 2 次培训机构负责人会议和第 2 次联合培训，2008 年在广州主办了第 38 届 SGATAR 年会暨第 4 次培训机构负责人会议，2014 年在南京主办了第 16 届工作级别会，2018 年在杭州主办了第 48 届 SGATAR 年会。国家税务总局积极参加历届 SGATAR 年会，介绍中国税收征管改革进展，分享中国税费支持政策经验，为破解新形势下税收工作新挑战贡献中国解决方案。

（六）与其他区域性税收组织合作情况

1. 与亚太税收中心（APTH）合作情况。

2021 年，中国作为亚洲开发银行成员，于创始之初加入 APTH，并担任 APTH 创始指导委员会成员。国家税务总局多次应邀参加 APTH 会议，深度参与 APTH 治理机制、目标定位和工作计划的制定与调整工作。

2. 与美洲税收管理组织（CIAT）合作情况。

国家税务总局自 2001 年开始应邀以观察员身份参加该组织年会。2003 年 CIAT 邀请国家税务总局以“准成员”身份加入该组织，但国家税务总局未考虑加入，继续以观察员身份参加其年会。

3. 与欧洲税收管理组织（IOTA）合作情况。

自 2005 年起，IOTA 邀请国家税务总局以观察员身份参加其年会。

二、中国国际税收征管协作

（一）总体情况

国际税收征管协作是指国家（地区）之间依据国际条约开展税收征管协助与合作，最为重要和常用的手段是情报交换。情报交换打破了一国税务机关只能在本国领土范围内获取信息的局限，最大程度消除了信息不对称给跨境逃避税行为带来的便利，有助于各国掌握本国税收居民境外信息，识别企业的经济活动发生地和价值创造地，核实个人的收入来源地，为落实“利润在经济活动发生地和价值创造地征税”这一 G20 税改原则创造了必要条件，为各国应对全球化背景下的税收征管难题提供了有效手段，因此受到国际社会的广泛重视。

情报交换有以下三个特点。

一是对等性。情报交换以对等、互惠为基本原则，信息请求方和信息提供方在国际条约基础上相互提供协助，共同打击存在逃避税行为的企业和个人。

二是保密性。通过情报交换渠道获取的信息应视同通过其国内法获得的信息予以保密，并采取同样的保密措施，同时要执行有关保障措施，确保对纳税人信息的必要保护。税收情报只能披露给与税收征管相关的人员或部门，一般只用于税收目的。

三是威慑性。利用所交换的信息进行案件核查，只是税收情报交换的作用之一。情报交换最重要的作用是对外传递国际税收合作的信号，对跨境纳税人形成威慑作用，约束其税收筹划行为，促进形成良好、公平的税收环境和秩序。

20 世纪 80 年代以来，经过几十年的发展，我国的税收情报交换制度和管理体系逐渐健全，情报交换规模不断扩大。特别是 2013 年以来，我国积极推动税收透明度建设，努力完善制度、构建网络、开发系统，在税收透明度方面取得了显著成绩。主要体现在以下四个方面。

一是实现国际税收透明度标准在中国落地执行。我国已经开始实施由 G20 核准的金融账户涉税信息自动交换标准，2018 年 9 月首次对外交换非居民金融账户涉税信息。

二是情报交换网络不断扩大。我国的情报交换伙伴已有 160 余个，覆盖了我国的主要贸易伙伴以及与我国经济往来较为频繁的低税负国家或地区，为开展情报交换提供了广泛的国际法基础。

三是对跨境纳税人形成威慑作用，约束其税收筹划行为，促进公平的税收环境和秩序，保护诚实守信的纳税人的利益。

四是情报交换的数量和质量稳步增长，对维护我国税收权益和税法尊严发挥了重要作用。此外，我国的反避税和打击出口骗税工作借助情报交换机制，查处了一批大案要案，使情报交换成为打击跨境逃避税和出口骗税的有力工具。

（二）情报交换的基本要素

1. 法律基础。

一是避免双重征税协定中的情报交换条款。《OECD 范本》与《联合国范本》均有情报交换的条款。在我国对外签署的避免双重征税协定中，情报交换条款的内容基本上与《OECD 范本》相一致。

二是税收情报交换协定。为了加强与避税地的情报交换，OECD 于 2002 年推出了《税收情报交换协定范本》。税收情报交换协定的目的和要求与《OECD 范本》情报交换条款基本一致，但规定更为细致，执行性也更强。近年来，随着 G20 在避税地问题上的态度日趋强硬，避税地与其他国家签署情报交换协定的步伐也逐步加快。截至 2024 年 9 月，我国与巴哈马、英属维尔京、马恩岛、根西岛、泽西岛、百慕大群岛、阿根廷、开曼群岛、圣马力诺和列支敦士登 10 个国家（地区）签署了情报交换协定。

三是《多边税收征管互助公约》（以下简称《公约》）。《公约》是目前世界上涵盖范围最广、影响力最大的税收征管类条约。我国于 2013 年 8 月签署《公约》，2015 年 7 月 1 日，第十二届全国人大常委会第十五次会议批准《公约》，《公约》已于 2016 年 2 月 1 日对我国生效，自 2017 年 1 月 1 日起执行。对我国而言，加入这一全球范围的税收征管协作网络，将有效拓展我国情报交换的广度和深度，提高我国税收征管水平，营造公平透明的税收环境。

与双边税收条约相比，《公约》是对避免双重征税协定第 26 条以及情报交换协定的扩充，没有扩大双边税收条约中规定的情报交换权利和义务，与双边税收条约也不存在冲突。在两个国家都是《公约》缔约方，且双方已签署双边税收条约时，两国可以协商选择适用最适当的条约执行。

2. 主管当局。

两国之间开展情报交换必须在主管当局之间或授权代表之间进行沟通。根据双边税收条约和《公约》，我国开展情报交换的主管当局是国家税务总局，授权代表是国家税务总局国际税务司司长或副司长，除此以外的其他单位或个人均不得代表中国对外沟通情报交换事宜。

3. 适用范围。

为了提升情报交换有效性，情报交换所涉及的人不受其居民身份限制。只要某一纳税人的信息在本国存在，不论其是否为本国居民，该国均有义务对外提供相关信息。关于情报交换涉及的税种范围，包括除了关税的一切由中央政府与地方政府征收的税种。

4. 使用目的。

税收情报涉及纳税人身份信息和银行信息等敏感信息，各国都十分重视税收信息安全和数据保密问题，我国签署的双边税收条约和《公约》中均包含相关安全和保密条款。具体而言，情报交换渠道获取的信息只能披露给与税收征管相关的人员或部门，只能用于税收目的。如果信息获取方拟将获取的信息传递给第三方或用于非税目的，应事先征得信息提供方同意。如果违反了上述条款，将停止该国获取信息的权利。

（三）情报交换的主要类型

情报交换主要包括：专项情报交换、自动情报交换、自发情报交换、同期税务检查和境外税务检查。

1. 专项情报交换。

专项情报交换是指缔约一方主管当局就国内某一税务案件提出具体问题，请求另一方主管当局提供相关情报，协助查证的行为，具体包括：获取、查证或核实公司或个人居民身份，收取或支付价款、费用，转让财产或提供财产的使用等与纳税有关的情况、资料、凭证等。

2. 自动情报交换。

自动情报交换是指缔约双方之间根据约定，以批量形式定期自动提供有关纳税人取得专项收入的税收情报的行为。专项收入主要包括：利息、股息、特许权使用费收入；工资薪金，各类津贴、奖金，退休金收入；佣金、劳务报酬收入；财产收益和经营收入；等等。

3. 自发情报交换。

自发情报交换是指缔约一方主管当局将在税收执法过程中获取的、认为有助于另一方主管当局执行避免双重征税协定及其所涉及税种的国内法的信息，主动提供给另一方主管当局的行为。包括公司或个人收取或支付价款、费用，转让财产或提供财产使用等与纳税有关的情况、资料等。

4. 同期税务检查。

同期税务检查是指缔约双方主管当局之间根据同期检查协议，独立地在各自有效行使税收管辖权的区域内，对有共同或相关利益的纳税人的涉税事项同时进行检查，并互相交流或交换检查中获取的税收情报的行为。

5. 境外税务检查。

境外税务检查（也称授权代表访问）是指缔约一方主管当局经另一方主管当局同意，到对方有效行使税收管辖权的区域进行实地访问，以获取、查证税收情报的行为。

情报交换不局限于上述五种手段，缔约方之间可以在国内法框架下商定采用何种情报交换手段。另外，一些缔约方的国内法可能不允许实施同期税务检查和境外税务检查，那么他们可以选择不允许其他缔约方主管当局代表出现在检查现场。

【案例9-1】情报交换揭开关联特许权使用费避税真相

背景情况

中国内地A学校成立于2016年6月，主要经营小学教育，由内地B公司100%持有，注册资本200万元人民币。其官网介绍，内地A学校是X国A学校在中国的姐妹学校，X国A学校被公认为世界知名学校之一。

2017年9月，中国内地A学校与中国香港M公司签订了分包许可协议，规定香港M公司授权内地A学校使用X国A学校的名称、商标及其他知识产权用于学校的运营和宣传，协议期20年。支付方式为每年学费总收入的20%。

2019年7月，内地A学校按2017—2018年相应收入的20%向香港M公司缴纳特许权使用费，支付特许权金额合计250万元人民币，代扣代缴企业所得税250万元。

疑点信息

（1）内地A学校按收入的20%向香港M公司缴纳特许权使用费，其所在省份其他国际学校支付特许权费用标准为学费收入的5%~8%，内地A学校的特许权使用费远超同行业其他国际学校支付标准，对此企业无法给予合理解释。2018年支付总学费的20%后，内地A学校形成亏损1200万元，其存在通过支付高额特许权使用费向香港转移利润的嫌疑。

（2）中国内地A学校官网显示该校是X国A学校在中国的姐妹学校，但中国内地A学校特许权合同并非直接与X国A学校签订，而是与中国香港M公司签订的。税务机关要求企业提供中国香港M公司与X国A学校授权合同，但企业至今未提供。

（3）根据中国香港M公司周年申报表显示，香港M公司董事李某同时担任C公司（为B公司的母公司）的执行董事。中国香港M公司与C公司似存在关联关系，税务机关怀疑其通过香港M公司收取高额的特许权使用费后，截留一部分其余汇往X国A学校公学。

综上，税务机关怀疑中国内地A学校向关联方支付特许权使用费不合理。因此，税务机关向X国及中国香港提请专项情报交换，希望获取X国A学校、中国香港M公司以及中国内地A学校三者之间关于特许权使用费事宜的详细情况。

外方回复信息

通过外方回复，税务机关获悉，X国A学校和中国香港M公司于2016年12月签订合作协议，为期20年，授权中国香港M公司在中国内地、中国香港、中国澳门、中国台湾和东南亚国家使用X国A学校品牌及相关无形资产。同时，外方也提供了中国香港M公司向X国A学校支付品牌总包费用的银行转账记录，以及会计记账凭证。

经测算，中国香港M公司保留了从中国内地A学校取得品牌收入的75%部分，剩余25%支付给X国A学校，即X国A学校按照中国内地A学校学费收入的5%向中国香港M公司收取总包合同费用。而中国香港M公司向中国内地A学校收取的特许权使用费率高达20%，差异较大。

后续处理情况

（1）通过与内地A学校约谈，内地A学校认可了其与香港M公司存在关联关系，并在关联关系认定表上签字盖章。

（2）内地A学校承认支付特许权使用费费率显著偏高，存在特许权的价值创造和功能错配问题。根据《特别纳税调查调整及相互协商程序管理办法》相关条款，内地A学校就香港M公司对该品牌的运营所发生的合理成本加上可比非关联交易毛利后的金额作为对方可收取特许权使用费的公平成交价格，并根据该成交价格对公司税前列支的特许权使用费成本自行调整补税，同时按基准利率计算利息，金额合计500万元人民币。

【案例9-2】"一案双查"维护我国税收利益

背景信息

中国公民张某和王某在A国购置有大量不动产，同时，王某还是A国一家企业的董事长。根据A国税法，上述二人构成A国税收居民，应就其全球所得向A国税务机关申报并纳税。

A国税务机关在对张某和王某进行税务检查时，发现上述二人并未向其申报来源于中国的所得，且二人持有的A国银行卡资金往来数额巨大，每年都会有大量资金从境外转入。A国税务机关在请求中提供了资金流水的明细。

请求同时提到，上述二人持有中国境内多家公司股份。同时，二人对A国税务机关表示，其银行卡转入资金来源于中国境内。

A国税务机关为核实上述二人在中国境内的资产以及来源于中国境内的确切收入，向国家税务总局发起情报交换请求，要求提供张某和王某来源于中国境内的收入、持有资产，以及所涉公司财务状况等信息。

后续处理情况

根据外方请求，当地税务机关通过"金三"系统查询了张某和王某在检查期间的个人所得税申报记录，银行流水情况，同时调取了情报中所涉公司的财务信息。期间发现，二人个人所得税申报情况与中方掌握的其实际财务状况存在较大差异，且情报所涉公司与 A 国提供的银行账号之间确存在大额资金往来。

在此情况下，当地主管税务机关通过查询“金三”系统、企业工商变动信息、房管及银行账户交易明细等跨部门数据，对所涉资金往来等信息逐一摸排，开展多重核查。最终，查实该企业账户存在向二人大额转账，却未缴纳相应税款的事实。在大量证据面前，所涉企业承认向二人分配股息而未代扣代缴个人所得税的事实，并重新计算二人应纳税额，实现补缴税款 201 万元。

中方据此向 A 国税务机关提供了请求回函。

（四）《多边税收征管互助公约》

1. 背景情况。

《多边税收征管互助公约》（《公约》）是一项有关国家间开展国际税收征管协作的多边条约，旨在通过开展国际税收征管协作，打击跨境逃避税行为，维护公平税收秩序。

20 世纪 60 年代以来，一些地理相近的国家或地区形成了一体化程度较高的地区性经济集团，区域性税收合作也相应加强。1972 年，瑞典、丹麦、芬兰、冰岛和挪威 5 个国家签署《北欧税收征管互助协定》，开展了颇有成效的税收征管协作。此后，OECD 和欧洲委员会借鉴北欧经验制定了《公约》，并于 1988 年 1 月 25 日在斯特拉斯堡对两组织成员国开放签署，1995 年 4 月 1 日生效。当时签署《公约》的国家共有 17 个，除美国、加拿大外，其他均为欧洲国家，包括法国、英国、意大利、荷兰、西班牙等。

2008 年国际金融危机以后，各国财政捉襟见肘，进一步加强国际税收征管协作、打击跨境逃避税行为的愿望日益增强。2009 年 4 月，G20 伦敦峰会呼吁采取措施打击国际逃避税。2010 年 5 月 27 日，为响应 G20 号召，OECD 与欧洲委员会通过议定书的形式对《公约》进行修订，并向全球所有主权国家开放签署。修订的主要内容包括：采用国际最新的情报交换标准；排除多边税收合作障碍（如银行保密制度）以及深化对纳税人隐私权和知情权的保护等。2011 年 6 月 1 日，修订后的《公约》对外生效。截至 2023 年 11 月 3 日，共有 147 个辖区加入了《公约》。

2. 主要内容。

《公约》除序言和结尾外，由 6 章 32 条正文和 3 个附件组成，主要内容包括：

一是规定了相关术语的定义。

二是规定了《公约》的适用范围，包括适用对象和人的范围以及税种范围。《公约》规定的税种范围包括所得税、财产税、货物劳务税以及除关税以外的其他税种，既包括中央税收，也包括地方税收。新开征税种如与《公约》所列税种性质相同或类似，亦适用《公约》。未列入《公约》的税种，缔约方可不提供征管协助。

三是规定了三种征管协作形式，即情报交换、税款追缴和文书送达。情报交换是征管协作的主要形式，指缔约方税务主管当局之间交换涉税信息或开展税务检查合作，包括专项情报交换、自动情报交换、自发情报交换、同期税务检查和境外税务检查。对情报交换，《公约》不允许缔约方进行保留。税款追缴是指缔约一方应另一方的请求，为另一方追缴税款。文书送达是指缔约一方应另一方的请求，为另一方送达税收文书。对税款追缴和文书送达，《公约》允许缔约方进行保留。

四是规定了《公约》的实施、税收协助费用的承担以及与其他国际协定或安排的关系。

五是规定了允许缔约方保留的内容。

六是规定了《公约》签署、生效以及缔约方退出程序等。

3 个附件分别为《公约》适用的税种、主管当局，以及《公约》中“国民”的定义。缔约方应向《公约》保存人（OECD 秘书长和欧洲委员会秘书长）就 3 个附件作出相关声明。

考虑到我国税收征管实际，我国在批准《公约》时对税款追缴和文书送达（包括邮寄送达文书）作出了保留，同时声明：《公约》适用的税种为根据中华人民共和国法律由税务机关征收管理的税种；中华人民共和国主管当局为“国家税务总局或其授权代表”。

3. 积极作用。

各国税务部门开展税收征管协作，是共同维护国际税收秩序、打击跨境逃避税的有力手段。我国作为世界第二大经济体，在外资不断进入的同时，对外投资亦发展迅速。加强跨境税源管理、打击跨境逃避税，是我国税收征管面临的挑战。加入《公约》既是我国履行 G20 承诺，也为我国参与全球税收合作奠定多边法律基础，将有助于拓展我国国际税收征管协作的广度和深度，提高对跨境纳税人的税收服务和管理水平，挤压跨境逃避税的筹划空间，维护我国税收权益。

（五）金融账户涉税信息自动交换标准

1. 背景情况。

随着经济全球化进程的不断加快，纳税人通过境外金融机构持有和管理资产，并将收益隐匿在境外金融账户以逃避居民国纳税义务的现象日趋严重。在维护税收制度完整性方面，各国存在共同的利益。自 2009 年以来，OECD、欧盟以及税收透明度与情报交换全球论坛在提高国际税收透明度与专项情报交换方面取得了显著进步。2012 年起，各国政府开始进一步关注自动情报交换，法国、德国、意大利、西班牙及英国宣布将与美国共同基于《海外账户税收遵从法案》（FATCA）建立并试行新的多边税收信息交换机制。2013 年 9 月，G20 圣彼得堡峰会将自动情报交换确定为税收透明度国际新标准，委托 OECD 会同 G20 成员制定全球统一的自动情报交换标准。2014 年 7 月，OECD 对外发布金融账户涉税信息自动交换标准（CRS），获得当年 G20 布里斯班峰会核准。在 G20 和 OECD 的大力推动下，截至 2024 年 5 月 16 日，已有 169 个辖区承诺实施标准，其中 123 个辖区开展了 CRS 信息交换。

2014 年 9 月，我国在 G20 层面承诺将实施 CRS，首次对外交换信息的时间为 2018 年 9 月。2015 年 12 月，国家税务总局签署了《金融账户涉税信息自动交换多边主管当局间协议》，为我国与其他国家（地区）间相互交换金融账户涉税信息提供了操作层面的多边法律工具。2017 年 5 月，国家税务总局、财政部、人民银行、银保监会、证监会、保监会共同发布《非居民金融账户涉税信息尽职调查管理办法》（国家税务总局公告 2017 年第 14 号发布），明确了境内金融机构收集和报送非居民账户信息的义务，实现了 CRS 在国内的实施。2017 年 7 月 1 日，金融机构开始对个人和机构账户开展尽职调查。2018 年 9 月，国家税务总局首次对外交换非居民金融账户涉税信息。

2. 主要内容。

CRS 由《主管当局间协议范本》和《统一报告标准》两部分内容组成。《主管当局间协议范本》是具体规范各辖区税务主管当局如何实施 CRS 的操作性文件，以互惠型模式为基础，分为双边和多边两个版本。《统一报告标准》包含了支撑金融账户信息自动交换所必需的信息报送和尽职调查标准，规定了金融机构收集和报送外国税收居民个人和企业账户信息的相关要求和程序。

根据 CRS 开展信息交换，首先需由一国金融机构通过统一的尽职调查程序，识别另一国税收居民在该机构开立的账户，按年向该金融机构所在国主管部门报送上述账户的名称、纳税人识别号、地址、账号、余额、利息、股息以及出售金融资产的收入等信息，再由该国税务主管当局与账户持有人的居民国税务主管当局开展信息交换，最终实现各国对跨境税源的全面监管。

3. 积极作用。

实施 CRS 有利于加强对我国居民海外资产的监管。对我国居民海外资产的监管一直是我国税收征管的难点，其中一个重要原因就是我国税务机关主要通过纳税人申报取得我国居民海外资产和经营信息，个人纳税人除了报送境外所得信息外，并不要求普遍报告境外财产和经营活动信息，企业纳税人则在报送境外所得信息外，还需要报送符合一定条件的对外权益性投资信息以及境外被投资企业经营信息。如果企业和个人瞒报、漏报，我国税务机关难以核查。通过实施 CRS，我国税务机关能够及时掌握我国居民的海外资产情况，提高对海外资产的监管水平，打击通过向境外转移财产或者隐匿收入以逃避我国纳税义务的行为，并对纳税人产生威慑作用，促使其自觉遵从税法。

第三节　“一带一路”税收征管合作

一、“一带一路”倡议

2013 年 9 月和 10 月，中国国家主席习近平先后提出建设“丝绸之路经济带”和“21 世纪海上丝绸之路”，由此形成“一带一路”倡议。秉持共商、共建、共享原则，“一带一路”倡议致力于打造政治互信、经济融合、文化包容的利益共同体、命运共同体和责任共同体。自倡议提出以来，“一带一路”建设把基础设施“硬联通”作为重要方向，把规则标准“软联通”作为重要支撑，把共建国家人民“心联通”作为重要基础，推动共建“一带一路”高质量发展，提高了国内各区域开放水平，拓展了对外开放领域，推动了制度型开放，实现了共建国家互利共赢。截至 2023 年 6 月底，中国与五大洲的 150 多个国家、30 多个国际组织签署了 200 多份共建“一带一路”合作文件。

二、"一带一路"税收征管合作机制

（一）建立背景

加强税收合作对消除跨境贸易和投资壁垒，促进国际经济合作具有重要意义。基于税收合作对于构建"创新、活力、联动、包容的世界经济"重要性的认识，G20 领导人承诺将继续支持国际税收合作以建立一个全球公平和现代化的国际税收体系，包括打击国际逃避税以及提高发展中国家和低收入国家税收征管能力。构建"一带一路"税收征管合作机制（以下简称合作机制）为实现"一带一路"建设高质量发展和 G20 愿景贡献了力量。

（二）建立历程

2018 年 5 月 14—16 日，由哈萨克斯坦国家收入委员会、中国国家税务总局、OECD 税收政策与管理中心、OECD 税收征管论坛联合主办的"一带一路"税收合作会议在阿斯塔纳举行。来自 49 个国家税务机关、4 个国际和区域组织以及 5 个学术机构的 252 位代表参会，就 4 个税收主题，即税收法治、纳税服务、争议解决以及能力建设展开讨论。各方认为，有必要加强共建"一带一路"国家税务主管当局的合作与协调，并倡议建立"一带一路"税收合作长效机制。本届会议是加强共建"一带一路"国家税收合作与交流，促进包容和可持续性经济发展的里程碑。

为落实阿斯塔纳倡议，2018 年 9 月 26—28 日，中国国家税务总局和哈萨克斯坦国家收入委员会在中国扬州共同主持召开了合作机制工作组会议，来自 22 个国家（地区）税务机关和 2 个国际组织和学术机构的共 35 位代表参与了构建合作机制的讨论。会议取得丰硕成果，参会人员均表示愿意加入合作机制并起草了《"一带一路"税收征管合作机制谅解备忘录》（以下简称《谅解备忘录》）。

2019 年 4 月 18—20 日，以"共建'一带一路'：加强税收合作，改善营商环境"为主题的第一届"一带一路"税收征管合作论坛（以下简称论坛）在浙江乌镇举办，85 个国家（地区）税务主管当局负责人或其授权代表，以及 16 个国际组织、多家学术机构和跨国企业代表出席论坛。论坛期间，50 个国家（地区）税务部门、7 个国际组织、3 家学术机构共同签署《谅解备忘录》，正式建立合作机制。在为期三天的会议中，与会代表围绕加强税收征管能力建设、坚持税收法治、提高税收确定性等 5 个议题开展深入讨论，致力于提高跨境税收争议解决效率，构建增长友好型税收环境，促进实现联合国2030年可持续发展议程提出的包容和可持续发展目标。论坛取得四项成果：构建了合作机制、建立了“一带一路”税收征管能力促进联盟（以下简称联盟）、深化了“一带一路”税收征管合作共识、制定了“一带一路”税收征管合作行动计划。

（三）基本情况

合作机制为支持共建“一带一路”国家间的非营利性官方税收征管合作机制，其运行前提是充分尊重各参与国家（地区）的主权和法律。

合作机制旨在促进共建“一带一路”国家的贸易和投资自由化便利化，带动共建“一带一路”国家经济增长，推动实现联合国《2030年可持续发展目标》提出的包容性、可持续发展。合作机制支持、补充和完善联合国以及OECD税收协定和转让定价规则、BEPS包容性框架以及税收透明度和情报交换全球论坛等现行国际税收标准。为此，合作机制旨在通过在坚持依法治税、提高税收确定性、加快税收争议解决、提升纳税服务、加强税收能力建设等领域开展税收合作、分享最佳实践，推动构建增长友好型税收环境。

合作机制由理事会、秘书处、论坛和联盟四个部分构成（见图9-1）。

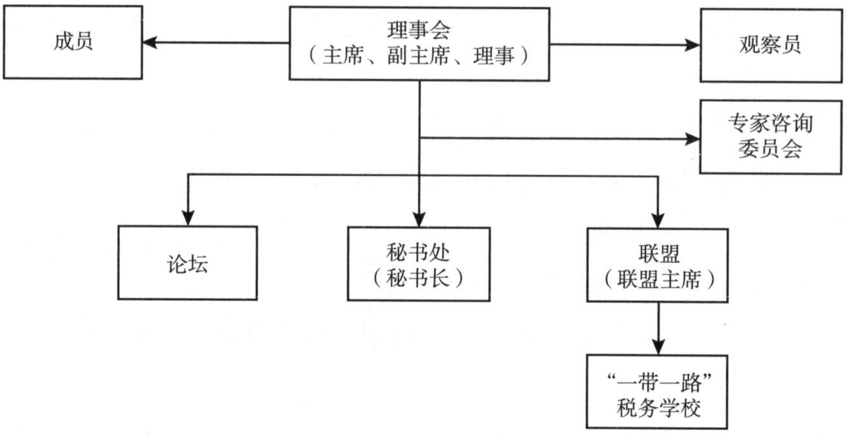

图9-1 “一带一路”税收征管合作机制架构

1. 理事会。

理事会为合作机制的最高决策机构，面向参与合作的国家（地区）开放，理事会成员由签署《谅解备忘录》的“一带一路”国家（地区）税务机关构成，理事会设观察员和专家咨询委员会。理事会设1名主席和4名副主席：理事会主席同时为当年度论坛主席，任期为相邻两届论坛的间隔时长；理事会副主席须由理事会从理事中选举产生，任期两年，可连选连任。

2. 秘书处。

秘书处为合作机制的日常执行机构，非法人实体，常设在中国境内，负责协助理事会开展工作，协调论坛和联盟的运行，理事会成员和观察员可指派一名代表参与秘书处工作。秘书处设秘书长，为秘书处的最高长官，秘书长由理事会任命，任期3年，可连任。

3. 论坛。

论坛是理事会授权的年度非营利官方活动，由理事会成员按照其所在国（地区）英文名称首字母顺序轮流举办，为共建“一带一路”国家、国际组织、学术机构、跨国企业和其他相关方提供沟通平台。

4. 联盟。

联盟由自愿加入的理事会成员或观察员依托本国（地区）已有的税务培训机构组成，按照共同原则开展培训、研究和技术援助活动，帮助共建“一带一路”国家加强税收征管能力建设。联盟最高行政负责人为联盟主席，下设联盟办公室，负责开展“一带一路”税务学院及联盟其他相关工作。联盟办公室与秘书处合署办公。

（四）发展情况

自成立以来，合作机制依托各方深入参与及秘书处高效运作，不断提升合作深度和广度，取得丰硕合作成果。

2021年9月7—9日，合作机制线上举办以“数字时代的税收信息化能力建设”为主题的第二届论坛，来自61个国家（地区）及12个国际组织的高级别官员及业界代表约350人出席论坛，体现了共建“一带一路”国家在疫情背景下危中寻机、主动求变的智慧与担当。论坛取得四方面重要成果：发布《第二届“一带一路”税收征管合作论坛联合声明》、制定《努尔苏丹行动计划（2022—2024）》、总结合作机制运行成效、落实《乌镇行动计划（2019—2021）》最终成果。

2022年9月19—21日，合作机制举办以“凝心聚力 应对挑战——后疫情时代的税收征管能力建设”为主题的第三届论坛，论坛以线下线上相结合的形式召开，40个国家（地区）、12个国际组织及业界代表近300人出席，达成六项重要成果，包括发布《第三届“一带一路”税收征管合作论坛联合声明》、形成“一带一路”税收征管能力促进联盟课程体系方案、组建联盟专家师资团队、建设“一带一路”税务学院网络、制定《“一带一路”税收征管能力促进联盟实施细则（试行）》和发布《“一带一路”税收征管合作机制年度报告》等，对各方携手应对疫情危机，增强经济复苏动力具有重要意义。

2023 年 9 月 11—13 日，合作机制举办以“包容开放　携手前行——助力优化税收营商环境”为主题的第四届论坛，来自 32 个国家和地区的税务部门负责人，联合国、国际货币基金组织等 10 个国际组织以及部分跨国企业代表共 300 余人出席论坛，达成六项重要成果，包括发布《第四届“一带一路”税收征管合作论坛联合声明》《优化税收营商环境行动计划（2023—2025）》《优化税收营商环境——最佳实践》《优化税收营商环境——主题日活动》《联盟课程体系 1.0 版成果展示》《“一带一路”税收征管合作机制年度报告（2023）》等。

2024 年 9 月 24—26 日，合作机制举办以“深化税收征管合作　服务高质量共建‘一带一路’”为主题的第五届论坛，来自近 50 个国家和地区的税务部门负责人，OECD、国际货币基金组织等 13 个国际组织，40 余家中外跨国企业代表共 500 余人出席论坛，达成九项重要成果，包括发布《第五届“一带一路”税收征管合作论坛联合声明》《香港行动计划（2025—2027）》，批准接收马尔代夫税务局成为理事会成员，正式成立“一带一路”税务学院·阿尔及尔，发布《提高税收确定性工作组报告（2022—2024）》《推动税收征管信息化工作组报告（2022—2024）》《优化税收营商环境工作组报告（2022—2024）》《“一带一路”税收征管能力促进联盟工作情况报告（2022—2024）》等。

2019 年 11 月至 2023 年 4 月，合作机制共举办 4 场高级别会议。2019 年 11 月 6—8 日，合作机制在北京组织举办高级别多边磋商，与会各方共同探讨合作机制进展及规划，为凝聚各方共识发挥积极作用。2020 年 6 月 2 日，合作机制召开以“同心抗疫　共克时艰”为主题的线上会议，各方围绕抗疫情促发展和共谋未来发展凝聚共识、汇聚合力。2020 年 12 月 15 日，以“新挑战　新机遇　新发展——全球疫情背景下的税收信息化发展规划”为主题的高级别线上会议召开，合作机制理事会全体成员发布《“一带一路”税收征管合作机制信息化线上高级别会议联合声明》，达成三大类 15 项成果。2023 年 3 月 16 日，举办合作机制圆桌会议，向各方通报最新工作进展。来自 26 个国家（地区）、3 个国际组织的 100 余人参会，各方围绕联盟课程体系 1.0 版运行推广、《“一带一路”税收（英文）》期刊建设和第四届“一带一路”税收征管合作论坛筹备工作建言献策、凝聚共识。

经深刻洞察分析和广泛征求意见，合作机制围绕税收征管信息化、税收协定、税收争议解决、工作组报告撰写等主题开展研讨，2020年6月至2023年底，开展30余场线上会议，促进工作层加强对新问题、新趋势的研讨，共同提升税收征管能力。为助力优化税收营商环境，推动后疫情时代经济复苏，合作机制于2022年至2024年开展以“互联互通　共赢未来”为主题的7场税务部门主题日活动，搭建税企沟通桥梁。围绕中国、东南亚国家、非洲国家、中东国家、欧亚国家、拉丁美洲国家、塔吉克斯坦税收政策、税收征管、纳税服务、优惠政策及其具体实施情况，开展线上研讨交流，邀请部分国家驻华使馆经济商务参赞处代表、企业代表参加，畅通税企沟通渠道，取得各方积极反响。

联盟作为合作机制开展培训和技术援助的主体，相继成立中国扬州、中国北京、哈萨克斯坦阿斯塔纳、中国澳门、沙特阿拉伯利雅得、阿尔及利亚阿尔及尔6所“一带一路”税务学院，构建起覆盖英语、汉语、俄语、葡萄牙语、阿拉伯语、法语地区的多语种培训机构网络，聚焦税收争议解决、税收协定、纳税服务、税收征管信息化、增值税改革、大企业管理、税收风险管理、转让定价、国别报告等主题，开展线上线下培训活动，得到各方广泛好评。

2023年2月，公开发布联盟课程体系1.0版，课程体系包括“税收制度、税收征管及数字化、税收营商环境及纳税服务、税收合作”4个主题，8个专题，27个子专题，开设65门课程。组建专家师资团队，邀请来自18个国家（地区）税务部门、国际组织等超过100名师资参与课程录制，助力共建“一带一路”国家税收征管能力提升。

为开拓疫情背景下各方交流平台，合作机制筹建官方门户网站，并于2020年6月正式上线。网站开设新闻、论坛、联盟、研讨会、抗击疫情、政策法规库等专栏，并不断完善资讯发布、知识服务、政策法规查询等功能建设，持续提升实用性和专业性。合作机制精心打造《“一带一路”税收（英文）》期刊，截至2024年9月，已发布9期，为共建“一带一路”国家提供前沿税收理论、分享实践经验。

合作机制发布了一系列具有“一带一路”特色的公共知识产品。疫情发生以来，合作机制广泛搜集信息，连续推出20期抗疫特刊，介绍相关方抗疫税收举措。为推动《努尔苏丹行动计划（2022—2024）》落实，合作机制编发营商环境特刊，截至2023年12月，已编发11期。此外，合作机制还编发应对疫情政策研究、工作进展等主题特刊共计80余期。

自成立以来，合作机制秉持高质量发展理念，积极提升影响力、扩大朋友圈，截至2024年9月，理事会成员已增加至37个，观察员增加至30个。

拓展学习

中国一带一路网（https：//www. yidaiyilu. gov. cn/index. htm）

“一带一路”税收征管合作机制官方网站（https：//www. britacom. org/）

第四节　国际新环境对我国国际税收合作带来的深刻影响

一、国际经济形势新变化对外开放新格局

中国国家主席习近平指出，要全面把握中华民族伟大复兴战略全局和世界百年未有之大变局。“两个大局”相互交织、相互激荡、相互影响。中华民族复兴既是世界大变局的有机组成部分，也是其重要推动因素；世界大变局则为实现中华民族伟大复兴既提供了条件和机遇，也带来了潜在风险和挑战。

（一）中华民族伟大复兴的战略全局

中国国家主席习近平指出，实现中华民族伟大复兴是近代以来中华民族最伟大的梦想，我们比历史上任何时期都更接近、更有信心和能力实现中华民族伟大复兴的目标。

为促进民族复兴伟大目标的实现，我们需要更加坚定维护国家和人民的利益，自觉防范各种风险，战胜困难和挑战。比如，国际税收规则制定既是一个业务技术问题，同时又是政治外交问题、是大国博弈问题。从事国际税收工作首先要牢固树立政治意识，胸怀“国之大者”、服务“国之大者”，只有站稳政治立场、保持政治定力，才能应对重大斗争和突发事件，完成急难险重任务。又如，在数字经济国际规则制定谈判中，既要维护我国税收权益，又要培育数字化企业成长土壤，增强我国经济数字化对发展的驱动能力，助力数字中国建设。

（二）世界百年未有之大变局

世界的政治经济重心在发生转移，“东升西降”越发明显；G20 正在超越 G7 成为引领全球的“风向标”，对世界产生更加深远广泛的影响。同时，新的科技革命浪潮催生众多新兴产业，而 2020 年暴发的新冠疫情更对世界政治经济格局产生深远影响。

纵观国际税收发展历史，国际税收合作和规则发展也经历了百年历程，全球治理体系面临深度调整、G20 国际税改成果重塑国际税收规则体系。在改革过程中，中国在有力维护本国利益基础上，为推动全球税收治理体系建设提供越来越多的中国经验、中国方案、中国主张。2021 年 10 月 8 日，OECD/G20 BEPS 包容性框架下的 136 个成员就国际税收重大制度改革达成一致意见，通过了关于解决经济数字化所带来税收挑战的“双支柱”方案。中国以 OECD 合作伙伴身份积极全程参与了此项工作并做出积极贡献。

二、讲好中国故事，共享发展成果

（一）深化国际多边合作

中国需深刻理解和把握后疫情时代国际税收合作新环境，积极应对新冠疫情给国际合作带来的新挑战，更加深入地参与全球税收治理，发挥重要参与者、贡献者和引领者的作用。深度参与 G20 国际税改及相关国际税收规则制定，维护我国税收权益。积极参加 OECD、IMF、UN 等国际组织的高级别会议，讲好中国故事，提出中国方案，提高我国在国际税收领域的参与度和话语权。利用各多边平台，积极向国际社会宣介我国税务部门抗击新冠疫情，支持经济社会发展和推动税收改革的相关举措，提升中国税务的国际形象。

（二）加强税收能力建设

中国国家主席习近平指出，中国的发展离不开世界，世界的繁荣也需要中国。中国开放的大门不会关闭，只会越开越大。中国作为 G20 成员和世界最大的发展中国家，正逐步实现由受援方向援助方的转变。在“一带一路”税收征管合作机制中，“一带一路”税收征管能力促进联盟作为开展税收培训、研究和技术援助活动的专门机构，截至 2023 年 12 月，累计开展培训 60 余期，培训对象覆盖 120 多个国家（地区）4000 多名财税官员。

有关调查显示，国际学员对中国组织的税务培训满意度非常高。通过参加来华或线上培训交流，很多发展中国家税务官员学习了国际先进的税收理念和实践，掌握了最新的国际税收发展动态，并将学习所得应用于本国税收征管工作。

本章思考题

1. 我国帮助其他发展中国家加强税收能力建设的方式有哪些？取得了哪些成效？
2. 在当前国际背景下，如何把握金砖税务合作的方向？